RHS

Richtig gut GÄRTNERN

RHS

Richtig gut GÄRTNERN

DK

INHALT

EINLEITUNG

Als Gartenneuling wird es Sie überraschen zu erfahren, dass alte Hasen Sie beneiden. Sie sind dabei, sich auf eine faszinierende Tätigkeit einzulassen, die für Sie möglicherweise ebenso befriedigend sein wird wie für jene, die ihr schon seit Jahren nachgehen.

Früher lernten Hobbygärtner ihre Fertigkeiten von Eltern, Freunden oder Nachbarn. Heute bieten Bücher, Zeitschriften, Fernsehsendungen und Websites Hilfe und Rat, doch mitunter ist es zeitraubend, all die verschiedenen Informationen einzuordnen.

In diesem Buch wurde alles zusammengetragen, was Sie wissen müssen, um mit dem Gärtnern zu beginnen, und es ist in leicht verständlicher Form aufbereitet. Jede Seite ist angefüllt mit den Resultaten praktischer Erfahrung und bietet Ihnen fundierte Ratschläge für jedes Problem und jede Unsicherheit. Sie erfahren, wie man seinen Garten versteht, schöne Pflanzen wählt und sie richtig pflegt. Ein weiteres Kapitel enthält vielfältige Informationen über den Anbau von Obst, Gemüse und Kräutern. Weiter hinten im Buch finden Sie Anleitungen für die Vermehrung – durch die Sie neue Pflanzen umsonst bekommen. Während Ihre Fertigkeiten und Ihr Wissen größer werden, wird dieses Buch Ihnen ein treuer Begleiter bleiben und jederzeit rasche, präzise Antworten für Sie bereithalten.

So klein Ihr Garten auch sein mag, mit einer sorgfältig ausgewählten Kübelpflanze können Sie einen großartigen Blickfang schaffen oder, wie hier, eine Waldlandschaft en miniature.

Eine Beschränkung in der Farbpalette kann eine hinreißende Wirkung haben. Hier wurden Rosen und Clematis mit ähnlichen Blütenfarben effektvoll kombiniert.

Die Anzucht von Pflanzen kann zur Passion werden. Es ist sehr spannend zu beobachten, wie aus scheinbar leblosen Samen Pflanzen sprießen oder wie sich selbst gezogene Stecklinge entwickeln.

Der Wandel des Gartens im Jahreslauf gibt Ihnen Einblick in seine Entwicklung und die Gelegenheit, die Vor- und Nachteile all seiner Besonderheiten zu erkennen.

WIE MAN BEGINNT

Vermutlich haben Sie bereits ein Bild vor Augen, wie Ihr Garten aussehen soll. Hier erfahren Sie, wie es Realität werden kann. Vielleicht beginnen Sie mit Pflanzgefäßen oder setzen zunächst den Rasen instand. Lernen Sie in Ihrem eigenen Tempo und gehen Sie nach und nach zu Beeten, Bäumen, Sträuchern und Hecken über. Sie werden hier keine Rezepte für komplette Umgestaltungen oder Neuanlagen von Gärten finden. Ziel ist es vielmehr, Ihnen das Know-how zu vermitteln, das Sie brauchen, um den Garten Ihrer Träume anzulegen. Beginnen Sie lieber mit kleinen Dingen, als viel Geld in etwas zu investieren, von dem Sie später vielleicht enttäuscht sind.

Nehmen Sie sich Zeit. Beobachten Sie Ihren Garten im Jahreslauf. Dies ist der Schlüssel zum Erfolg. Dieses Buch hilft Ihnen, Ihren Garten richtig einzuschätzen. Bäume, Sträucher oder Hecken können Schatten werfen, aber auch Schutz bieten. Sie werden lernen, die Pflanzen zu verjüngen oder mit Kletterpflanzen, Zwiebelblumen oder einer sie umgebenden Rabatte zu kombinieren.

PFLANZEN KENNENLERNEN

Entscheidend für Ihren Erfolg ist die Auswahl von Pflanzen, die im Boden und im Klima Ihres Gartens gedeihen. Das bedeutet, dass Sie ein wenig über Pflanzen wissen sollten – wie sie wachsen, welche Ansprüche sie haben und wie sie mit Sonne, Schatten, Hitze und Trockenheit zurechtkommen. Deshalb finden Sie in diesem Buch grundlegende Fakten über Pflanzen, Böden und das Klima, die Ihnen helfen zu erkennen, was hinter den Kulissen geschieht und – ebenso wichtig – welche Pflanzen oder Pflanzenkombinationen niemals in der gewünschten Weise in Ihrem Garten gedeihen würden.

Schon ein wenig Wissen über diese verblüffenden, unsichtbaren Prozesse kann Ihnen Sicherheit geben bei der Auswahl der Pflanzen, der Aussaat, dem Anbau eigener Nutzpflanzen oder dem Schneiden eines Strauchs. So ist es z. B. hilfreich zu wissen, wie Pflanzen reagieren, wenn man Teile von ihnen entfernt, weil man dann die Folgen eines Schnitts besser einschätzen kann. Andernfalls ist schnell Schaden angerichtet. Natürlich werden Sie Rückschläge erleben. Aber auch sie machen die Gartenarbeit faszinierend (sofern sie sich in einem gewissen Rahmen halten). Vielleicht entdecken Sie Probleme, die Sie selbst verursacht haben, doch Sie dürfen sich mit dem Wissen trösten, dass Sie manche Dinge wie etwa das Wetter tatsächlich nicht beeinflussen können.

Gartenarbeit sollte ein Vergnügen sein. Bei einem entspannten täglichen Spaziergang durch den Garten mit einer Gartenschere und einem Spaten können Sie kleinere Probleme lösen, ehe sie außer Kontrolle geraten, und auf größere aufmerksam werden, die härtere Maßnahmen erfordern. Und machen Sie es sich zur Gewohnheit, stets ein Notizbuch bereitzuhalten. Sie könnten jederzeit einen guten Einfall haben!

BESTANDS-AUFNAHME

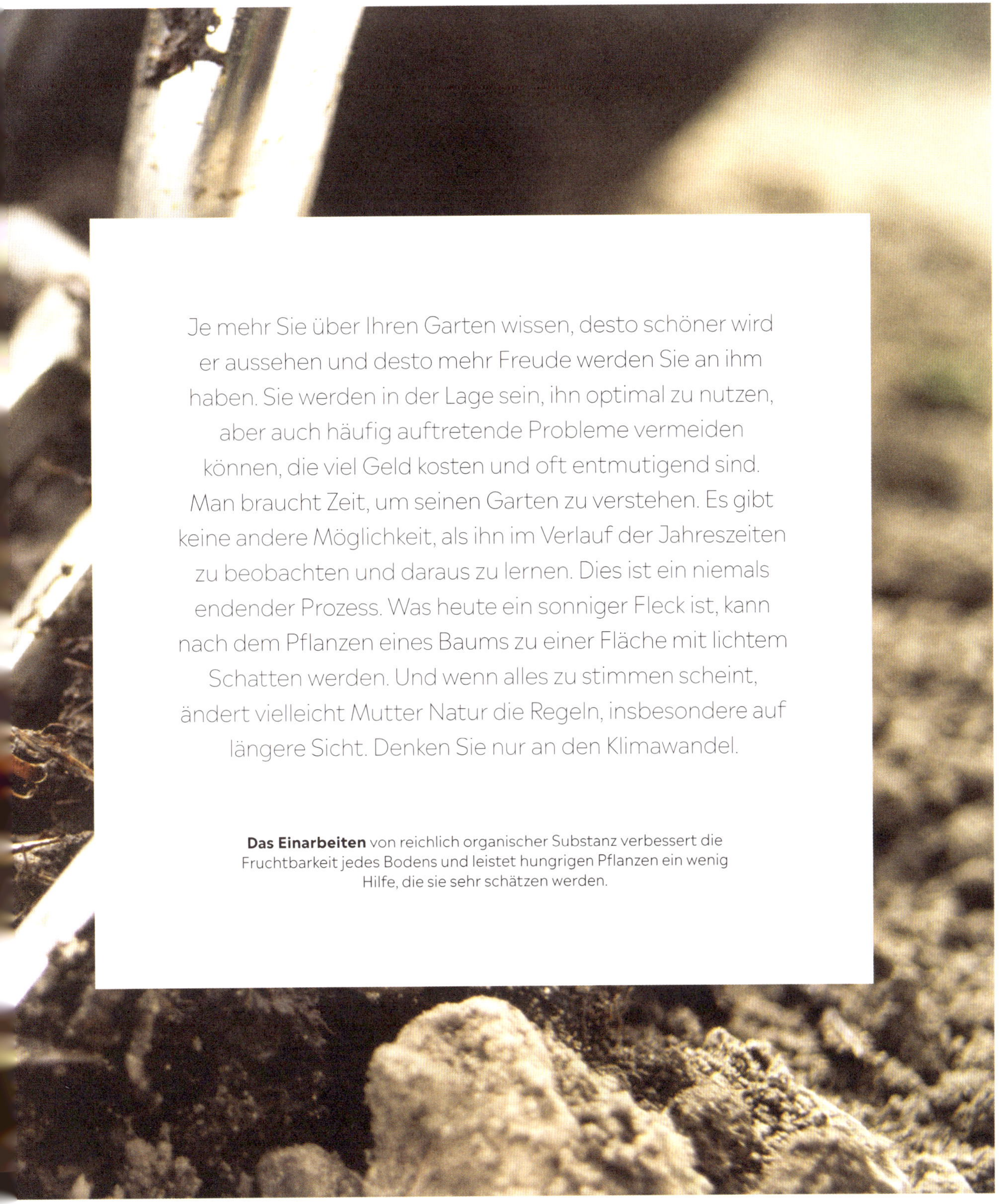

Je mehr Sie über Ihren Garten wissen, desto schöner wird er aussehen und desto mehr Freude werden Sie an ihm haben. Sie werden in der Lage sein, ihn optimal zu nutzen, aber auch häufig auftretende Probleme vermeiden können, die viel Geld kosten und oft entmutigend sind. Man braucht Zeit, um seinen Garten zu verstehen. Es gibt keine andere Möglichkeit, als ihn im Verlauf der Jahreszeiten zu beobachten und daraus zu lernen. Dies ist ein niemals endender Prozess. Was heute ein sonniger Fleck ist, kann nach dem Pflanzen eines Baums zu einer Fläche mit lichtem Schatten werden. Und wenn alles zu stimmen scheint, ändert vielleicht Mutter Natur die Regeln, insbesondere auf längere Sicht. Denken Sie nur an den Klimawandel.

Das Einarbeiten von reichlich organischer Substanz verbessert die Fruchtbarkeit jedes Bodens und leistet hungrigen Pflanzen ein wenig Hilfe, die sie sehr schätzen werden.

LERNEN SIE IHREN GARTEN KENNEN

Neue Gärten sehen mitunter trostlos aus, vor allem wenn der Mutterboden kaum mehr als eine Alibifunktion hat und nur dazu dient, Bauschutt, Plastiktüten und kaputte Werkzeuge zu verbergen. Auch ein ererbter Garten kann eine zweischneidige Sache sein, wenn er nicht Ihrem Geschmack entspricht oder die Vorbesitzer keine begeisterten Gärtner waren. Oft ist ein alter, vernachlässigter Garten eine ebenso große Herausforderung wie ein neuer Garten.

NUTZUNG DES GARTENS

Klären Sie zunächst folgende wichtige Fragen:

- **Wer wird ihn nutzen?** Wenn Sie kleine Kinder haben, sind beispielsweise stachelige Pflanzen und Teiche nicht die beste Wahl.
- **Wie möchten Sie ihn nutzen?** Gärten können für die Bewirtung von Gästen, als Spielplatz oder einfach als »Präsentationsraum« für Pflanzen gestaltet sein. Vielleicht möchten Sie Tiere wie Vögel oder Schmetterlinge in den Garten locken. Hier müssen Sie Ihre eigenen Bedürfnisse gegen die der Tiere abwägen.
- **Wie viel Zeit haben Sie?** Überlegen Sie, wie viel Freizeit Sie haben und wie viel Zeit Sie in die Gartenarbeit investieren möchten. Ihr Garten soll schließlich kein Klotz am Bein werden. Die zur Verfügung stehende Zeit hat Einfluss auf die Pflanzenauswahl, die Größe der Rabatten und selbst die Anlage eines Rasens.
- **Wie steht es mit Ihrem Zeitplan und Ihrem Budget?** Möglicherweise ist es besser, jedes Jahr einen kleinen Gartenbereich in Angriff zu nehmen, als einen grandiosen kostspieligen Plan zu verfolgen. Beginnen Sie mit dem Bereich, den Sie am häufigsten sehen, vielleicht mit einer Terrasse oder einem Beet. Alle bautechnischen Arbeiten sollten Teil eines Gesamtplans sein, den Sie stufenweise umsetzen.

Gäste im Garten zu bewirten ist vielen Menschen ein besonderes Anliegen. Wo kein Platz für einen fest installierten Grill ist, kann man einen transportablen Grill verwenden.

(von oben) **Ein neuer Garten, ein vernachlässigter Garten, ein etablierter Garten**

WELCHE EIGENSCHAFTEN HAT IHR GARTEN?

Ihre Vorgehensweise im Garten hängt davon ab, ob er neu, bereits etabliert oder vernachlässigt ist.

Ein neuer Garten

- **Der Boden** Ist er wirklich schlecht, kaufen Sie Mutterboden mit guter Qualität aus Ihrer Gegend. Meiden Sie Erde, die staubig, steinig, verunkrautet, nass oder »blau« ist (Erde färbt sich bläulich, wenn die Luft herausgepresst wurde). Prüfen Sie vor dem Abladen, ob der pH-Wert der Erde dem in Ihrem Garten möglichst nahe kommt.
- **Prioritäten setzen** Sobald Ihr Plan fertig ist, entscheiden Sie, was zuerst getan werden sollte. Eine Terrasse, ein Schuppen oder eine Wäscheleine sind vielleicht zunächst praktischer als ein Zierteich oder ein Brunnen.

Ein vernachlässigter Garten

- **Erst denken, dann handeln** In einem vernachlässigten Garten warten mitunter Schätze auf ihre Entdeckung.
- **Jäten** Kleine Flächen kann man von Hand jäten, große bekommt man mit einer Motorhacke bzw. einem Grubber unkrautfrei. Sie können die Fläche aber auch mit schwarzer Unkrautfolie, Jute oder einem alten Teppich abdecken, bis das Unkraut eingegangen ist (was allerdings mehrere Monate in Anspruch nimmt).
- **Kahlschlag** Ist eine schrittweise Instandsetzung nicht möglich, betrachten Sie den Garten vielleicht am besten als »neu« und gehen wie oben vor.

Ein etablierter Garten

- **Gestaltungsstil** Die Umgestaltung eines alten Gartens kann schwer sein, doch die Umsetzung eigener Vorstellungen gehört dazu, wenn man einen Garten genießen möchte.
- **Erhaltenswerte Dinge** Möglicherweise befinden sich einige Dinge aus gutem Grund im Garten. So verdeckt ein großer Baum vielleicht eine hässliche Aussicht. Prüfen Sie deshalb alle existierenden Elemente sorgfältig.
- **Bauliche Elemente** Gärten müssen nicht nur schön, sondern auch praktisch sein. Überlegen Sie gut, bevor Sie Dinge entfernen, die Sie später vielleicht brauchen. Umgekehrt fehlen vielleicht Dinge, die Sie als notwendig erachten, wie etwa ein Grillplatz.

DAS WETTER

Die Klimaelemente mit den größten Auswirkungen auf Pflanzen sind Niederschlag, Temperaturextreme, Windstärke, Windrichtung und Lichtverhältnisse. Wenn Sie herausfinden wollen, welche Pflanzen in Ihrem Garten am besten wachsen, müssen Sie sich zunächst mit dem lokalen Klima vertraut machen. Dieses sogenannte Makroklima beeinflusst die Auswahl der Pflanzen in hohem Maß.

AUSWIRKUNGEN VON KÄLTE

Dauer und Schwere des Winters bestimmen oft, was Sie in Ihrer Gegend pflanzen können. In Trockenperioden kann man gießen und bei zu viel Nässe die Dränage verbessern, aber Einfluss auf die Temperatur zu nehmen ist erheblich schwerer. Winterhärte ist für Pflanzen lebenswichtig und deshalb sollte man wissen, wie Kälte auf Pflanzen wirken kann.

Luftfrost - die Lufttemperatur fällt auf 0 °C, während der Boden nicht gefriert - tritt am häufigsten im Frühherbst auf. Bei Bodenfrost sinkt die Bodentemperatur unter den Gefrierpunkt. Er tritt häufiger im Winter auf.

Lang anhaltende Winterfröste bestimmen weitgehend, welche Pflanzen winterhart sind. Weniger schwere Fröste treten oft in windstillen Nächten unter wolkenlosem Himmel auf, wenn der Boden Wärme in die Luft abstrahlt. Bestehen diese Bedingungen fort, gefriert der Boden. Härtere Fröste werden durch sich bewegende Kaltluftmassen verursacht, wobei eisige Winde den Frost tief in den Boden treiben. Immergrüne Pflanzen verdunsten auch im Winter Wasser. Ist der Boden

In Tälern können Flüsse Wettersysteme anziehen, aber auch Berge beeinflussen den Niederschlag. Eine Talseite ist oft nasser als die andere. Zudem staut sich in Tälern kalte Luft.

Küstengärten leiden durch die Nähe zum Meer und den Seewind selten unter Frost, aber die salzhaltige Luft kann an Pflanzen Schäden anrichten.

gefroren, können sie kein neues Wasser aufnehmen. Sie werden dann geschädigt und gehen oft sogar ein.

BODEN UND FEUCHTIGKEIT

Oft sind Böden im Winter zu nass und im Sommer zu trocken. Auch der Regenschatten von Mauern, Zäunen und Hecken beeinflusst die Bodenfeuchtigkeit. Stellen Sie durch eine Probegrabung fest, bis in welche Tiefe die Erde trocken ist. Viele Pflanzen bevorzugen tatsächlich eine gute Dränage und gedeihen in trockenem, durchlässigem Boden. Arbeiten Sie vor dem Pflanzen reichlich organische Substanz ein.

Problematischer sind feuchte Böden. Hier kann man Hochbeete anlegen, Pflanzen auf Wälle und Hügel setzen oder die Dränage so weit wie möglich verbessern und Pflanzen wählen, die Nässe vertragen.

WAS IST WINTERHÄRTE?

Eine Pflanze nennt man winterhart, wenn sie den Winter draußen überlebt. In Gegenden mit Frösten heißt dies, dass sie Kälte verträgt, anderswo, dass sie Trockenheit aushält. Die Herkunft einer Pflanze verrät nicht unbedingt, ob sie im Garten überlebt. Lavendel und Rosmarin haben in ihrer Heimat durchlässigen Boden und warmes Klima, gedeihen aber auch unter feuchteren, kühleren Bedingungen. Bei den nicht winterharten Pflanzen ist die Bandbreite groß. Manche vertragen geringe Minusgrade, andere überhaupt keinen Frost und wieder andere werden schon im einstelligen Plusbereich geschädigt. Die Winterhärtezonen geben Aufschluss darüber, wie viele Minusgrade eine Pflanze verträgt. Allerdings spielen noch weitere Faktoren eine Rolle.

WINTERHÄRTEZONEN

KÜRZEL	TEMPERATURBEREICH	KATEGORIE	ERKLÄRUNG
Z12b	>12,8 °C	Tropisch – Warmhaus	Muss ganzjährig unter Glas kultiviert werden.
Z12a	10,1 bis 12,8 °C	Subtropisch – Warmhaus	Pflanze kann im Sommer an sonnigen, geschützten Standorten nach draußen gestellt werden, etwa in Städten, gedeiht aber generell besser, wenn sie ganzjährig drinnen bleibt.
Z11	4,5 bis 10 °C	Warm-gemäßigt – Warmhaus	Kann in der warmen Jahreszeit draußen bleiben, sofern die Tagestemperaturen hoch genug für ein Wachstum sind.
Z10	-1,1 bis +4,4 °C	Frostfreies Kalthaus	Verträgt kühle Temperaturen, aber höchstens kurzzeitig minimale Minusgrade und muss daher je nach Region etwa von Oktober bis Mai nach drinnen gestellt werden.
Z9	-6,6 bis -1,2 °C	Kalthaus/Klimazonen mit milden Wintern	Kann in milden Gegenden und milden Wintern ohne strengen Frost draußen überwintern, etwa an einem geschützten Platz oder mit gutem Winterschutz. Muss andernorts aber nach drinnen, auf jeden Fall also in Mitteleuropa.
Z8	-12,2 bis -6,7 °C	Klimazonen mit milden Wintern (Mittelmeerklima)	Hält in milden Gegenden (Weinbaugebiete in Deutschland, Österreich und der Schweiz, Tallagen im südlichen Südtirol) im Freien aus. Manche Arten verlieren das Laub oder den oberirdischen Wuchs, erholen sich aber. Topfpflanzen sind empfindlicher.
Z7	-17,7 bis -12,3 °C	Klimazonen mit relativ kalten Wintern (Weinbaugebiete)	In milden Gegenden in Mitteleuropa größtenteils winterhart, verträgt aber keine exponierten, kalten und nordwärts gerichteten Standorte. Einige immergrüne Arten können Laubschäden davontragen. Auch Topfpflanzen sind gefährdet.
Z6	-23,3 bis -17,8 °C	Klimazonen mit kalten Wintern (Mitteleuropa)	In Mitteleuropa größtenteils winterhart, lediglich in rauen Gegenden und größeren Höhenlagen gefährdet.
Z5	-28,8 bis -23,4 °C	Klimazonen mit sehr kalten Wintern (raue Lagen)	In Mitteleuropa selbst in rauen Lagen völlig winterhart.

SONNE, SCHATTEN UND DIE JAHRESZEITEN

Da manche Pflanzen an sonnige Standorte angepasst sind und manche an schattige, muss man prüfen, wo die sonnigen Plätze im Garten liegen. Die Sonne bestimmt die vorhandene Menge an Licht und Wärme und damit die Pflanzen, die gezogen werden können. Es lohnt sich, den Lauf der Sonne während der Jahreszeiten zu beobachten. Dadurch können Sie feststellen, welche Bereiche ständig im Schatten liegen und welche die meiste Sonne erhalten. Wenn Sie diese Bereiche kennen, können Sie überlegen, welche Pflanzen dort wachsen sollen, und Ihren Garten entsprechend planen.

AUSRICHTUNG DES GARTENS

Finden Sie zuerst heraus, in welcher Himmelsrichtung Ihr Garten liegt, indem Sie beobachten, wo die Sonne auf- und untergeht und ob der Vorgarten oder der Garten hinter dem Haus mehr Sonne bekommt. Generell gilt, dass nach Süden und Westen liegende Gärten wärmer und sonniger sind als nach Osten und Norden ausgerichtete Gärten.

Stellen Sie sich zunächst mit dem Rücken zum Haus. Die Richtung, in die Sie jetzt schauen – Norden, Osten, Süden oder Westen –, entspricht der Ausrichtung Ihres Gartens. Wenn Sie unsicher sind, denken Sie daran, dass die Sonne im Osten auf- und im Westen untergeht. Nach Osten ausgerichtete Gärten erhalten Morgensonne, nach Westen liegende Gärten Nachmittagssonne. Südgärten können fast den ganzen Tag Sonne bekommen, Nordgärten dagegen fast keine. Ost- und Nordgärten sind für empfindliche Pflanzen mitunter ungeeignet, weil sie nicht genügend Wärme erhalten oder die Temperaturen nach einer kühlen Nacht zu rasch steigen. Vergessen Sie aber nicht, dass auch jede Mauer oder jeder Zaun Schatten wirft und so sonnige Zonen in schattige verwandeln kann.

Eine sonnige Mauer speichert und reflektiert Wärme. Sie kann die Wachstumsperiode verlängern und Holz besser reifen lassen.

Im lichten Schatten unter Bäumen oder an Standorten, die im Sommer fast den halben Tag im Schatten liegen, wachsen Pflanzen zwar nicht so kräftig wie auf offenen Flächen. Aber weil sie geschützter sind, wird dieser Nachteil vielleicht ausgeglichen.

AUSWIRKUNGEN DER JAHRESZEITEN

Die jahreszeitlichen Unterschiede können recht ausgeprägt sein. Die Bahn der Sonne variiert zwischen Sommer und Winter beträchtlich. Durch eine kluge Pflanzenwahl können Sie diese Veränderungen optimal nutzen. Das blasse Sonnenlicht im Winter etwa lässt die farbigen Triebe von Hartriegel und Weiden, die auf den Stock gesetzt wurden, leuchten und verleiht dem winterlichen Garten besonderen Reiz.

Sollten Sie in einer Stadt leben, wo Ihr Garten von Gebäuden umgeben ist, schaut die Wintersonne eventuell kaum über die Hausdächer, obwohl er im Sommer, wenn die Sonne hoch am Himmel steht, vielleicht sonnig ist.

Im Lauf der Jahreszeiten kann ein Garten sein Aussehen stark verändern. Lichtqualität und Helligkeit ändern sich und Schatten wandern. Sommergrüne Bäume und Sträucher werden im Winter kahl, gleichzeitig ziehen die meisten Stauden ein. Es bedarf einiger Sorgfalt, damit der Garten das ganze Jahr hindurch reizvoll wirkt.

- **Frühjahr** Die kahlen Zweige sommergrüner Bäume lassen viel Licht in den Garten. Davon profitieren Frühlingszwiebelblumen und früh blühende Stauden wie Nieswurz und Lungenkraut. Baumblüten sorgen für weitere Farbe.
- **Sommer** Das Laub der sommergrünen Bäume wirft Schatten. In dunkleren Bereichen wachsen schattentolerante Pflanzen, z. B. Purpurglöckchen und Storchschnabel. Panaschierte Sträucher wie die Pfeifenstrauch-Sorte 'Variegatus' oder weiß blühende Sträucher wie Hortensien können düstere Ecken aufheitern.
- **Herbst** Genießen Sie die Farben sommergrüner Bäume vor dem Laubfall. Die Lichtverhältnisse sind ähnlich wie im Frühjahr, doch häufig wirkt das Licht gedämpfter.
- **Winter** Betrachten Sie den Garten kritisch. Stimmt im Winter die Struktur, dann ist sie meist auch das übrige Jahr stimmig. Immergrüne Pflanzen mit skulpturhaften Formen sind Konstanten, sollten aber nicht zu zahlreich verwendet werden.

DAS MIKROKLIMA IN IHREM GARTEN

Unter dem Mikroklima versteht man lokal begrenzte Abweichungen von den allgemeinen Klimabedingungen. Dabei können Bodentyp, Wind, Sonne oder Schatten eine Rolle spielen. Wer das vorhandene Mikroklima kennt, kann es zu seinem Vorteil nutzen. Selbst in einem kleinen Garten gibt es genügend Unterschiede, um eine größere Zahl Pflanzen zu ziehen, als man zunächst vielleicht denkt. Man kann das Mikroklima auch verändern, indem man etwa zwischen den Platten einer Terrasse Lücken lässt und diese mit sandiger Erde füllt, in die man Pflanzen setzt – an sonnigen Plätzen beispielsweise Kräuter wie Thymian und Oregano.

WINDTURBULENZEN

In manchen Gärten hat der Wind große Bedeutung. Sturm kann erhebliche Schäden anrichten und selbst normaler Wind hat Auswirkungen, da er Blätter austrocknet und die Pflanzen dann häufiger gegossen werden müssen. Selbst in kleinen Gärten können einige Bereiche dem Wind stärker ausgesetzt sein als andere. Windturbulenzen entstehen an Mauern,

Böen und Wirbel, die an soliden Barrieren entstehen, verursachen beinahe ebenso schlimme Schäden wie ungebremster Wind. Halb durchlässige Hindernisse wie Bäume und Sträucher, Hecken, Spaliere und durchbrochene Wände oder Zäune schützen den Garten wirkungsvoller. Zudem werfen sie wahrscheinlich weniger Schatten und versperren nicht vollständig die Sicht.

Zäunen und Gebäuden, wenn der Wind über sie weht und an der Rückseite Wirbel erzeugt. Dieses Problem lässt sich durch halb durchlässige Barrieren verringern. Versuchen Sie, die windigeren Bereiche zu finden und das Problem nach Möglichkeit durch Schutzvorrichtungen wie Hecken zu mindern. Ein Windschutz kann eine Fläche schützen, deren Länge der fünffachen Höhe der Barriere entspricht.

Wind bewegt die feuchte Luftschicht, die sich auf der Blattoberseite bildet, sodass das Wasser rascher verdunstet als an windstillen Tagen. In der Folge schließen die Blätter ihre Poren, nehmen kein Kohlendioxid mehr auf und können nicht mehr wachsen. Im Schutz von Hecken und Zäunen gedeihen Pflanzen deshalb am besten.

Schutzpflanzungen nehmen dem Wind über eine gewisse Distanz die Kraft und lassen so Nischen für empfindliche Pflanzen entstehen.

WÄRMESPEICHER

Mauern und Gewächshäuser absorbieren Sonnenwärme und geben sie später langsam wieder ab. Mauern können auch Frost abhalten, sodass man in ihrem Schutz Topfpflanzen möglicherweise frostfrei überwintern kann. Eine frostempfindliche Azalee etwa wird die Bedingungen an einem geschützten Platz nutzen und eine dunkle Stelle aufheitern. Nach Süden gelegene Mauern reflektieren Wärme und können für empfindlichere Pflanzen ideal sein. Früher nutzte man sie für die Kultur von Obstpflanzen wie Pfirsichen und Pflaumen sowie für Zierpflanzen wie Rosen, die durch die abgestrahlte Wärme oft früher blühten.

FROSTSENKEN

Frostsenken entstehen, wo kalte Luft zum tiefsten Punkt herabsinkt. Gefährdet sind Mulden, Talsohlen und Plätze, an denen sich an einem Hindernis kalte Luft sammeln kann. Hänge sind generell trocken, da Wasser stets zu dem am tiefsten gelegenen Punkt fließt. Dort besteht auch die größere Frostgefahr, da kalte Luft herabsinkt. Die Kombination aus Frost und nasser Erde ist besonders gefährlich und wird nur von vollkommen winterharten Pflanzen toleriert.

(oben) **Tiefer Schatten** und feuchte Erde sind ideal für üppige Blattpflanzen, die hohe Temperaturen nicht mögen. Liegt ein solcher Platz geschützt, kann er relativ mild bleiben. Entsteht an einer Barriere wie einer Hecke oder einem Zaun jedoch eine Frostsenke, kann er jedoch sehr kalt sein.

(unten) **Der Boden am Fuß einer Mauer** ist vor Regen geschützt. Hier gedeihen sonnenliebende Pflanzen wie diese Inkalilien gut, aber beim Anwachsen brauchen sie etwas Pflege.

DER BODEN

Erde ist ein Rohmaterial mit erstaunlichen Eigenschaften – mit ihr können Sie Gartenträume realisieren. Wurzeln finden in den Zwischenräumen zwischen Erdpartikeln Wasser und Nahrung. Erde muss genügend Feuchtigkeit speichern können, um Pflanzen während Trockenzeiten am Leben zu erhalten, gleichzeitig aber bei Nässe durchlässig für überschüssiges Wasser sein. Zudem schützt sie Wurzeln vor Hitze und Kälte.

Durch Mulchen kann man die Textur und den Feuchtigkeitsgehalt von Böden verbessern und sie so gesund halten.

WIE IST MEIN BODEN BESCHAFFEN?

Möchten Sie erfolgreich gärtnern, sollten Sie Ihren Boden kennen. Führen Sie eine Bodenprobe durch. Sie wird Ihnen Aufschluss über folgende Dinge geben:

- **Bodentextur** Boden kann aus Sand, Ton, Schluff oder einem Gemisch bestehen.
- **Oberboden** ist die oberste fruchtbare Schicht – je dicker die Oberbodenschicht, desto besser.
- **Typ und Tiefe des Unterbodens** Ihr Garten offenbart vielleicht einige überraschende Kombinationen, wie kiesigen Boden auf Ton oder sogar sauren Lehm auf Kalk. Wo der Oberboden dünn ist, spielt der Unterboden eine wichtigere Rolle, vor allem für Bäume und Sträucher, die tief wurzeln.
- **Feuchtigkeit** Böden haben ein unterschiedliches Wasserhaltevermögen. In Sand versickert Regen rasch, Tonboden wird durch die gleiche Regenmenge mitunter recht nass.

Tonboden oder Sandboden?

Die Korngröße der Erde bestimmt ihre Textur und was in ihr am besten gedeiht. Formen Sie eine Handvoll feuchten Oberboden zu einer Kugel, versuchen Sie dann eine Wurst daraus zu formen und reiben Sie diese zwischen den Fingern. Der »ideale« Boden ist Lehm, der zusammenhält, ohne zu kleben. Die meisten Böden sind jedoch tonige oder sandige Böden.

Sauer oder alkalisch?

Der pH-Wert Ihres Bodens hat Einfluss auf die Auswahl der Pflanzen. Einige wie Rhododendren gedeihen in alkalischen Böden nicht gut, während andere wie Clematis alkalischen Boden mögen. Der pH-Wert drückt aus, wie sauer oder alkalisch (basisch) eine Substanz ist. Je niedriger der pH-Wert, desto saurer ist der Boden. Säuregehalt oder Alkalinität eines Bodens hängen von seinem Kalziumgehalt ab. Sauren Böden fehlt Kalzium, alkalische haben zu viel, neutrale Böden (pH-Wert 7) enthalten gerade so viel Kalzium, dass Säure neutralisiert wird.

- **Alkalische Böden** haben einen pH-Wert über 7. Saure Böden liebende Pflanzen werden auf ihnen nicht gedeihen. Andererseits sind Kalkböden oft gut dräniert und erwärmen sich im Frühjahr rasch. Wird reichlich organisches Material eingearbeitet, wächst auf ihnen eine breite Palette an Pflanzen. Überdüngung lässt die Pflanzen jedoch hoch und schwach werden.
- **Saure Böden** haben einen pH-Wert von 1–6. Sie sind für viele Pflanzen ideal, aber saure Böden liebende Pflanzen wachsen praktisch nur dort. Sollte Ihr Boden nicht sauer sein, können Sie solche Pflanzen in Pflanzgefäßen mit Moorbeeterde ziehen. Saurer Boden kann durch Kalk alkalischer gemacht werden, aber die meisten Pflanzen gedeihen in leicht saurem Boden gut. Theoretisch kann man in Kalkböden durch säurehaltiges Material den pH-Wert senken, aber man braucht dazu oft riesige Mengen.

Tonboden ist glatt und klebrig, lässt sich formen und glänzt, wenn man ihn reibt. Die winzigen Partikel verkleben, sodass Wasser schlecht versickert und kaum Luft enthält. Er erwärmt sich im Frühjahr langsam und ist schwer zu bearbeiten.

Sandboden wirkt rau und zerfällt, wenn man ihn zu einer Kugel formt. Sandkörner sind die größten Bodenpartikel, Lufteinschlüsse lassen Wasser gut versickern. Sie erwärmen sich im Frühjahr schnell, trocknen aber auch rasch aus.

DEN PH-WERT DES BODENS TESTEN

Mit einem Bodentest-Set aus dem Gartencenter können Sie den pH-Wert Ihres Bodens messen. Den Sets liegt eine ausführliche Gebrauchsanweisung bei. Sie sind rasch und einfach anzuwenden.

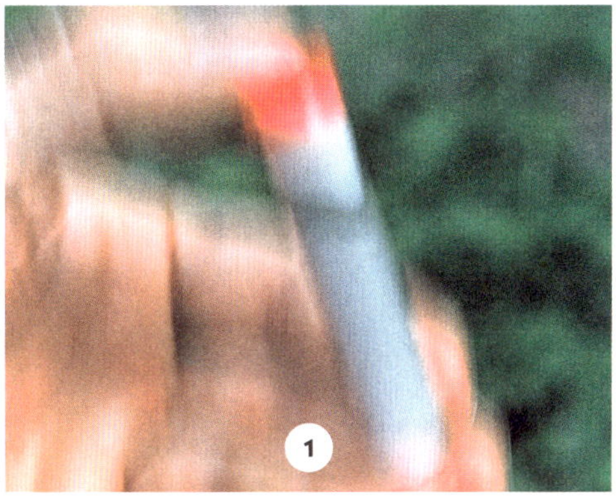

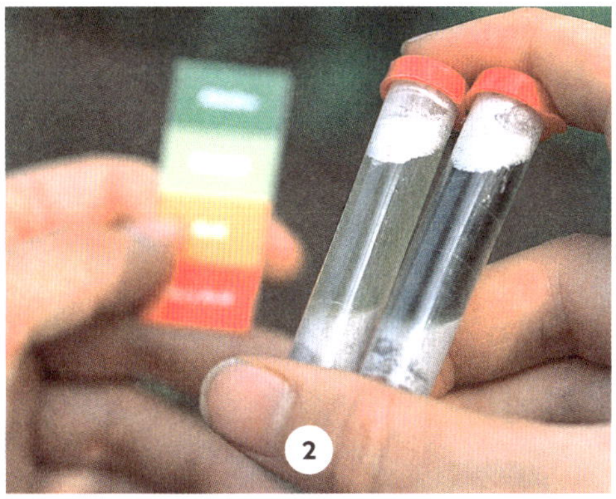

1 Nehmen Sie in verschiedenen Teilen des Gartens Proben, da Erde selten an allen Stellen gleich ist. Kennzeichnen Sie die Herkunft der Proben, damit Sie später z. B. saure Standorte im Pflanzplan berücksichtigen können. Geben Sie die Erde zu der Lösung im Teströhrchen und schütteln Sie es.

2 Vergleichen Sie die Farbe der Lösung mit der pH-Wert-Karte. Dunkelgrün zeigt alkalischen Boden an, hellgrün bedeutet neutral, gelb oder orangefarben sauer.

PFLANZEN FÜR SAURE BÖDEN

1 *Acer palmatum* 'Sango-kaku'
Fächer-Ahorn
Wunderhübsche Ahorn-Sorte, die im Winter korallenrosa Triebe bildet. Auch Korallenrinden-Ahorn genannt. Blätter im Frühjahr gelb, im Sommer grün und im Herbst orangegelb.
H 6 m; B 5 m.

2 *Skimmia japonica* 'Bronze Knight'
Skimmie
Robuster immergrüner Strauch mit hübschem Laub und dunkelroten Winterknospen.
H 1,2 m; B 1,2 m.

3 *Rhododendron* 'Palestrina'
Japanische Azalee
Kompakte, immergrüne Azalee, die im Spätfrühjahr unter reinweißen Blüten versinkt.
H 1,2 m; B 1,2 m.

4 *Fothergilla gardenii*
Federbuschstrauch
Kleiner dichter Strauch mit weißen Frühjahrsblüten und rostroter Herbstfärbung, der sauren Boden liebt. Gut für Gehölzpartien geeignet.
H 1 m; B 1 m.

5 *Erica vagans* 'Birch Glow'
Cornwall-Heide
Niedriger, ausladender Heidestrauch mit leuchtenden rosa Blüten.
H 30 cm; B 50 cm.

6 *Cornus kousa* 'Chinensis'
Chinesischer Blumen-Hartriegel
Kleiner Gartenbaum, der schon sehr jung zu blühen beginnt und dann zahlreiche lindgrüne Brakteen (Hochblätter) trägt.
H 7 m; B 5 m.

7 *Gaultheria tasmanica*
Scheinbeere
Teppichartige Pflanze mit weißen Frühjahrsblüten, denen beerenähnliche Früchte folgen.
H 8 cm; B bis 25 cm.

8 *Camellia japonica* 'Guilio Nuccio'
Japanische Kamelie
Großer, anmutiger immergrüner Strauch mit halb gefüllten rosenroten Blüten, die sich von Spätwinter bis Sommermitte öffnen.
H 9 m; B 8 m.

PFLANZEN FÜR ALKALISCHE BÖDEN

1 *Clematis* 'Huldine'
Clematis
Mag die meisten Böden, aber vor allem einen hohen pH-Wert. Blüten schalenförmig, weiß und rotviolett, Blütezeit Spätsommer bis Herbst.
H 3–5 m; B 2 m.

2 *Crocus tommasinianus* 'Ruby Giant'
Dalmatiner Krokus
Zuverlässige, unkomplizierte, früh blühende Sorte. Blütenfarbe blasslila oder rötlich violett.
H 8–10 cm; B 2,5 cm.

3 *Photinia davidiana*
Lorbeer-Glanzmispel
Hoher immergrüner Strauch mit schöner Herbstfärbung und leuchtend roten Früchten.
H 8 m; B 6 m.

4 *Caryopteris × clandonensis* 'Worcester Gold'
Clandon-Bartblume
Runder Strauch für kalkige Böden. Die Sorte 'Worcester Gold' hat kleine lavendelblaue Blüten und gelbgrünes Laub.
H 1 m; B 1,5 m.

5 *Malus × purpurea* 'Lemoinei'
Purpur-Apfel
Mittelgroßer Gartenbaum mit rotvioletten Blättern und weinroten Frühjahrsblüten.
H 8 m; B 8 m.

6 *Hebe* 'Great Orme'
Strauchveronika
Immergrüner Strauch mit tiefrosa Blütenständen, die nach und nach verblassen und weiß werden.
H 1,2 m; B 1,2 m.

7 *Campanula glomerata* 'Superba'
Knäuel-Glockenblume
Kräftige Staude mit runden Blütenständen aus violetten Glockenblüten.
H 60 cm; B 1 m oder mehr.

8 *Forsythia suspensa*
Bogige Forsythie
Sommergrüner Strauch, der zu Frühjahrsbeginn leuchtend gelbe Blüten trägt.
H 3 m; B 3 m.

IDEEN FÜR DIE GESTALTUNG

Nach der Bestandsaufnahme können Sie Ihr ganzes Wissen in die Waagschale werfen, um den Garten exakt so zu gestalten, wie er Ihnen am besten gefällt. Bevor Sie aber ins Gartencenter eilen, sollten Sie erst einen realistischen Plan haben. Versuchen Sie sich Ihren Garten vorzustellen: Was erwarten Sie von ihm? Brauchen Sie eine Spielfläche für Kinder? Einen Sitzbereich für schöne Stunden mit der Familie und Freunden? Hier sind ein paar Ideen, von denen Sie sich inspirieren lassen können.

(links) **Gemischte Blumenrabatten** bilden oft ein buntes, unstrukturiertes Durcheinander. Sie beheimaten ein-, zwei- und mehrjährige Blumen, in diesem Fall Iris, Königskerzen, Schafgarbe, Zierlauch und Türkischen Mohn.

(rechts) **Das erhöhte Holzdeck** befindet sich direkt vor der offenen Terrassentür, wodurch der Essbereich halb im Haus zu liegen scheint. In ein oder zwei Jahren wird die Weinrebe die Pergola ganz begrünt haben und im Hochsommer einen willkommenen Schutz vor der Sonne bieten.

(oben) **Zwei geschwungene Wege** aus Granitpflastersteinen führen zu einer runden Pflasterfläche, wo eine einfache Holzbank zum Verweilen einlädt. Der Grundriss lenkt das Auge wie von selbst durch den Garten und lässt die Illusion von Größe entstehen.

(rechts) **Ein Gemüsebeet** ist eine wertvolle Ergänzung für jeden Familiengarten. Wenige Dinge schmecken besser – oder sind gesünder – als selbst gezogene Gemüse, die man frisch geerntet isst. Zumindest sollten Sie in der Nähe der Küchentür einige Kräuter und Gemüse anpflanzen.

(oben) **Klare geometrische Linien** sind charakteristisch für diese moderne Gestaltung. Mit Bedacht platzierte, kontrastierende Holzdecks, Steinpflaster und erhöhte Rasenflächen teilen den Raum horizontal, Kalksteinmauern, formale Hecken und Glaswände vertikal. Über allem erheben sich hohe Bambuspflanzen.

(rechts) **Eine stille Ecke** in einem üppigen Cottage-Garten ist ideal, um sich zurückzuziehen und zu entspannen. Duftpflanzen wie das Geißblatt machen das Erlebnis perfekt.

(oben) **Ein gemähter Weg** verlockt zu einem Spaziergang durch die Sommerwiese mit heimischen Wildblumen wie gelbem Hahnenfuß und weißen Wiesenmargeriten. Letztere dürfen sich hier selbst aussamen.

(oben) **Der Gesamteindruck** mag der eines organisierten Chaos sein, dennoch erfordert die Auswahl und Platzierung von Pflanzen und »Gartenrequisiten« geschickte Planung. Gelb blühender Großer Schuppenkopf, purpurrote Mazedonische Witwenblume, Grasschwertel und Lupinen geben der Rabatte Höhe. Im Vordergrund neigen sich Frauenmantel, Salbei und Thymian über den Kies.

(rechts) **Ein handgeflochtener Weidenkäfig,** in den Fettknödel gehängt werden, ist für Vögel zugänglich, hält aber Eichhörnchen fern. Vögel lassen sich leichter anlocken, wenn man für sie eine ruhige, etwas verwilderte Ecke des Gartens reserviert.

(oben) **Eine abgeschiedene geschützte Ecke** dient als Zufluchtsort vor dem hektischen Familienleben. Umgibt man den Platz mit Sträuchern, um ihn vor kaltem Wind und der heißen Mittagssonne zu schützen, wird das angenehme Gefühl von Privatheit und Ruhe weiter verstärkt.

BLUMENBEETE & RABATTEN

Im engeren Sinn ist eine Rabatte ein langes Pflanzbeet, das längs einer Begrenzung wie einem Zaun, einer Mauer oder einer Hecke liegt. Früher wurden Rabatten jedoch oft benutzt, um formale Parterres oder Rasen einzurahmen. Daneben gibt es frei liegende Inselbeete, die häufig als Blickfang in der Mitte eines Rasens oder Kiesgartens angelegt werden. Formale Gärten wie Parterres haben innerhalb eines symmetrischen Grundrisses geometrisch geformte Beete, die oft von niedrigen immergrünen Hecken gesäumt sind. Frei liegende Beete dienen seit vielen Jahrhunderten der Kultur von Gemüsen und Kräutern, da die Pflanzen in ihnen den ganzen Tag Sonne erhalten.

Gemischte Rabatten bedürfen einer sorgfältigen Planung, damit sie gelungen wirken. Eine gestufte Bepflanzung wie diese setzt voraus, dass man weiß, wann die verschiedenen Pflanzen blühen und wie hoch sie werden.

BEETE UND RABATTEN GESTALTEN

Bei der Planung Ihres Gartens schreiben Sie zunächst einmal Ihre Wünsche auf, egal ob Sie einem wilden Dschungel gegenüberstehen oder einer kleinen Oase, die nur weniger Korrekturen bedarf. Beherbergt Ihr Traumgarten Beete voller farbenprächtiger Blumen, einen Spielbereich für Kinder, einen Sitzplatz für Familie und Freunde oder vielleicht alle drei Elemente? Denken Sie auch an praktische Dinge: Wo werden die Mülltonnen stehen? Brauchen Sie einen Fahrradschuppen? Wie viel Platz muss für einen Esstisch vorhanden sein?

Im Herbst schneidet man viele Stauden nicht zurück, denn ihre vertrockneten Fruchtstände und Triebe sind im Winter, wenn sie mit Raureif oder Schnee überzogen sind, ein reizvoller Anblick.

GESTALTUNGSSTIL

Der Gestaltungsstil hat sowohl auf Größe, Form und Position Ihrer Beete als auch auf bautechnische Arbeiten Einfluss. Selbst wenn Sie sich gegen einen formalen Garten entscheiden, ist eine gewisse Grundstruktur sinnvoll, damit der Garten auch im Winter reizvoll aussieht. Denken Sie über das Pflanzen eines Baums nach und über Beeteinfassungen aus Ziegeln oder Platten oder niedrige Hecken, die helfen, den Raum zu definieren. Solche harten Kanten werden weicher, wenn Pflanzen über sie wachsen.

Nehmen Sie sich Zeit für die Planung, dann wird der Garten das ganze Jahr reizvoll sein. Immergrüne Bäume sorgen im Winter für Struktur. Ergänzen Sie diese durch Stauden, die im Winter attraktiv bleiben, wie Fetthenne, Schafgarbe und Kugeldistel. Auch wenn sie in der kalten Jahreszeit nicht bunt daherkommen, weisen sie doch interessante Formen auf und verhindern, dass Ihre Rabatten flach und leblos aussehen. Zudem bieten sie an frostigen Morgen einen spektakulären Anblick und locken mit ihren Samen Vögel in den Garten.

Gräser machen Gärten im Herbst und Winter reizvoll. Die vertrockneten Blütenstände einiger Gräser wie Riesen-Federgras und Pfeifengras bleiben bis tief in den Herbst erhalten, die von Chinaschilf und Reitgras sogar bis zum Frühjahr.

Ein formaler Garten besteht aus Reihen der gleichen Pflanzenart. Die niedrigen immergrünen Gewächse wurden zu hübschen Kugeln gestutzt, das Laub von Berberitzen und Salbei bringt Farbe in die Pflanzung.

In einem frei gestalteten Garten können sich Pflanzen über den Weg neigen. Gräser und Stauden sorgen den ganzen Sommer für Farbe, Bäume und Sträucher im Hintergrund ganzjährig für Struktur.

PFLANZUNGEN

In Ihrer Pflanzenwahl sollte sich die Gesamtwirkung widerspiegeln, die Sie erzielen wollen:

- **Traditionelle Staudenrabatten** bestehen ausschließlich aus Stauden und müssen von Frühjahrsbeginn bis in den Herbst schön aussehen. Zu Beginn des 20. Jahrhunderts hingegen waren sie oft nur während sechs bis acht Wochen im Sommer schön, zu anderen Jahreszeiten hatte man unter Themen gestellte Bereiche, z. B. Dahlienrabatten oder Herbstgärten. In unseren kleinen Gärten von heute ist aber selten Platz für solch spezielle Pflanzungen. Unsere Rabatten müssen deshalb möglichst lange schön aussehen.
- **Gemischte Rabatten** bestehen aus verschiedenen Pflanzentypen. Stauden spielen eine Schlüsselrolle, werden aber durch Sträucher, Rosen und sogar einjährige Blumen ergänzt. Liegt hinter einem solchen Beet eine Mauer oder ein Spalier, kann es durch Kletterpflanzen mehr Höhe erhalten. Man kann aber auch einen Dreifuß als Gerüst für Kletterpflanzen aufstellen. Eine gemischte Rabatte sorgt im Sommer für Blütenpracht und im Winter für Struktur. Aber Gehölze besitzen weitläufige Wurzeln, die den Stauden Wasser und Nährstoffe rauben und mit zunehmender Größe Schatten werfen. Pflanzen Sie deshalb nur kompakte Sträucher mit kleinen Wurzelsystemen.
- **Einjährige Pflanzungen** sind im Sommer üppig, aber oft sehr arbeitsintensiv. Da viele dieser Blumen eine lange Blütezeit haben, kann eine solche Rabatte weit beeindruckender wirken als eine Staudenrabatte, in der die Pflanzen im Lauf der Wachstumsperiode erscheinen und wieder verschwinden. Wenn allerdings der Herbst kommt, ist das Beet einige Monate leer.

GESTALTUNGSVARIANTEN

Beete können formal oder natürlich gestaltet werden. Sind Beete Teil eines formalen Grundrisses, haben sie meist eine geometrische Form und eine saubere Einfassung. Natürlichere Beete besitzen weniger klar definierte Ränder.

- **Formale Beete** sind ordentlich und symmetrisch. Sie werden z. B. durch Wälle aus exakt geschnittenen Hecken, Holzwänden, Stahlbändern, Dachziegeln oder sogar umgedreht in die Erde gesteckten Flaschen begrenzt.
- **Natürliche Beete** haben weichere Konturen und können so platziert werden, dass sie das Auge zu einem Blickfang lenken.

GRÖSSE, FORM UND GRUNDRISS

Die Bepflanzung einer Rabatte ist wie eine Theaterinszenierung. Die Stars müssen ebenso ausgewählt und platziert werden wie die Nebendarsteller. Zudem muss man berücksichtigen, welche Pflanze wann blüht, und entscheiden, welche Farben kombiniert werden sollten und welche nicht *(s. S. 36–37)*. Dies braucht vielleicht Zeit, macht aber auch Spaß. Und selbst wenn im ersten Anlauf nicht alles klappt, versucht man es im nächsten Jahr eben noch einmal. Wenn man – meist im Frühjahr oder Herbst – beim Pflanzen von der Begeisterung hingerissen wird, vergisst man allzu leicht, Pflanzen einzubeziehen, die im Moment vielleicht uninteressant wirken, in einer anderen Jahreszeit aber vielleicht großartig aussehen. Planen Sie deshalb sorgfältig, damit Ihre Beete das ganze Jahr einen schönen Anblick bieten.

Große Farbflächen in geschwungenen breiten Rabatten haben eine dynamische Wirkung auf die Gestaltung. Wählen Sie Ihre Pflanzen so aus, dass das ganze Jahr hindurch Farben erstrahlen.

PFLANZABSTÄNDE UND BLÜTEZEITEN

Kleinere Pflanzen wie Blaukissen und Gämswurz sind im Frühjahr die Showstars im Garten. Später dominieren größere Pflanzen. Riesen wie etwa Sonnenhut (Rudbeckien) entfalten oft erst im Spätsommer ihre Pracht. Vielleicht sind Sie versucht, die kleinen Pflanzen alle vorn in die Rabatte zu setzen und die größeren weiter nach hinten. Aber dies kann langweilig aussehen und macht es zudem schwieriger, eine gleichmäßige Verteilung blühender Pflanzen zu erreichen. Setzen Sie deshalb einige hohe duftige Pflanzen wie Gräser oder das zarte Eisenkraut weiter vorn in die Rabatte. So wird das Gesamtarrangement reizvoller, ohne dass hinten stehende Pflanzen verdeckt werden.

Planen Sie für jede Staude den Platz ein, den sie braucht, wenn sie ausgewachsen ist. Im ersten Jahr können sich dadurch Lücken zwischen den Pflanzen ergeben, aber das ist besser als zu enge Pflanzabstände. Lücken kann man mit einigen Sommerblumen schließen, da nackte Erde leicht austrocknet und Unkräuter fördert.

In welchem Stil Sie Ihre Beete bepflanzen, hängt davon ab, welche Pflanzen Sie mögen. Sollten Sie sich für eine gemischte Bepflanzung entscheiden, beziehen Sie Sträucher oder kleine Bäume ein, die ganzjährig Struktur geben. Markieren Sie ihre vorgesehenen Plätze mit Stäben, um sich ein Bild zu machen, welche Wirkung sie auf den übrigen Garten haben.

BEETEN FORM GEBEN

Wenn Sie Stauden nicht vor einer Mauer oder Hecke ziehen, sondern in einem Inselbeet, müssen sie nicht um Wasser und Licht konkurrieren und brauchen nur selten Stützen. Nicht formal angelegte Beete haben wenig architektonischen Charakter, sie erhalten ihre Struktur durch die Pflanzen. Wählen Sie Pflanzen mit skulpturhaften Formen wie etwa die Palisaden-Wolfsmilch.

Die meisten Rabatten sind rechteckig und liegen an der Grundstücksgrenze, doch kann ihr Vorderrand geschwungen sein, um natürlich zu wirken. Zwischen zwei sich gegenüberliegenden Rabatten kann man einen Weg hindurchführen und die an ihn grenzenden Flächen bepflanzen. Der Weg muss aber mindestens 1,5 m breit sein, damit er auch im Sommer begehbar bleibt. Reizvoll ist ein s-förmiger Weg – er lässt Pflanzflächen unterschiedlicher Breite entstehen. In kleineren Gärten kann man so Plätze für Bäume und große Sträucher schaffen.

Rabatten mit weniger als 1 m Breite können zum Problem werden, da man hier ständig die Pflanzen im Zaum halten muss, die ihre Grenzen überschreiten und Rasenflächen überschatten oder Wege unbegehbar machen.

Laubreiche Pflanzen wie Ziergräser und Funkien sorgen über lange Zeit für Struktur und helfen, unansehnliche welkende Blätter zeitiger blühender Pflanzen zu verbergen.

PFLANZEN AUSWÄHLEN

Die Einteilung von Blütenpflanzen erfolgt aufgrund ihres Entwicklungszyklus. Einige schließen ihn in einem Jahr ab, in dem sie blühen und Samen ausbilden, die mit etwas Glück im folgenden Jahr keimen. Andere haben einen zweijährigen Zyklus. Wieder andere können – zumindest theoretisch – unbegrenzt leben. Daher die Begriffe einjährige, zweijährige und mehrjährige Pflanzen.

Zwergmispel (Strauch)

PFLANZENTYPEN UND -MERKMALE

• **Einjährige Pflanzen** keimen, blühen und sterben innerhalb von nur einem Jahr. Ist eine Pflanze winterhart – verträgt sie also strengen Frost –, keimen ihre Samen vielleicht sehr schnell und wachsen noch vor dem Winter zu Jungpflanzen heran. Andere Samen ruhen und keimen erst im folgenden Frühjahr.

• **Zweijährige Pflanzen** wachsen im ersten Jahr aus Samen zu großen Pflanzen heran. Einige wie der Fingerhut bilden sogar schon Blattrosetten. Doch sie blühen erst im folgenden Jahr und bilden dann Samen aus. Danach vollenden sie ihren Lebenszyklus und die gesamten Pflanzen gehen ein.

• **Stauden** treiben jedes Jahr neu aus ihren Wurzeln aus und bilden Blätter, Blüten und Samen. Im Winter sterben sie ab – man sagt, sie »ziehen ein«. Im folgenden Frühjahr erscheinen neue Triebe und der Zyklus beginnt von vorn.

• **Zwiebel- und Knollenpflanzen** sind ebenfalls mehrjährig, unterscheiden sich aber durch ihre fleischigen Wurzeln und ihr Wuchsverhalten. Man unterscheidet Zwiebeln, Zwiebelknollen, Rhizome und Sprossknollen *(s. S. 86–97)*.

• **Sträucher** sind holzige Pflanzen. Sie können immergrün oder sommergrün sein und werden oft nicht ihrer Blüten, sondern ihrer Blätter wegen gezogen *(s. S. 100)*. Die meisten Sträucher haben einen buschigen Wuchs.

(gegenüber, im Uhrzeigersinn von oben links)
Ringelblumen (einjährig), **Fingerhut** (zweijährig), **Narzissen** (Zwiebelpflanzen), **Stranddisteln** (mehrjährig)

Pflegeleichte Pflanzen wie Sonnenhut und Taglilien haben stabile Stängel und brauchen keine Stützen. Die Blätter der Taglilie verbergen zudem welkende Frühsommerblumen.

BEETPFLANZEN ODER EINJÄHRIGE?

Traditionell werden Beetpflanzen für geometrische formale Beete verwendet und zu Beginn jeder Jahreszeit ersetzt. Im Winter und Frühjahr könnte man winterblühende Stiefmütterchen ziehen, denen Maßliebchen, Vergissmeinnicht, Goldlack und Frühlingszwiebelblumen wie Traubenhyazinthen und Tulpen folgen. Im Sommer pflanzt man irgendeine der vielen frostempfindlichen Beetpflanzen wie Fleißige Lieschen, Heliotrop, Lobelien, Ringelblumen, Geranien oder Pracht-Salbei.

Diese Vorgehensweise sorgt viele Monate im Jahr für Farbenpracht und erlaubt Experimente mit verschiedenen Pflanzen und Beetgestaltungen, macht aber Arbeit. Zweimal im Jahr muss das Beet gerodet, umgegraben und neu bepflanzt werden. Zudem muss man jedes Mal eine Menge Pflanzen kaufen oder rechtzeitig in einem frostfreien Gewächshaus anziehen.

Einfacher und preiswerter sind winterharte Einjährige. Man kann sie aus Samen ziehen, die man einfach an Ort und Stelle sät *(s. S. 80–83)*. Allerdings können 10–16 Wochen vergehen, ehe sie zur Blüte kommen. Auch der Erfolg ist mitunter ungewiss, da die Keimung von zahlreichen Faktoren beeinflusst wird wie etwa dem Alter der Samen, der Bodenfeuchte und der Temperatur. Die Sämlinge sind außerdem anfällig für Witterungsschäden wie auch einige Schädlinge und Krankheiten.

Frühlingszwiebelblumen wie Narzissen und Zierlauch *(unten)* blühen viele Jahre, ehe sie geteilt werden müssen. Zierlauch hat kräftige Stängel, die keine Stütze brauchen, und hübsche, haltbare Fruchtstände.

PFLEGELEICHTE PFLANZEN

Durch eine kluge Auswahl Ihrer Pflanzen können Sie Zeit bei der Pflege sparen. Verwenden Sie robuste Stauden und Gräser und verzichten Sie auf einjährige Pflanzen oder Beetpflanzen. Ergänzen Sie die Stauden in Beeten durch kleine immergrüne Pflanzen oder bodendeckende Sträucher wie Spindelstrauch, Heidekraut oder kriechender Zwergmispel.

Meiden Sie Pflanzen wie Rittersporn und Pfingstrosen, die Stützen brauchen. Halten Sie stattdessen nach pflegeleichten Alternativen Ausschau. Eisenhut etwa lockert wie Rittersporn mit seinen hohen blauen und violetten Blütenständen Rabatten auf, doch anders als Rittersporn ist er bei Schnecken wenig beliebt und kommt ohne Stütze aus.

Da es in jedem Garten Plätze mit unterschiedlichen Wachstumsbedingungen und verschiedenem Mikroklima *(s. S. 16–17)* gibt, ist vielleicht ein wenig Experimentieren notwendig. Zögern Sie nicht, Pflanzen zu versetzen, die nicht gedeihen, denn vielleicht fühlen sie sich an einem anderen Platz wohler. Nachdem Sie ein Blumenbeet oder eine Rabatte bepflanzt haben, sollten Sie die Fläche durch regelmäßiges Mulchen *(s. S. 286–287)* unkrautfrei halten.

Selbst bei einer Gestaltung des Gartens mit pflegeleichten Pflanzen *(siehe unten)* kann er das ganze Jahr reizvoll und farbenfroh sein.

Der Sommer ist der Höhepunkt im Blumengarten. Setzen Sie prächtige pflegeleichte Pflanzen in die Rabatten, die hoch werden, aber nicht gestützt werden müssen, wie die Sibirische Katzenminze mit ihren zahllosen Blüten.

Herbstblumen sind z. B. Astern und Chrysanthemen. Halten Sie bei der Pflanzenwahl aber auch nach farbenprächtigen Beeren oder Fruchtständen Ausschau wie denen der Lampionblume, die feurig rot sind.

Winterblüten sind kostbar, da nur wenige Blumen der Kälte trotzen. Zu den verlässlichsten gehören Stiefmütterchen *(unten),* die an einem warmen Platz am besten gedeihen. Auch Nieswurz-Arten blühen im Winter.

FARBEN KOMBINIEREN

Die Farbpalette, die Pflanzen zu bieten haben, könnte einen Maler neidisch machen. Die Subtilität der Töne, die durch die verschiedenen Texturen von Laub und Blüten noch betont wird, schafft eine enorme Vielfalt an Farben, mit der man spielen kann. Aber denken Sie daran, dass im Garten nicht nur die Pflanzen farbig sind, sondern auch Zäune, Mauern, Pflaster sowie Pflanzgefäße. Sie alle tragen zur Gesamtwirkung bei.

Der eine sieht in der riesigen Auswahl an Farben im Garten aufregende Gestaltungsmöglichkeiten, der andere findet sie vielleicht erschreckend. Gartengestalter bedienen sich verschiedenster Farbtheorien, doch wenn Sie fürchten, dass Sie in Ihrem Garten am Ende ein Tohuwabohu aus sich beißenden Farben oder eine dürftige Palette aus langweiligen Tönen haben werden, ist der Farbkreis eine nützliche Hilfe *(siehe Kasten gegenüber)*.

Komplementärfarben

Der Farbkreis besteht aus Primärfarben (Rot, Gelb und Blau) und Sekundärfarben (Orange, Grün und Violett). Letztere entstehen, wenn eine Primärfarbe mit der jeweils rechts oder links von ihr liegenden gemischt wird. Primär- und Sekundärfarben liefern die Grundlage für eine erfolgreiche Farbgestaltung. Gegenüber jeder Primärfarbe befindet sich eine Sekundärfarbe. Diese gegenüberliegenden Farben sind sogenannte Komplementärfarben, die im Garten besonders gut harmonieren. Rot passt also gut zu Grün, Gelb zu Violett und Blau zu Orange.

Wenn man bedenkt, dass Laub meistens grün ist und der Himmel (an schönen Tagen) blau, ist es schwierig, diese Theorie konsequent in die Praxis umzusetzen, da fast alle Farben im Garten mit Blau und Grün harmonieren. Aber zweifellos passen Blau und Orange gut zueinander, ebenso Gelb und Violett.

Nachbarfarben

Komplementärfarben bilden optisch aufregende Kontraste, die aber ein wenig grell wirken können. Nachbarfarben, die im Farbkreis nebeneinanderliegen, ergeben subtilere Farbkombinationen. Sie wurden von Gertrude Jekyll bevorzugt, die zu Beginn des 20. Jahrhunderts viele großartige Gärten anlegte. Sie unterteilte Farben in zwei Kategorien – kalte Farben (Blau, Violett, Lila und Rosa) und warme Farben (Gelb, Orange und Rot). Gertrude Jekyll hielt es für wichtig, mit Zwischentönen subtile Akzente zu setzen. Anstatt also nur gelbe und rote Blüten zu verwenden, kombinieren Sie die beiden Farben mit orangen Tönen und einigen Pflanzen mit Gelb und Rot im Laub.

Komplementärfarben sorgen garantiert für Blickfänge. Diese einfache, aber wirkungsvolle Kombination aus orangeroten Kosmeen und violettblauen Prunkwinden sieht besonders schön aus.

Monochrome Pflanzungen

Natürlich kann man sich auf nur eine Farbe beschränken und z. B. eine Rabatte in sonnigem Gelb oder kühlem Silberweiß gestalten. Es mag einfach erscheinen, einen monochromen Garten anzulegen, aber man muss versuchen, innerhalb der Pflanzung für Abwechslung und Kontraste zu sorgen, weil sie andernfalls langweilig und monoton wirken kann.

So beschränkt man sich bei Weiß nicht auf reinweiße Blüten, sondern verwendet auch Cremetöne, Gelbgrün und Weiß mit rosa oder violettem Hauch. Ebenso sorgfältig wählt man das Laub aus und bezieht neben allen Grüntönen auch graue, silberne und bläuliche Blätter ein. Bei der Wahl von Gelb oder Rot nutzt man nicht nur bei den Blüten, sondern auch beim Laub das volle Spektrum dieser Farben aus.

Grün

Grün ist die wichtigste Farbe im Garten und in zahllosen Varianten erhältlich. Damit in einem Blumenbeet nach dem Welken der Blüten noch Farbe vorhanden ist, wählt man Pflanzen mit Laub in unterschiedlichen gelbgrünen, apfelgrünen und blaugrünen Tönen.

DER FARBKREIS

Der Farbkreis ist eine unverzichtbare und einfache Hilfe, um Farben im Garten erfolgreich zu kombinieren: Er zeigt auf einen Blick, welche Farben gut zusammenpassen.

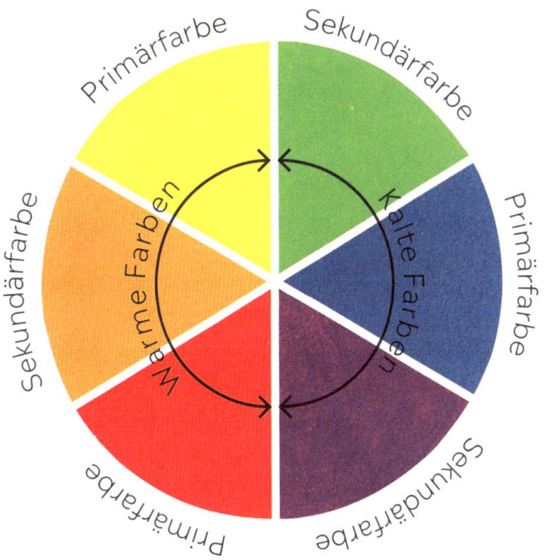

Einfarbige Pflanzungen können monoton wirken, wenn interessantes Laub fehlt. Hier greifen silbern und gelb panaschierte Funkien und Gräser die Töne der cremefarbenen und weißen Blüten auf.

PFLANZEN FÜR GANZJÄHRIGE FARBE

Bestimmte Pflanzen bringen das ganze Jahr Farbe in den Garten. Sie geben Struktur und ein Gefühl der Beständigkeit, während alles andere ständig im Wandel begriffen ist. Einige eignen sich als Blickfang in Pflanzgefäßen, andere vergrößern die Farbenpracht in einer Rabatte.

Weiß
- *Artemisia stelleriana* 'Boughton Silver'
- *Euonymus fortunei* 'Silver Queen'
- *Hebe pinguifolia* 'Pagei'
- *Betula utilis* subsp. *jacquemontii* 'Silver Shadow'

Purpur
- *Ophiopogon planiscapus* 'Kokuryu'
- *Salvia officinalis* 'Purpurascens'
- *Ajuga reptans* 'Atropurpurea'
- *Phormium tenax* Purpureum-Gruppe

Blau
- *Festuca glauca* 'Elijah Blue'
- *Leymus arenarius*
- *Juniperus squamata* 'Blue Star'
- *Ruta graveolens* 'Jackman's Blue'

Grün
- *Fatsia japonica*
- *Hedera hibernica*
- *Pittosporum tobira*
- *Stipa gigantea*

Gelb
- *Choisya ternata* Sundance
- *Ilex aquifolium* 'Golden Milkboy'
- *Carex oshimensis* 'Evergold'
- *Hebe ochracea* 'James Stirling'

JAHRESZEITLICHE FARBKOMBINATIONEN

Mit am wirkungsvollsten lassen sich Farben verwenden, wenn man sie von den Jahreszeiten bestimmen lässt. Im Frühjahr scheint die Natur sich so über das bessere Wetter zu freuen, dass sie es mit einem Feuerwerk aus sonnigen Farben und Grüntönen begrüßt. Zu Sommerbeginn konzentriert sie sich auf klare, frische Farben wie das Blau von Rittersporn und Storchschnabel oder weiße und rosa Rosen.

Mit zunehmender Hitze werden auch die Farben intensiver und man sieht warmes Gelb, leuchtendes Orange und samtiges Rot. Das nachlassende Licht des nahenden Herbsts spiegelt sich in den gedämpften Tönen der Astern wider. Die Farben des Winters sind zarter, aber ebenso wirkungsvoll – weiße Schneeglöckchen heitern trübe Tage immer auf.

(gegenüber, im Uhrzeigersinn von oben links)
Das Frühjahr ist die Zeit einer Fülle von sonnengelben und goldenen Tönen wie die der Narzissen.

Der Spätsommer kommt mit intensiven Farben daher: gelbbraune Sonnenbraut und goldgelbe Montbretie.

Der Herbst sorgt mit leuchtenden Beeren und Früchten und dem satten Rot, Orange, Gelb und Braun der sterbenden Blätter für Farbe.

Der Winter muss nicht trostlos sein, wenn man sich auf Schneeglöckchen und Alpenveilchen freuen kann.

EINEN PFLANZPLAN ENTWERFEN

Beim Festlegen der Fläche für ein Beet oder eine Rabatte sollten Sie großzügig sein. Sofern es der Platz erlaubt, ist eine Breite von mindestens 3 m empfehlenswert. In diesem Fall kann man mehrere Pflanzen hintereinander setzen und der Pflanzung im Hintergrund durch Sträucher und Kletterpflanzen Höhe geben. Sollten Sie die Wahl zwischen zwei schmalen und einer breiten Rabatte haben, werden Sie an der breiten letztlich mehr Freude haben.

Leitpflanzen wie hohe, duftige Gräser bilden in Beeten und Rabatten Blickfänge. Strukturgebende Pflanzen sind nützlich, da sie dauerhaftere Wirkung haben als vergängliche Blumen.

LEITPFLANZEN AUSWÄHLEN

Ein exakter Plan erleichtert die Gestaltung eines neuen Beets erheblich und ist zudem hilfreich, um festzustellen, wie viele Pflanzen man benötigt. Stellen Sie sich bei Ihrer Auswahl vor, Sie müssten ein Theaterstück inszenieren, und legen Sie die Hauptdarsteller fest. Es sollten Pflanzen sein, die aufgrund ihrer hübschen Form, dekorativen Blätter oder langen Blüte Eindruck machen. Gute Kandidaten sind farbenfrohe Laubsträucher wie Berberitze und Perückenstrauch, viele Gräser, Fetthennen und Euphorbien. Durch die wiederholte Verwendung im Abstand von einigen Metern kommt Ruhe und Rhythmik in die Pflanzung.

Überlegen Sie, wo Sie Ihre Stars platzieren möchten. Fetthennen blühen im Herbst und stehen vorn gut, höhere Gräser wie Pfeifengras oder Reitgras setzt man besser in die Mitte oder nach hinten. Zeichnen Sie auf Ihrem Plan für jede Pflanze einen Kreis ein, der ihrer Endbreite entspricht. Die meisten größeren Stauden werden 45 cm breit, kleinere 30 cm. Pflanzenetiketten verraten die Breite von Sträuchern, die aber von den Bedingungen im Garten beeinflusst werden kann.

FARBPLANUNG

Nachdem die Stars ihren Platz haben, bestimmen Sie die Nebendarsteller. Notieren Sie Blütezeiten und Farben und legen Sie in Zweifelsfällen Pauspapier auf den Plan, auf dem Sie mit verschiedenen Stiften oder Symbolen die Farben der einzelnen Pflanzen einzeichnen. Tun Sie dies für die verschiedenen Jahreszeiten, um festzustellen, wann Ihre Akteure blühen, wo sich Lücken befinden und zu welcher Jahreszeit sie gefüllt werden müssen.

KONTRASTIERENDE BLÜTENFORMEN

Denken Sie neben Farbe, Höhe und Blütezeit auch an die Blütenform. Pflanzen mit ährigen Blütenständen wie Rittersporn und Fingerhut oder aufrechten, schmalen Blättern wie Iris oder Taglilie setzen vertikale Akzente. Pflanzen mit flachen runden Blütenständen wie Fetthenne, Schafgarbe oder Fenchel lassen eine waagrechte Ebene entstehen. Eine Mischung aus beiden Blütenformen wirkt anregend und bringt Rhythmus sowie Symmetrie in den Garten, falls Ihnen diese Stilelemente zusagen. Typische runde Formen wie die von Zierlauch und Kugeldisteln geben ebenfalls Struktur und setzen interessante Akzente.

(rechts, von oben) **Kombinieren Sie verschiedene Blüten** wie etwa die von Fingerhut, Schafgarbe und Kugeldistel, um dem Betrachter ein Fest der Formen zu bieten.

SONNIGE PLÄTZE

Sonnenliebende Gartenpflanzen gehören meist auch zu den blühwilligsten. Sollten Sie das Glück haben, einen sonnigen Garten zu besitzen, der – vielleicht weil ein Bach durch ihn fließt – auch feucht ist, können Sie eine riesige Palette an Pflanzen ziehen. Häufiger paart sich Sonne jedoch mit wenig Regen und dann trocknet die Erde im Sommer aus. Hier muss man Pflanzen verwenden, die Wassermangel vertragen und nicht ständig gegossen werden müssen, da dies zeitraubend ist und sowohl die Umwelt als auch Ihre Geldbörse belastet.

Hyde Hall ist ein trockener Schaugarten der Royal Horticultural Society in Essex. Durch silbrige Pflanzen mit spitzen Blättern, die sich an große Steine schmiegen, hat er ein mediterranes Flair bekommen. Er bietet Hobbygärtnern vielfältige Inspirationen.

TROCKENHEITSTOLERANTE PFLANZEN

Neben Sonne brauchen trockenheitstolerante Pflanzen folgende Bedingungen:

- **Gute Dränage:** Nur wenige dieser Pflanzen vertragen im Winter staunassen Boden. Allgemein gilt, dass nicht Kälte allein Pflanzen tötet, sondern Kälte in Kombination mit Nässe.
- **Magerer Boden:** In mageren Böden blühen solche Pflanzen üppiger und länger. Überdüngung fördert dagegen das rasche Wachstum von weichem, saftreichem Laub, das bei Hitze welkt.
- **Gute Luftzirkulation:** Sie beugt Pilzerkrankungen vor und verhindert, dass die Pflanzen am Wurzelhals faulen.

Oft hat ein Garten die richtigen klimatischen Bedingungen für diese Pflanzen, aber der Boden ist nass und schwer. In diesem Fall sollte man die Dränage verbessen, damit die Pflanzen die Wintermonate überleben. Arbeiten Sie bis in etwa 25 cm Tiefe reichlich sandigen Kies in den Oberboden ein oder bauen Sie Hochbeete aus Stein, Klinkern oder Holz. Die Wände sollten mindestens 40 cm hoch sein. Dann geben Sie eine 10 cm dicke Schicht Kies (Körnung 20 mm) auf den Boden und füllen das Beet mit sandigem Mutterboden. Einzelne Pflanzen können auf Hügel mit bis zu 30 cm Höhe und 1 m Breite gesetzt werden. Dies hat sich besonders bei Bäumen und Sträuchern bewährt.

Trockenheitstolerante, sonnenliebende Pflanzen eignen sich für viele Situationen, z. B. für sonnige Beete und Rabatten. Sie gedeihen oft auch in Pflanzgefäßen auf der Terrasse gut. Klassische mediterrane Pflanzen wie Lavendel und Rosmarin werden gern für formale Knotengärten und Parterres verwendet, aber am schönsten wirken sie in natürlichen Pflanzungen. Legen Sie Kieswege an, die sich durch Hügel aus leuchtenden Blumen, silbrigem Laub, Duftkräutern und Sträuchern winden - diese Wege leiten auch das Auge durch den Garten.

SONNENLIEBENDE PFLANZEN ERKENNEN

Die besten Pflanzen für sonnige Gärten sind Gewächse, die man in der Natur an exponierten, sonnigen Plätzen mit geringen Niederschlägen und magerem, sehr durchlässigem Boden findet. Diese Pflanzen haben bestimmte Eigenschaften entwickelt. Ein sonniger Garten mit geeigneten Pflanzen lässt sich leichter anlegen und pflegen als ein Garten mit ungeeigneten Pflanzen.

(im Uhrzeigersinn von oben links)

- **Silberne oder graue Blätter** reflektieren Wärme und Sonnenlicht. Viele silberblättrige Gewächse, allen voran Beifuß-Arten wie *Artemisia alba* 'Canescens', sind wunderschöne Blattpflanzen.
- **Ein niedriger Wuchs** schützt an exponierten Plätzen vor Austrocknung und Windschäden. Die Rosenwurz (*Rhodiola rosea*) speichert zudem in ihren fleischigen, silbrig grünen Blättern und in einer dicken Wurzel Wasser.
- **Kleine Blätter** wie die des Sonnenröschens (*Helianthemum nummularium*) verringern die Fläche, über die Wasser verdunsten kann. Einige Sträucher wie der Spanische Ginster (*Genista hispanica*) tragen praktisch gar keine Blätter mehr.
- **Wachsartige Blätter** wie die der hübschen weiß blühenden Salbeiblättrigen Zistrose (*Cistus salviifolius*) haben einen dicken, wasserfesten Überzug, der den Wasserverlust mindert und bei extremer Hitze die Blätter vor dem Verbrennen schützt.

PFLANZEN FÜR SONNIGE STANDORTE

1 *Berberis thunbergii fo. atropurpurea* 'Helmond Pillar'
Thunbergs Berberitze
Fühlt sich auch im Halbschatten wohl, in voller Sonne bekommen Blätter und Beeren jedoch eine intensivere Herbstfärbung.
H 1,5 m; B 60 cm.

2 *Eryngium × tripartitum*
Edeldistel
Trägt von Sommermitte bis Frühherbst blaue Blüten. Für sonnige Kiesgärten verwenden.
H 60–90 cm; B 50 cm.

3 *Crocosmia masoniorum*
Montbretie
An langen ausladenden Stängeln erscheinen im Hochsommer leuchtend orangerote Blüten.
H 1,2 m; B 8 cm.

4 *Stipa arundinacea*
Federgras
Immergrünes Gras. Junge Blätter sind dunkelgrün, bekommen aber im Sommer orangefarbene Streifen.
H 1 m; B 1,2 m.

5 *Santolina chamaecyparissus*
Graues Heiligenkraut
Trägt duftendes, graugrünes Laub und leuchtend gelbe Blüten. Wächst auf trockenen Böden in voller Sonne.
H 50 cm; B 1 m.

6 *Pelargonium* 'Apple Blossom Rosebud'
Rosenknospenpelargonie
Trägt runde Blütenstände aus zweifarbigen rosa und weißen Blüten. Gedeiht auch im Halbschatten, bevorzugt aber volle Sonne.
H 30–40 cm; B 20–25 cm.

7 *Phlomis cashmeriana*
Brandkraut
Immergrüner Strauch mit salbeiartigen Blättern und lilarosa Lippenblüten.
H bis 90 cm; B 60 cm.

8 *Papaver rhoeas* 'Mother of Pearl'
Klatschmohn
Sonnenliebende Einjährige mit einer breiten Farbpalette, die sich üppig aussamt.
H bis 90 cm; B bis 30 cm.

9 *Aster × frikartii* 'Wunder von Stäfa'
Frikarts Aster
Sonnenanbeterin, die im Spätsommer und Frühherbst violettblaue Korbblüten trägt.
H 70 cm; B 45 cm.

10 *Hibiscus syriacus* 'Lady Stanley'
Echter Roseneibisch
Sommergrüner Strauch mit ungewöhnlichen rosa und weißen Blüten. Blüht in heißen Sommern üppig.
H 3 m; B 2 m.

11 *Anthemis punctata subsp. cupaniana*
Färberkamille
Niedrige Staude mit weißen Korbblüten. Ideal für Steingärten.
H 30 cm; B 90 cm.

12 *Tulipa* 'Ancilla'
Tulpe
Kleine Tulpe mit rosa Blüten, die an der Basis rot überlaufen sind und sich Mitte des Frühjahrs öffnen.
H 15 cm.

13 *Salvia patens*
Mexikanischer Salbei
Staude mit blauen Lippenblüten, die sich von Sommermitte bis Herbstmitte öffnen.
H 45–60 cm; B 45 cm.

14 *Yucca filamentosa* 'Bright Edge'
Fädige Palmlilie
Buschige Pflanze mit gelb gerandeten Blättern und hohen Blütenständen. Braucht volle Sonne.
H 75 cm; B 1,5 m.

15 *Cytisus × praecox* 'Allgold'
Elfenbein-Ginster
Blassgelb blühender Strauch, der magere Böden toleriert, aber volle Sonne braucht. Gut für trockene Rabatten und Steingärten geeignet.
H 1,2 m; B 1,5 m.

16 *Cordyline australis* 'Albertii'
Keulenlilie
Palmenartiger immergrüner Strauch, der die Größe eines kleinen Baums erreichen kann. In Gegenden mit Frost in einen Kübel pflanzen und unter Glas überwintern.
H 3–10 m; B 1–4 m.

SCHATTIGE PLÄTZE

Vielleicht glauben Sie, Schattenbereiche würden weit weniger Möglichkeiten bieten als sonnige Plätze. Doch tatsächlich gedeihen viele Pflanzen im Schatten gut. Zudem bleibt Schatten im Tages- und Jahresverlauf selten gleich. In einem nach Norden ausgerichteten Garten ist der Schatten beim Haus vielleicht tief und dauerhaft, doch mit zunehmender Entfernung nimmt er ab. Möglicherweise ist Ihr Garten eigentlich recht sonnig, doch Bäume werfen Schatten. Auch in diesen Situationen wachsen Pflanzen am besten, die den Bedingungen angepasst sind, und sie sind leicht zu erkennen *(siehe Kasten gegenüber)*. In ständig feuchter Erde gedeihen Arten, die in der Natur an Gewässerrändern wachsen, in sehr trockenem Schatten ist die Palette an möglichen Pflanzen aber begrenzter.

Feuchter Schatten ist bei verschiedenen Pflanzen beliebt. Diese gedeihen aber noch besser, wenn man den Boden verbessert und vielleicht die Zweige des Baums auslichtet, damit der Schatten etwas lichter wird.

BODENVERBESSERUNG

Das größte Problem in schattigen Gärten sind meist die Bodenbedingungen. Bäume, die im Garten und um ihn herum wachsen, brauchen gewaltige Mengen Wasser und Nährstoffe und können die umliegende Erde trocken und unfruchtbar machen. Sollten Sie allerdings das Glück haben, dass Ihr Garten an einen Wald grenzt, wird Ihr Boden durch Falllaub angereichert sein. Im Schatten von Gebäuden kann der Boden trocken und dünn oder feucht und strukturlos sein.

Bäume können auch den pH-Wert des Bodens *(s. S. 19)* verändern. So kann ein großer Nadelbaum durch Abwerfen seiner Nadeln den umliegenden Boden sauer machen. Dies hat Einfluss darauf, welche Pflanzen dort wachsen können. Doch mit ein wenig Wissen und gutem Willen lassen sich all diese Probleme lösen.

Da die meisten schattentoleranten Pflanzen ursprünglich im Wald heimisch waren, sollte man im Garten durch Einarbeiten von reichlich organischem Material in den Boden – kompostierte Rinde, selbst hergestellter Laubhumus und Kompost *(s. S. 292)* – ähnliche Bedingungen schaffen. Dies kann vor allem unter Bäumen, wo Wurzeln das Graben behindern, einige Zeit dauern. Hier verteilt man das Material besser als Mulch und gibt jedes Frühjahr und jeden Herbst neues dazu, damit es sich langsam zersetzt oder von Regenwürmern in den Boden gezogen wird.

LICHTVERHÄLTNISSE VERBESSERN

Lichtet man tiefen Schatten etwas, kann man eine erheblich größere Zahl von Pflanzen ziehen. Man kann die Lichtverhältnisse durch eine Reihe einfacher Maßnahmen verbessern.

Wird der Schatten von Gebäuden geworfen, kann man Wände weiß tünchen. So reflektieren sie Licht und machen den Garten heller.

Sind dichte Baumkronen Schuld, kann man Folgendes tun:

- **Auslichten** Dabei wird jeder zweite Ast entfernt.
- **Entwipfeln** Sämtliche Hauptäste werden regelmäßig bis auf den Stamm zurückgenommen.
- **Auf den Stock setzen** Der Baum oder Strauch wird fast bis auf Bodenhöhe zurückgeschnitten, um das Wachstum neuer kräftiger, dekorativer Triebe anzuregen.
- **Aufasten** Die unteren Äste werden entfernt, um der Krone Höhe zu geben.

SCHATTENLIEBENDE PFLANZEN ERKENNEN

So wie Sonnenliebhaber haben sich auch schattentolerante Arten über Jahrtausende ihren Wachstumsbedingungen angepasst. Schattenpflanzen kann man an folgenden Merkmalen und Eigenschaften erkennen:

Im Frühjahr und Herbst, wenn sommergrüne Bäume keine Blätter tragen, machen sich Schattenpflanzen die relativ guten Lichtverhältnisse und starken Niederschläge zunutze, um zu blühen und Nährstoffvorräte zu speichern. Das übrige Jahr verbringen sie ruhend im Boden. Dieser Strategie bedienen sich z. B. viele Zwiebelblumen.

Eine dunkle Färbung der Blätter macht bei schlechten Lichtverhältnissen die Fotosynthese effektiver. Viele säureliebende Waldpflanzen, einschließlich Kamelien, haben sehr dunkle, glänzende Blätter.

Große Blätter bieten eine größere Fläche, über die Licht absorbiert werden kann. Die Blätter dieser immergrünen Bergenie sind außerdem dick und ledrig. Dies hilft, den Wasserverlust durch Verdunstung zu reduzieren.

Dicht stehende Blätter vergrößern die Fläche, die Licht absorbiert. Einige Farne wie der Weiche Schildfarn sind zudem mit Haaren bedeckt, die Feuchtigkeit halten, sodass sie selbst in relativ trockener Erde überleben.

PFLANZEN FÜR SCHATTIGE STANDORTE

1 *Hyacinthoides non-scripta*
Hasenglöckchen
Englischer Klassiker, ideal für schattige Rabatten geeignet.
H 20–40 cm; B 8 cm.

2 *Epimedium × perralchicum*
Elfenblume
Immergrüne Staude, die im Frühjahr blüht. Wächst im Schatten zwischen Bäumen.
H 40 cm; B 60 cm.

3 *Hedera helix* 'Glymii'
Efeu
Die meisten grünblättrigen Efeus wachsen im Schatten, sofern die Erde feucht ist. Panaschierte Efeus brauchen meist mehr Licht.
H 2 m.

4 *Pulmonaria saccharata*
Großgeflecktes Lungenkraut
Bodendecker mit weiß gefleckten grünen Blättern und blauen, violetten oder weißen Blüten im Frühling.
H 30 cm; B 60 cm.

5 *Hosta* 'Buckshaw Blue'
Funkie
Schwachwüchsige Sorte mit tief blaugrünen Blättern. Funkien wachsen in feuchtem Schatten, werden aber von Schnecken gefressen.
H 35 cm; B 60 cm.

6 *Trillium grandiflorum*
Große Dreizipfellilie
Wuchsfreudige Staude, die im Frühjahr und Sommer reinweiße Blüten trägt.
H bis 40 cm; B 30 cm.

7 *Hydrangea paniculata* 'Praecox'
Rispen-Hortensie
Großer sommergrüner Strauch, der ab Sommermitte weiße Blütenstände trägt.
H 3–7 m; B 2,5 m.

8 *Convallaria majalis* 'Albostriata'
Maiglöckchen
Herrlich duftende Schattenpflanze. In Kombination mit Farnen ideal für einen kühlen Platz.
H 23 cm; B 30 cm.

9 *Tiarella cordifolia*
Herzblättrige Schaumblüte
Trägt von Frühjahr bis Sommer lange Zeit winzige Blüten. Breitet sich stark aus.
H bis 3 m; B bis 2 m.

10 *Helleborus orientalis*
Orientalische Nieswurz
Winterblüher, der violette, rosa und grünweiße Blüten hat. Verträgt feuchten Schatten.
H 45 cm; B 45 cm.

11 *Lamium maculatum* 'Album'
Gefleckte Taubnessel
Niedrige, sich ausbreitende Pflanze, die im Schatten gedeiht. Guter Bodendecker unter Sträuchern oder für Gehölzpartien.
H 15 cm; B 60 cm.

12 *Fuchsia* 'Mrs. Popple'
Fuchsie
Buschige, wuchsfreudige Fuchsie, die sich in lichtem Schatten wie auch in voller Sonne wohlfühlt.
H 1 m; B 1 m.

13 *Viburnum tinus* 'Eve Price'
Immergrüner Schneeball
Dichter immergrüner Strauch mit weißen Blütenständen, denen blauschwarze Früchte folgen.
H 3 m; B 3 m.

14 *Luzula nivea*
Schneeweiße Hainsimse
Horstbildende grasähnliche Staude, die wild in Mooren, Sümpfen und Wäldern wächst. Für feuchten Schatten geeignet.
H 2 m; B 2,5 m.

15 *Lamprocapnos spectabilis*
Tränendes Herz
Staude mit hängenden herzförmigen Blüten. Gedeiht in Halbschatten und Sonne gut.
H bis 1,2 m; B 45 cm.

16 *Geranium phaeum*
Brauner Storchschnabel
Gute Pflanze für feuchten Schatten. Blüht im Spätfrühjahr und Frühsommer purpurschwarz, rötlich braun oder weiß.
H 80 cm; B 45 cm.

NASSE, TONIGE BÖDEN

Nasse, klebrige Tonböden gehören oft zu den schwierigsten Gartenböden. Allzu leicht zerstört man ihre Struktur, und dann bleibt klebrige Erde zurück, die sich nicht mehr bearbeiten lässt. Aber Tonboden kann auch eine wunderbare Sache sein, sofern man ihn richtig vorbereitet und mit Gewächsen bepflanzt, die feuchte, fruchtbare Erde mögen.

Ständig feuchte Böden lassen viele spezialisierte Pflanzen gedeihen, die anderswo nicht wachsen würden. Falls Sie eine große nasse Fläche haben, könnten Sie sich von der Natur inspirieren lassen und einen Feuchtwiesengarten anlegen. Er macht Ihnen das Leben leichter und lockt außerdem Tiere an.

NASSEN TONBODEN KULTIVIEREN

Nasser Boden wird am besten bearbeitet, wenn er weitgehend abgetrocknet ist, sofern dies irgendwann im Jahr tatsächlich geschieht. Dies kann bedeuten, dass man den Boden zu einer ungewöhnlichen Zeit, etwa im Hochsommer, kultiviert und im Frühherbst bepflanzt, solange der Boden noch warm und verhältnismäßig trocken ist. Oder man wartet mit dem

Ein Hochbeet ist dort sinnvoll, wo die Erde mal nass und mal trocken und daher schwer zu bearbeiten ist. Es muss mindestens 40 cm hoch sein und kann aus Holz, Ziegeln oder Steinen gebaut werden. Zur besseren Dränage mischt man organische Substanz unter die Erde, im Fall von Ton reichlich Kies.

Pflanzen sogar bis zum nächsten Frühjahr, was den Vorteil hat, dass neu gesetzte Jungpflanzen sofort wachsen und neue Wurzeln ausbilden können, anstatt in einem nassen Boden überwintern zu müssen.

Der Umfang der Bodenbearbeitung hängt davon ab, wie nass der Boden ist und bis in welche Tiefe die Nässe reicht. Dies lässt sich durch Probegrabungen, die zu verschiedenen Jahreszeiten an verschiedenen Stellen durchgeführt werden, leicht feststellen. Danach können Sie entscheiden, ob Sie mit den Gegebenheiten arbeiten oder ob Sie versuchen möchten, sie zu verändern.

NÄSSE UND TROCKENHEIT

Böden, die im Winter sehr nass und im Sommer knochentrocken sind, werden am besten mit Gräben, Sickerschächten oder unterirdischen Dränagerohren entwässert. Wo das nicht geht, kann man den Untergrund auch durch Einarbeiten von etwa zwei Eimern organischer Substanz pro Quadratmeter zur Verbesserung des Wasserabzugs im Winter verbessern. Das erhöht gleichzeitig die Wasserspeicherfähigkeit des Bodens bei Trockenheit, sodass feuchtigkeitsliebende Pflanzen im Sommer nicht dursten müssen. Einzelne Pflanzen wie Bäume und Sträucher kann man auf Erdhügel, Hecken und auch auf Wälle pflanzen. Diese alte Methode verhindert, dass Wasser dort stehen bleibt, wo die Erde bewegt wurde. Letzteres führt oft dazu, dass eine neu gesetzte Pflanze in einer wassergefüllten Grube ertrinkt.

STÄNDIG FEUCHTE ERDE

Falls Sie glücklicher Besitzer eines Bodens sind, der immer feucht ist, sollten Sie dies nutzen, um riesige, üppige Sumpfpflanzen zu kultivieren. Das Einarbeiten von etwas Lavagrus oder Kompost kann die Bodenstruktur verbessern. Außerdem ist das Ausbringen einer dicken, trockenen Mulchschicht z. B. aus Rindenschnitzeln sicher lohnend, da sie die Feuchtigkeit bewahrt und das Betreten der Fläche beim Jäten oder Pflanzen erlaubt. In sehr feuchten Gärten sollten Sie als Boden für Sitzplätze Holzdecks und erhöht liegende Wege aus Bohlen in Betracht ziehen. Dann können Sie Ihren Garten das ganze Jahr genießen, ohne sich die Füße schmutzig zu machen oder die Erde zu verdichten.

WIE PFLANZEN IN NASSEM BODEN ÜBERLEBEN

Für ständig nasse Böden eignen sich feuchtigkeitsliebende Pflanzen und Uferpflanzen, weil sie sich auf verschiedene Weise nassen, anaeroben (sauerstofffreien) Bedingungen angepasst haben. Feuchtigkeitsliebende Pflanzen gedeihen in feuchten Böden nahe Teichen, Bächen und Flüssen. Uferpflanzen bevorzugen seichtes Wasser oder nasse Erde, die regelmäßig überschwemmt wird.

Luftkanäle, die von den Trieben zu den Wurzeln verlaufen, transportieren bei Sumpfpflanzen wie etwa Callas Sauerstoff zu den Wurzeln.

Flache Wurzeln sind typisch für diese Pflanzen, da sie kein Wasser suchen müssen. Dieser Hahnenfuß etwa breitet sich auf der Erde aus.

Riesige Blätter sind für feuchtigkeitsliebende Pflanzen wie das Schaublatt typisch. Weil reichlich Wasser vorhanden ist, macht es nichts aus, dass sie es über ihre riesigen Blätter rasch verdunsten.

Spezialorgane besitzt die Sumpfzypresse. Ihre Wurzeln sind mit einem Atemapparat ausgerüstet, den sie an die Wasseroberfläche schiebt, um Sauerstoff für die Atmung aufzunehmen.

PFLANZEN FÜR NASSE, KLEBRIGE BÖDEN

1 *Ajuga reptans* 'Burgundy Glow'
Kriechender Günsel
Zu Recht bekannt dafür, dass er mageren, feuchten Boden und vollen Schatten toleriert.
H 15 cm; B 60–90 cm.

2 *Aconitum* 'Bressingham Spire'
Eisenhut
Hohe Staude mit tiefvioletten Blüten, die kühlen, feuchten Boden und Halbschatten mag.
H 1 m; B 30 cm.

3 *Rosa L'Aimant*
Rose
Zuverlässige unkomplizierte Rose mit duftenden Blüten, die Tonboden toleriert.
H 1 m; B 75 cm.

4 *Astilbe × arendsii* 'Fanal'
Astilbe
Staude mit fedrigen, dunkel karminroten Blütenständen, die in fruchtbaren Tonböden wächst, sofern sie im Sommer feucht bleiben.
H 60 cm; B 45 cm.

5 *Lysimachia ciliata* 'Purpurea'
Bewimperter Felberich
Staude, deren natürlicher Lebensraum feuchtes Grasland oder Wald, häufig in Gewässernähe, ist.
H 1,2 m; B 60 cm.

6 *Galanthus nivalis Sandersii-Gruppe*
Kleines Schneeglöckchen
Das Kleine Schneeglöckchen mag Halbschatten und schwere Böden, die nicht austrocknen.
H 10 cm; B 0,3–1 m.

7 *Eupatorium purpureum*
Purpur-Wasserdost
Trägt von Sommer bis Frühherbst violettrosa oder cremeweiße Blüten.
H 1,5 m; B 30 cm.

8 *Carex pendula*
Hänge-Segge
Die meisten Seggen wachsen in der Natur in Sümpfen, Mooren oder feuchten Wäldern und sollten daher auf feuchten Tonböden gedeihen.
H bis 1,5 m; B bis 1,5 m.

9 *Cotoneaster horizontalis*
Fächer-Zwergmispel
Unkomplizierter Strauch, der schweren Tonboden und Halbschatten toleriert.
H 1 m; B 5 m.

10 *Digitalis purpurea*
Roter Fingerhut
Schattenliebende zweijährige Waldpflanze mit purpurnen, rosa oder weißen Blüten.
H 1–2 m; B bis 60 cm.

11 *Monarda* 'Mahogany'
Indianernessel
Winterharte Staude mit weinroten Blüten, die die meisten Böden toleriert, im Sommer aber feucht gehalten werden muss.
H 90 cm; B 45 cm.

12 *Bistorta affinis* 'Donald Lowndes'
Teppich-Wiesenknöterich
Niedrige immergrüne Staude mit flaschenbürstenartigen Blütenständen.
H bis 20 cm; B 30 cm.

13 *Camassia leichtlinii* 'Semiplena'
Prärielilie
Trägt halb gefüllte cremeweiße Blüten. Gedeiht in Tonböden, deren Dränage durch Kies verbessert wurde.
H 60 cm–1,2 m; B 10 cm.

14 *Caltha palustris*
Sumpfdotterblume
Bevorzugt Sumpf oder sehr flaches Wasser und öffnet im Frühjahr wachsartige, gelbe Blüten.
H 10–40 cm; B 45 cm.

15 *Rodgersia pinnata* 'Superba'
Gefiedertes Schaublatt
Ideale Staude für Plätze am Wasser oder im feuchten Wald. Hat kastanienähnliche Blätter und hohe Blütenstände.
H bis 1,2 m; B 75 cm.

16 *Aruncus aethusifolius*
Kleiner Geißbart
Kleine kompakte Staude, die feuchte schwere Böden mag. Ihre cremeweißen Blüten erscheinen im Frühsommer.
H 25–40 cm; B 40 cm.

TROCKENE, DURCHLÄSSIGE BÖDEN

Im Spätsommer sind durchlässige, sandige Böden oft sehr trocken, was viele Pflanzen nicht überleben. Einige fühlen sich unter diesen Bedingungen aber sehr wohl *(siehe Kasten gegenüber)*. Auch Bäume und Sträucher vertragen solche Böden. Einmal angewachsen, sind sie dank ihrer tief reichenden Wurzeln recht trockenheitsresistent. In den ersten ein, zwei Jahren müssen sie aber gewässert werden. Doch selbst bei gut angepassten Pflanzen lohnt es sich, einen organischen Bodenverbesserer einzuarbeiten, der Struktur und Stabilität des Bodens erhöht, ohne die Dränage zu beeinträchtigen. Geeignet sind kompostierte Rinde, Pilzsubstrat und Gartenkompost.

Viele aromatische Kräuter stammen aus den Hügellandschaften des Mittelmeerraums und mögen trockenen, durchlässigen Boden. Oft haben sie reizvolle Blätter und hübsche Blüten.

SANDIGE BÖDEN

Leichte, sandige Böden lassen sich einfach bearbeiten, aber Wasser versickert in ihnen rasch und wäscht dabei Nährstoffe aus. Deshalb sollte man ihnen reichlich organisches Material zuführen und überdies im Frühjahr einen Volldünger ausbringen. Gut geeignet ist Rosendünger, da er meist viel Magnesium enthält, an dem es Sandböden oft mangelt. Da auch Kalzium leicht ausgewaschen wird, sind Sandböden häufig sauer. Dies lässt sich mit einem Bodentest *(s. S. 19)* leicht feststellen. In extremen Fällen muss der Boden eventuell alle fünf Jahre gekalkt werden.

Sandböden neigen dazu, zu verdichten. Sie setzen sich nach und nach und verbacken. Wieder ist reichlich organische Substanz die Lösung. Sie wird vor dem Pflanzen untergegraben, wann immer der Boden trocken genug ist. Rasen leidet auf Sandböden oft besonders stark. Hier sind im Herbst Belüftung, Düngung und das Verteilen organischer Substanz erforderlich *(s. S. 172–173)*.

KREIDE- UND KALKBÖDEN

Auch Kreide- und Kalkböden sind sehr durchlässig, aber reich an Kalzium. Pflanzen Sie in solche Böden auf keinen Fall Kalkflieher wie Kamelien – sie werden niemals wirklich gedeihen. Anderen Pflanzen – auch solchen, die an Kreideböden angepasst sind – kommen Mulchen, Wässern und Düngen sehr zugute. Zudem sind häufige Gaben von organischer Substanz wichtig. Sie müssen großzügig bemessen sein, da sich das Material in kalkreichem Boden rasch zersetzt.

Da die besten Rasengräser leicht sauren Boden bevorzugen, ist Rasen auf Kreideboden selten so schön wie auf anderen Böden. Ziehen Sie wildblumenreiche Mischungen in Betracht oder Mischungen mit reichlich Klee, der Stickstoff bindet – so wird das Düngen überflüssig.

WIE PFLANZEN TROCKENHEIT ÜBERLEBEN

Pflanzen, die in trockenen Lebensräumen oder auf durchlässigen Böden zu Hause sind, haben sich ihnen auf verschiedene Weise angepasst. Dennoch wirkt ein wenig Pflege Wunder. Man sollte sie vor und nach dem Pflanzen ausgiebig gießen und so bepflanzen, dass unter den Blättern noch Platz für eine dicke Mulchschicht ist *(s. S. 286–287)*, die die Bodenfeuchtigkeit bewahrt.

Dicke, fleischige Blätter haben große Zellen, die Wasser lange Zeit speichern können. Ein klassisches Beispiel ist die Agave, die in den trockenen Wüsten der USA heimisch ist.

Haare auf den Blättern schließen eine Schicht feuchte Luft ein und reduzieren so den Wasserverlust durch Verdunstung. Die Kuhschelle *(unten)* etwa hat weich behaarte Blätter.

Lange dicke Pfahlwurzeln wie die von Königskerzen, Yucca und der Edeldistel *(oben)* dringen auf der Suche nach Wasser tief in den Boden ein und speichern Wasser und Stärke für schlechte Zeiten.

Durch eine Sommerruhe entgehen einige Pflanzen der Hitze. Viele Frühlingszwiebelblumen wie Tulpen *(oben)* meiden mit dieser Strategie sommerliche Wärme, ebenso Pflanzen wie der Knollige Storchschnabel.

PFLANZEN FÜR DURCHLÄSSIGE BÖDEN

1 *Allium schoenoprasum* 'Forescate'
Schnittlauch
Rosa blühende Sorte, die Wärme, Sonne und nährstoffreichen, gut dränierten, sandigen Boden mag.
H 60 cm; B 7 cm.

2 *Cotinus coggygria* 'Purpureus'
Perückenstrauch
Sommergrüner Strauch mit zahlreichen winzigen Blüten, der auf leichten, kalkigen Böden gut gedeiht.
H 60 cm; B 7 cm.

3 *Scabiosa lucida*
Glänzende Skabiose
Kleine Staude, die in der Natur auf trockenen, sonnigen Wiesen und felsigen Hängen wächst.
H 20 cm; B 30 cm.

4 *Artemisia* 'Powis Castle'
Silberraute
Trockenheitstolerante Pflanze mit silbergrauem Laub, die leichte trockene Böden bevorzugt.
H 60 cm; B 90 cm.

5 *Nandina domestica*
Himmelsbambus
Hoher Blütenstrauch, der leichte, trockene Böden mag, aber nicht austrocknen darf. Trägt im Hochsommer kleine weiße Blüten.
H 2 m; B 1,5 m.

6 *Penstemon* 'Apple Blossom'
Bartfaden
Diese Staude wird wegen ihrer fingerhutähnlichen Blüten gezogen. Sie mag gut dränierte Böden.
H 45–60 cm; B 45–60 cm.

7 *Sempervivum ciliosum*
Dachwurz
Dichte, sich ausbreitende Sukkulente für Stein- oder Kiesgärten, Mauerspalten oder Pflanzgefäße.
H 8 cm; B 30 cm.

8 *Lavandula angustifolia* 'Munstead'
Lavendel
Blauviolett blühende Sorte. Lavendel braucht gut dränierten, sandigen Boden und volle Sonne.
H 45 cm; B 60 cm.

9 *Coreopsis grandiflora* 'Badengold'
Großblumiges Mädchenauge
Öffnet den ganzen Sommer lang tiefgelbe Korbblüten, sofern man welke Blüten entfernt.
H bis 90 cm; B 45 cm.

10 *Hebe* 'Bowles' Variety'
Strauchveronika
Kompakter Blütenstrauch, der mageren, leicht alkalischen Boden toleriert, sofern er in feuchter, aber gut dränierter Erde steht.
H 45 cm; B 60 cm.

11 *Bergenia* 'Sunningdale'
Bergenie
Immergrüne mit glänzenden Blättern und leuchtend tiefrosa Blüten, die sich von Frühjahrsbeginn an öffnen.
H 30–45 cm; B 45–60 cm.

12 *Verbascum* 'Cotswold Queen'
Königskerze
Wächst in den meisten fruchtbaren Böden, braucht aber eine gute Dränage und mag volle Sonne.
H 1,2 m; B 30 cm.

13 *Salvia* 'Blue Spire'
Blauraute
Toleriert mageren, trockenen Kalkboden. Trägt silbernes Laub und violettblaue Blüten.
H 1,2 m; B 1 m.

14 *Weigela* 'Looymansii Aurea'
Weigelie
Unkomplizierter rosa blühender Strauch, der in fast jedem Boden wächst, aber Halbschatten mag.
H 1,5 m; B 1,5 m.

15 *Centaurea cyanus*
Kornblume
Wächst in der Natur auf Wiesen und Grasland und gedeiht in fast allen feuchten, durchlässigen Böden.
H 20–80 cm; B 15 cm.

16 *Pennisetum alopecuroides*
Federborstengras
Immergrünes Gras mit borstigen Blüten, das leichte, gut dränierte Böden bevorzugt und sich ideal für eine Staudenpflanzung im Präriestil eignet.
H 0,6–1,5 m; B 0,6–1,2 m.

EXPONIERTE PLÄTZE

Wie Menschen bestehen auch Pflanzen hauptsächlich aus Wasser. Dies macht sie für Austrocknung anfällig, die in exponierten Gärten eine ständige Bedrohung darstellt, ob sie an der Küste, im Binnenland oder in großer Höhe liegen. Gegen Wind haben nur Pflanzen eine Chance, die seiner austrocknenden Wirkung trotzen, indem sie in ihren Blättern und Wurzeln Wasser speichern oder die Verdunstung reduzieren. Andererseits sind Lichtverhältnisse und Luftzirkulation in exponierten Gärten meist sehr gut, was die Gefahr von Pilzerkrankungen verringert. Aber starke Sonne lässt Blütenfarben auch verblassen und gute Luftzirkulation wird rasch zu heftigem Wind, der Pflanzen schädigt.

WINDSCHÄDEN

An exponierten Plätzen wachsen Pflanzen schlechter. Ein Baum ist hier vielleicht nur halb so groß wie ein Exemplar gleicher Art und gleichen Alters in einem geschützten Garten. Zudem können Bäume und Sträucher durch den Wind verformt werden. In exponierten Gärten im Binnenland sind meist eisige Winde das Hauptproblem. Gärten an der Küste profitieren häufig von einem weitgehend frostfreien Klima, da die Meerestemperatur selten unter den Gefrierpunkt sinkt und den Seewind erwärmt. Andererseits kann vom Wind mitgeführtes Salz Blätter »verbrennen«.

WINDSCHUTZPFLANZUNGEN

In exponierten Gärten kann der Wind z. B. durch einen Schutzgürtel aus Pflanzen gemildert werden. Anders als solide Mauern und Zäune, die Wind verstärken und Wirbel entstehen lassen können, bremsen Pflanzen ihn ab. Ein Schutzgürtel kann aus einer kleinen Hecke, aber auch aus dicht gepflanzten Bäumen und Sträuchern bestehen. Eine der besten Heckenpflanzen für Küstengärten ist die salztolerante *Griselinia littoralis*, im Binnenland bildet beispielsweise die Hainbuche eine schöne dichte Hecke.

Sie können auch dichtmaschiges Windschutzvlies verwenden, das in Abständen an Pfosten befestigt und mit Dachlatten stabilisiert wird, damit es nicht

Küstengärten haben ein mildes Klima, sind aber starken Winden und Salz ausgesetzt. Besonders gut gedeihen hier niedrige Arten, die zudem die großartige Aussicht nicht behindern.

Rosen wachsen an exponierten Plätzen oft prächtig, da gute Luftzirkulation Pilzerkrankungen und feuchte Bedingungen verhindert. Wählen Sie Sorten mit kräftigen Blütenfarben wie 'Hertfordshire', die in dem intensiven Licht nicht verblassen.

Windschutzgürtel oder Hecken bremsen den Wind wirkungsvoll ab und schützen so andere Pflanzen im Garten. Wählen Sie Pflanzen geeigneter Größe. Kiefern werden recht groß, Rosen haben einen kompakteren Wuchs.

zerreißt. Doppelt genommen bietet es größeren Schutz. Ein solcher Windschutz schwächt den Wind über eine kurze Distanz erheblich ab. Wenn die Pflanzen nach drei bis fünf Jahren gut gedeihen, kann er entfernt werden. Einzelne Pflanzen kann man mit einem »Käfig« aus Vlies und Pfosten schützen. Als Sämlinge gepflanzte Bäume und Sträucher erhalten bessere Startbedingungen, wenn sie mit einer Schutzfolie umgeben werden, durch die ein Mikroklima entsteht.

PFLANZEN FÜR EXPONIERTE GÄRTEN

Gelungene Küstengärten sind oft in Anlehnung an die Natur mit heimischen Pflanzen angelegt, die unter den gegebenen Bedingungen gedeihen und den Hintergrund für exotischere Zierpflanzen bilden können.

Oder man bedient sich eines Schutzes, um Pflanzen zu ziehen, die mehr Unterstützung brauchen. Dichte Pflanzungen an den Gartengrenzen und eine Reihe von mit Hecken umgebenen »Gartenräumen« lassen sehr geschützte Plätze entstehen. In Gegenden mit mildem Küstenklima können so sogar recht empfindliche Pflanzen wachsen.

Der Garten Hyde Hall der Royal Horticultural Society *(s. S. 42)* ist ein exponierter Binnenlandgarten auf einem Hügel mitten in Essex. Im Sommer geht dort ein warmer, trockener Südwestwind, der Pflanzen im Handumdrehen austrocknet, im Winter weht ein kalter Nordostwind, der erheblichen Schaden anrichten kann. Dennoch wachsen dort zahlreiche Pflanzen, die in der Mehrzahl wegen ihrer Eignung für exponierte Standorte ausgesucht wurden.

PFLANZEN FÜR EXPONIERTE STANDORTE

1 *Buddleja davidii* 'Fascination'
Schmetterlingsstrauch
Großer wuchsfreudiger, sommergrüner Strauch, dessen purpurrosa Blüten für Schmetterlinge unwiderstehlich sind.
H 3 m; B 5 m.

2 *Prunus spinosa* 'Purpurea'
Schlehe
Winterharter Baum oder Strauch mit spitzen Dornen; gute Heckenpflanze. Die essbaren schwarzen Früchte werden von Vögeln und Freunden des Gins gleichermaßen geschätzt.
H 5 m; B 4 m.

3 *Crambe maritima*
Küsten-Meerkohl
In Küstengebieten heimische Staude mit ledrigen Blättern und großen rispigen Trauben aus kleinen weißen Blüten. Die Stängel können als Gemüse gegessen werden.
H 75 cm; B 60 cm.

4 *Juniperus squamata* 'Meyeri'
Schuppen-Wacholder
Immergrüne Konifere mit blaugrünen Nadeln. Da sie aus dem Himalaja stammt, verträgt sie extremes Wetter.
H 4–10 m; B 6–8 m.

5 *Hertia cheirifolia*
Hertie
Immergrüner Strauch mit fleischigen Blättern und margeritenähnlichen gelben Sommerblüten.
H 60 cm; B 90 cm.

6 *Rosa* 'Hertfordshire'
Rose
Bodendeckende Rose mit großen Büscheln aus flachen karminrosa Blüten, die sich von Sommer bis Herbst in großer Zahl öffnen.
H 45 cm; B 1 m.

7 *Helichrysum italicum*
Currykraut
Kleiner immergrüner Strauch mit intensiv duftendem silbergrauem Laub.
H 60 cm; B 1 m.

8 *Griselinia littoralis*
Griseline
Gute Solitärpflanze, aber in Küstenregionen auch für Hecken oder als Windschutz nützlich.
H bis 8 m; B 5 m.

9 *Tamarix ramosissima*
Kaspische Tamariske
Sommergrüner Strauch mit gefiederten Blättern und winzigen rosa Blüten. Verträgt Wind und Gischt.
H 5 m; B 5 m.

10 *Potentilla fruticosa* 'Red Ace'
Fingerkraut
Kompakter winterharter, sommergrüner Blütenstrauch, der mageren Boden toleriert.
H 1 m; B 1,5 m.

11 *Argyrocytisus battandieri*
Silberginster
Trägt im Hoch- und Spätsommer nach Ananas duftende Blüten.
H 5 m; B 5 m.

12 *Festuca glauca* 'Elijah Blue'
Blau-Schwingel
Horstbildendes, immergrünes Gras mit blaugrünen Blütenrispen, die im Sommer erscheinen.
H bis 30 cm; B 25 cm.

13 *Glaucium flavum*
Gelber Hornmohn
An verzweigten graugrünen Trieben öffnen sich im Sommer goldgelbe oder orange Blüten.
H 30–90 cm; B bis 45 cm.

14 *Hippophae rhamnoides*
Sanddorn
Silbergrüner, laubabwerfender Strauch, der oft als Windschutz oder Hecke gepflanzt wird.
H 6 m; B 6 m.

15 *Salvia rosmarinus*
Rosmarin
Küchenkraut, das aber zu einem großen Strauch heranwachsen kann und mageren Boden toleriert.
H 1,5 m; B 1,5 m.

16 *Agrostemma githago*
Kornrade
Rasch wachsende Einjährige, die volle Sonne braucht und in magerem Boden am besten blüht.
H 60–90 cm; B 30 cm.

STEINGÄRTEN

Traditionelle Steingärten sind abgeschlossene Gartenbereiche, in denen Gärtner Pflanzen ziehen, die sonst in hoch gelegenen alpinen Lebensräumen wachsen. Sie bestehen daher aus Felsen und Steinen, mit denen die nackten Felsvorsprünge, Schutthalden und Felsspalten dieser Lebensräume nachempfunden werden sollen. Die meisten Pflanzen für eine solche Umgebung sind klein und kompakt, zudem meist widerstandsfähig und trockenheitstolerant. Viele von ihnen blühen üppig in einer breiten Palette an großartigen Farben. Heutige Gartengestalter definieren den Begriff Steingarten jedoch breiter. Sie lassen sich von mediterranen Landschaften und Wüstenlandschaften inspirieren, bedienen sich einer Vielzahl von Bodenbelägen wie Pflaster und unterschiedlichstem Kies und pflanzen statt echten Steingartenpflanzen oft Kakteen und Sukkulenten.

EINEN STEINGARTEN ANLEGEN

Der beste Platz für einen Steingarten ist ein offener, sonniger Südhang. Fast alle Steingartenpflanzen gedeihen am besten in hellem Licht und durchlässigem Boden. Plätze mit feuchtem, schwerem Boden und solche unter überhängenden Bäumen mögen sie nicht. Bei der Neuanlage eines Steingartens verteilt man zunächst grobes Material wie Ziegelbruch und legt damit einen Hang oder einen Hügel an. Dieses Material bedeckt man mit umgedrehten Grassoden oder Folie, in die man Löcher sticht, damit Wasser gut ablaufen kann. Dann verteilt man zunächst die größten Felsbrocken. Am besten eignen sich gebrauchte Steine, allen voran Sandstein, Kalkstein oder Tuff. Es sollte eine natürlich wirkende Minilandschaft aus Felsvorsprüngen und Schluchten mit vielen Spalten zum Bepflanzen entstehen. Dazwischen verteilt man gute Gartenerde, die mit einer Schicht Substrat aus gleichen Teilen Lehm, Kompost oder Laubhumus und Sand oder Grus bedeckt wird. In einigen Bereichen

Viele Steingartenpflanzen sind niedrig und wurzeln tief. Sie bilden ordentliche Büsche oder breiten sich teppichartig aus. Die meisten haben kleine Blätter, um den Wasserverlust durch Verdunstung möglichst gering zu halten.

Die Alpennelke 'Joan's Blood' trägt im Sommer leuchtend rosarote Blüten.

Der Milzfarn ist ein sehr kleiner Farn, der selten höher als 15 cm wird.

kann man auch groben Grus, Kies und/oder Splitt verteilen, um Schutthalden entstehen zu lassen.

PFLANZEN AUSWÄHLEN

Einige Steingartenpflanzen sind echte Alpinpflanzen, andere nicht. Pflanzen, die aus alpinen Regionen oberhalb der Baumgrenze stammen, sind an die extremen Wetterbedingungen ihrer Heimat angepasst. Die meisten haben einen niedrigen Wuchs und schmiegen sich an den Boden, um dem heftigen Wind zu entgehen. Ihre Blätter sind meist klein und fleischig und oft mit wolligen Haaren bedeckt, um Feuchtigkeit besser zu halten, die sonst durch Sonne und ständigen Wind verdunsten würde.

Zu den nicht alpinen Pflanzen gehören kleine Bäume und Sträucher, die auf Kliffs und an Ufern von Küstenregionen beheimatet sind, viele kleine Zwiebelblumen und selbst Kakteen und Sukkulenten. All diese Pflanzen vertragen keine Staunässe und bevorzugen durchlässige, mäßig fruchtbare Böden.

Majoran und Oregano eignen sich wunderbar für Steingärten. *Origanum amanum* hat trichterförmige rosa Blüten.

PFLANZEN FÜR STEINGÄRTEN

1 *Limnanthes douglasii*
Sumpfblume
Trägt von Sommer bis Herbst leuchtende Blüten und samt sich, einmal angewachsen, üppig aus.
H 15 cm; B 15 cm.

2 *Campanula poscharskyana*
Hängepolster-Glockenblume
Niedrige Staude, die zahllose violette Sternblüten entwickelt.
H bis 15 cm; B bis 60 cm.

3 *Armeria maritima*
Grasnelke
Küstenpflanze mit grasähnlichen Blättern und kleinen runden Blütenständen.
H bis 20 cm; B bis 30 cm.

4 *Aubrieta deltoidea*
Griechisches Blaukissen
Das sich oft über Mauern ergießende Blaukissen gehört zu den ersten und farbenprächtigsten Stauden, die im Frühjahr blühen.
H 5 cm; B 60 cm und mehr.

5 *Silene schafta*
Herbst-Leimkraut
Nützliche Steingartenpflanze, die im Spätsommer und bis in den Herbst hinein blüht.
H 25 cm; B 30 cm.

6 *Thymus* 'Bressingham'
Polsterthymian
Sich an den Boden schmiegender, duftender immergrüner Strauch, der sich in Felsspalten natürlicherweise ausbreitet.
H 15 cm; B 45 cm.

7 *Gentiana septemfida*
Sommerenzian
Diese kleine Staude wird vor allem wegen ihrer intensiv blauen oder purpurblauen Blüten gezogen, die im Spätsommer erscheinen.
H bis 15–20 cm; B bis 30 cm.

8 *Sedum spathulifolium* 'Cape Blanco'
Colorado-Fetthenne
Über Teppichen aus silbergrünen Blattrosetten trägt diese Fetthenne leuchtend gelbe Sternblüten.
H 10 cm; B 60 cm.

9 *Saxifraga sancta*
Steinbrech
Bildet Teppiche aus leuchtend grünen Blättern, über denen im Frühjahr kleine gelbe Blüten sitzen.
H 5 cm; B 20 cm.

10 *Narcissus* 'Tête-à-tête'
Narzisse
Zwergsorte, die zu Frühjahrsbeginn pro Stängel bis zu drei goldgelbe Blüten entwickelt.
H 15 cm.

11 *Gypsophila repens* 'Dorothy Teacher'
Teppich-Schleierkraut
Kompakte alpine Staude mit blaugrünem Laub und winzigen Blüten, die zunächst blassrosa sind und später nachdunkeln.
H 5 cm; B bis 40 cm.

12 *Viola × wittrockiana Crystal-Bowl-Serie*
Garten-Stiefmütterchen
Kompakte Pflanzen mit einer großen Palette an reinen Farben. Sommerblüher.
H bis 12 cm; B bis 30 cm.

13 *Anemone blanda* 'Violet Star'
Berg-Anemone
Niedrige Staude mit relativ großen Blüten, die eine tiefviolette Farbe haben.
H 15 cm; B 15 cm.

14 *Geranium cinereum* 'Ballerina'
Grauer Storchschnabel
Winterharter Zwergstorchschnabel mit reizvollen rot geäderten rosa Blüten, die vom Spätfrühjahr an erscheinen.
H bis 15 cm; B bis 30 cm.

15 *Ajuga reptans* 'Multicolor'
Kriechender Günsel
Kleine kriechende Staude mit dunkel bronzegrünen Blättern, die cremeweiß und rosa gefleckt sind.
H 15 cm; B 60–90 cm.

16 *Juniperus communis* 'Compressa'
Heide-Wacholder
Schwachwüchsige, säulenförmige Zwergkonifere, die aufgrund ihrer geringen Größe gut für Steingärten geeignet ist.
H bis 80 cm; B 45 cm.

PFLANZEN AUSWÄHLEN UND KAUFEN

Sollte Sie das riesige Angebot an Pflanzen verwirren, dann suchen Sie in den einzelnen Pflanzengruppen nach den bewährten Stars. Sie haben gewöhnlich hübsche Formen und zahlreiche Blüten oder sind besonders krankheitsresistent und gedeihen in den meisten Gärten.

WO KAUFT MAN PFLANZEN?

Ihr örtliches Gartencenter kann eine gute Anlaufstelle sein, da die meisten Gartencenter heute ein breites Angebot an schönen Pflanzen haben, aber Sie sollten potenzielle Gefahren kennen. Erstens stellen Gartencenter voll erblühte Pflanzen meist an einen prominenten Platz, um Kunden zum Kauf zu bewegen. Hier zahlen sich Ihre Vorarbeiten aus. Halten Sie sich so gut es geht an Ihre Liste und widerstehen Sie den Verlockungen – vielleicht finden Sie für eine übereilt gekaufte Pflanze später keinen geeigneten Platz. Zweitens sind in Gartencentern manche Angestellte nicht ausreichend qualifiziert und können deshalb nicht immer fundierte Ratschläge geben. Fachkräfte stehen oft nur am Wochenende zur Verfügung, wenn der meiste Betrieb herrscht. Bedenken Sie dies, falls Sie Unterstützung brauchen sollten. Drittens ziehen Gartencenter ihre Pflanzen meist nicht selbst, sondern haben verschiedene Lieferanten, sodass die Qualität unterschiedlich sein kann.

Gärtnereien bieten oft selbst gezogene Pflanzen an, außerdem kann das Personal Sie beraten und bei der Auswahl der besten Sorten für Ihren Garten behilflich sein. Viele Fachbetriebe bieten auch einen Mailorder-Service an, der eine größere Auswahl an Pflanzen bietet. Pflanzen sind auch über das Internet erhältlich –

Eine gute Pflanze ist gesund und wächst kräftig. Achten Sie auf neue Triebe oder Knospen: Eine Clematis mit vielen Trieben ist besser als ein Exemplar mit nur einem Trieb.

Topfboden Wachsen keine oder nur wenige Wurzeln aus den Abzugslöchern, ist der Topf vermutlich nicht zu klein.

Wurzelballen Den Topf behutsam abziehen und feststellen, ob die Wurzeln prall, hell und unverfilzt sind.

Unkraut Unkraut zeigt, dass Pflanzen vernachlässigt wurden. Es konkurriert mit ihnen um Nahrung und Wasser.

aber prüfen Sie vor dem Bestellen, ob die Websites sicher und die Lieferanten vertrauenswürdig sind.

PFLANZEN AUSWÄHLEN

Oft ist es verlockend, blühende Pflanzen zu kaufen, da dann ohne Zweifel feststeht, wie ihre Blüten aussehen. Doch während der Blüte ist das Wurzelwachstum herabgesetzt, sodass sie vielleicht länger brauchen, um anzuwachsen. Wenn Sie den Kauf großer Pflanzen ins Auge fassen, die im Garten sofort ihre ganze Wirkung entfalten, denken Sie daran, dass sich solche Pflanzen vom Schock des Umpflanzens langsamer erholen als kleinere Exemplare. Große Pflanzen haben zudem mehr Blätter, die Wasser verdunsten, und trocknen leicht aus, bevor ihre Wurzeln anwachsen und Wasser aufnehmen können.

GESUNDHEITSCHECKS

Achten Sie beim Kauf einer Pflanze darauf, dass sie kräftig ist, eine schöne Form hat und viele Triebe besitzt. Pflanzen in Gartencentern sind meist Containerpflanzen, d. h., sie werden in Töpfen angeboten. Prüfen Sie den Wurzelballen. Sollten die Wurzeln ein solides Geflecht bilden oder sich um den Boden des Topfs winden, stand die Pflanze viel zu lange im Topf und leidet vielleicht unter Nährstoffmangel.

Gute Pflanzen haben ihren Preis. Suchen Sie deshalb in einer guten Gärtnerei oder einem guten Gartencenter nach gesunden Pflanzen mit Spitzenqualität. Doch selbst hier sollten Sie die Pflanzen vor dem Kauf sorgfältig prüfen. Verzichten Sie auf alle Pflanzen, die kränklich wirken oder Anzeichen von Schädlings- oder Krankheitsbefall zeigen.

DER RICHTIGE PFLANZZEITPUNKT

Gewöhnlich pflanzt man am besten sofort nach der Heimkehr, aber mitunter ist dies nicht möglich. Dann muss man die Pflanzen sorgfältig pflegen. Topfpflanzen können noch einige Wochen in ihren Gefäßen bleiben, sofern man sie während Trockenperioden gut wässert.

Nicht winterharte Beetpflanzen, die im Frühjahr vor dem letzten Frost gekauft werden, stellt man an einen frostfreien Platz, z. B. in ein Glashaus, in einen kühlen Wintergarten oder auf ein Fensterbrett. Halten Sie die Erde stets feucht und entfernen Sie regelmäßig welke Blüten. In einem frostfreien Glashaus kann man Pflanzen auch in größere Töpfe oder in Ampeln setzen, damit sie schon wachsen können, ehe sie im Sommer schließlich ins Freie gesetzt werden.

STAUDEN, EINJÄHRIGE & ZWEIJÄHRIGE

Diese Pflanzen spielen die wichtigste Rolle im traditionellen Blumengarten, und vermutlich werden sie vom Frühjahrsbeginn bis zum Ende des Herbsts in Ihren Beeten die eifrigsten Blüher sein. Stauden sind langlebig, sofern sie ausreichend winterhart sind, um die kalte Zeit zu überstehen. Meist ziehen sie im Herbst ein und treiben im folgenden Frühjahr neu aus. Da Stauden möglicherweise viele Jahre in Ihrem Garten bleiben, sollten Sie sich vor dem Pflanzen Gedanken machen, welcher Platz für sie am besten geeignet ist. Einjährige leben dagegen nur eine Wachstumsperiode und werden jedes Jahr neu gesät oder gepflanzt. Zweijährige entwickeln im ersten Jahr Blätter und blühen im zweiten Jahr.

Eine gemischte Rabatte bedarf ein wenig Planung, denn die Pflanzen müssen dort ihrer Größe und Blütezeit gemäß platziert werden. Einjährige Blumen verwendet man, um eventuelle Lücken in Beeten zu schließen.

STAUDEN ZIEHEN

Die meisten winterharten Stauden pflanzt man am besten im Herbst, solange die Erde noch warm ist und Niederschläge das Wachstum neuer Wurzeln fördern. Empfindliche Stauden pflanzt man besser im Frühjahr. Im Sommer oder Winter sollte man nicht pflanzen, denn neue Pflanzen leiden dann unter Trockenheit oder unter Nässe und Kälte. Sowohl Wind als auch starke Sonne und Frost können frei liegende Wurzeln schädigen. Vermeiden Sie es auch, nach heftigem Regen oder bei Staunässe zu pflanzen und nassen Tonboden umzugraben oder zu betreten. Dies kann zur Verdichtung des Bodens führen und die Wurzeln können dann nicht atmen.

VORBEREITEN DER PFLANZSTELLE

Lässt man Unkräuter wachsen, entziehen sie den neuen Pflanzen Wasser, Nährstoffe und Licht, wenn sie diese am nötigsten brauchen. Jäten Sie daher vor dem Pflanzen sorgfältig. Heben Sie tief wurzelnde ausdauernde Unkräuter sorgfältig mit der Gabel heraus. Verbleiben Wurzeln im Boden, können sie wieder austreiben.

Einige Zierpflanzen, vor allem dichte Bodendecker wie Storchschnabel, wuchern in der Rabatte ähnlich wie Unkraut. Deshalb sollten Sie sie zurückschneiden oder neue Pflanzen mit ausreichend Abstand zu ihnen setzen, bis die Neuankömmlinge gut wachsen. Auch große Hecken und Bäume können mit neuen Pflanzen um Wasser und Licht konkurrieren. Setzen Sie Pflanzen auch nie dichter als 45 cm an eine Mauer, da der Boden am Fuß von Mauern oft extrem trocken ist. Die Pflanzen stehen hier im sogenannten Regenschatten.

Rittersporn ist eine klassische Pflanze für die Staudenrabatte. Da manche Sorten aber sehr hoch und, insbesondere nach Regen, leicht kopflastig werden, gibt man ihnen in den meisten Fällen besser eine Stütze.

Sorgfältiges Jäten ist vor dem Bepflanzen eines Beets obligatorisch. Weder junge einjährige Blumen noch austreibende Stauden werden gedeihen, wenn Unkräuter mit ihnen um Licht, Wasser und Nährstoffe konkurrieren.

EINE STAUDE PFLANZEN

Bereiten Sie die Pflanzstelle sorgfältig vor – so bieten Sie der Staude gute Startbedingungen *(s. S. 82–83)*. Organische Substanz verbessert die Bodenstruktur und fördert das Wachstum neuer Wurzeln – je weiter sich Wurzeln ausbreiten, desto mehr Wasser und Nährstoffe können sie aufnehmen. Ein bis zwei Stunden vor dem Pflanzen sollte man die Staude gründlich wässern.

1 Die Pflanze im Topf in die Rabatte stellen. Prüfen Sie, ob sie genug Platz hat, um sich in voller Größe und Breite entwickeln zu können, oder ob sie von Nachbarpflanzen eingeengt wird.

2 In und um den Pflanzbereich wird reichlich organische Substanz wie Kompost oder verrotteter Mist eingearbeitet. Heben Sie dann ein Pflanzloch aus, das doppelt so breit und so tief wie der Topf ist.

3 Nehmen Sie die Pflanze aus dem Topf und lockern Sie behutsam den Wurzelballen – die Wurzeln können dann besser in die Erde eindringen. Schneiden Sie abgestorbene oder beschädigte Wurzeln mit der Gartenschere ab.

4 Die Pflanze so in das Loch setzen, dass der Wurzelballen oben bündig mit der Erdoberfläche abschließt. Eventuell etwas Erde entfernen oder hinzufügen. Füllen Sie mit den Händen das Loch um den Wurzelballen mit Erde auf und achten Sie darauf, dass die Pflanze dabei an ihrem Platz bleibt.

5 Die Erde rund um die Pflanze behutsam mit der Ferse festtreten, damit Lufteinschlüsse entfernt werden und die Wurzeln Kontakt zur Erde bekommen. Die Pflanze muss dabei gerade bleiben.

6 Nach dem Pflanzen wird gründlich gewässert, damit die Erde sich setzt. Das Ausbringen einer dicken Mulchschicht hilft, Wasserverlust zu verhindern. Während Trockenperioden sollten Sie neue Pflanzen gießen.

1

4

2

3

5

6

STAUDEN STÜTZEN

Es ist ein verbreiteter Irrglaube, dass Stauden stets an geschützten Plätzen wachsen und gestützt werden müssen. Dies ist nicht immer der Fall, und Gärten voller Bewegung wirken lebendiger und interessanter. Während Gehölze dem Wind wenig nachgeben, wiegen sich Blumen und Gräser anmutig in ihm. Auch viele hohe Pflanzen wie Fingerhut, Königskerze und Eisenkraut brauchen keine Stützen. Bei sorgfältiger Auswahl kann man selbst an ziemlich windigen Plätzen eine recht breite Palette an Pflanzen ziehen. Oft entwickeln sie unter diesen Bedingungen sogar kräftigere Triebe, die dem Wind besser trotzen. Pflanzen an geschützten Plätzen leiden eher unter einem plötzlichen Windstoß als solche an exponierten Plätzen.

Dennoch möchten Sie vielleicht einige Stauden mit zarten oder schwachen Trieben ziehen, die sich leicht unter dem Gewicht ihrer Blüten biegen oder bei starkem Wind oder Regen umfallen könnten. In exponierten Gärten brauchen Pflanzen fast immer einen Halt. Deshalb sollten Sie dort im Frühjahr Stützen einsetzen, sobald das Blattwachstum beginnt, denn eine Pflanze, die einmal umgefallen ist, wird nie mehr so schön wie vorher. Sofern die Stütze etwas niedriger ist als die Endhöhe der Pflanze, wird sie bald unter Laub verschwinden und nicht stören.

GEEIGNETE STÜTZEN AUSWÄHLEN

Ein Bambus, der jährlich ausgelichtet wird, liefert viele Rohre, die sich als Pflanzenstützen eignen. Junge Bambusrohre lassen sich auch zu Ringen oder Bögen biegen. Wer genug Platz hat, kann einen Haselstrauch oder eine Weide ziehen. Beide liefern Ruten oder dickere Triebe für Pflanzenstützen in Form von Dreifüßen.

Bambusrohre und Reisig sind für viele Stauden geeignet. Umgefallene Pflanzen kann man mit Stäben und Reisig wieder aufrichten, doch wenn man sie stark zusammenbindet, sehen sie unter Umständen schlimmer aus als vorher. Für großblumige, hohe Pflanzen wie Dahlien und Pfingstrosen sind Stützen, durch die sie hindurchwachsen, besser. Metallgitter auf langen Stelzen kann man anheben, wenn die Pflanzen wachsen. Bei sehr hohen Dahlien und Rittersporn bindet man die Triebe an stabile Einzelstützen.

In Rabatten neben einem Weg oder Rasen hält man Pflanzen mit Metall- oder Holzstäben oder gebogenen Bambusstäben an ihrem Platz. Letztere kann man auch für einen niedrigen Zaun verwenden, um Pflanzen, die niedrigere zu ersticken drohen, im Zaum zu halten.

Reisig ist eine preiswerte Möglichkeit, heranwachsende Pflanzen zu stützen.

Metallstützen können für Stauden unterschiedlicher Größe zusammengesteckt werden. Dunkle Stützen sind am unauffälligsten.

Damit Rittersporn aufrecht stehen bleibt, stützt man ihn frühzeitig. Wichtig: Auf die Stützen Kappen stecken, um Augenverletzungen zu verhindern.

Kosmeen blühen den ganzen Sommer und bis zum ersten Frost, wenn man welke Blüten regelmäßig entfernt. Die langen Blütenstiele werden direkt über dem filigranen Laub ausgebrochen.

Katzenminze kann man nach der Blüte im Sommer stutzen und damit die Entwicklung neuer Blätter und einer kleineren zweiten Blüte anregen.

WELKE BLÜTEN ENTFERNEN

Das Abknipsen verwelkter Blüten lässt eine Pflanze nicht nur ordentlicher aussehen, sondern bewirkt auch, dass sie ihre Energie statt in die Ausbildung von Samen in die Entwicklung neuer Blüten und Triebe lenkt. Als Folge verlängert sich bei einigen Pflanzen wie Wicken, Geranien und Verbenen die Blütezeit.

Wie welke Blüten entfernt werden

Diese Arbeit ist keine Wissenschaft, aber es gibt einige Regeln:

- **Große Blüten** wie die einiger Geranien sollte man einzeln entfernen. Die weichen Stängel der meisten Stauden und Sommerblumen lassen sich leicht abknispen.
- **Schneidet man hohe Blütenstände,** etwa von Rittersporn oder Fingerhut, ab, bilden sich oft kleinere neue Blütenstände.
- **Zarte Pflanzen** mit kleinen Blüten wie Lobelien stutzt man am besten mit einer Schere.
- **Bei remontierenden Rosen** schneidet man Einzelblüten mit der Gartenschere heraus oder trennt Büschel über einem Blatt ab.

Zurückstutzen

Bei manchen Pflanzen kann man welke Blüten durch Stutzen mit der Heckenschere entfernen. Dadurch entwickeln sich neue Blüten und/oder Blätter. Möglich ist dies etwa bei Glockenblumen, Katzenminze, Storchschnabel, Flockenblumen und Staudensalbei.

Im zeitigen Frühjahr stutzt man die Triebe von Schnee-Heide, Besenheide, Immergrün, Großblütigem Johanniskraut sowie Ziergräsern zurück. Dabei darf man neue Triebe nicht verletzen. Auch alte Blätter der Elfenblume schneidet man im Spätwinter, ehe sich neue Blüten entwickeln, mit der Heckenschere ab.

SCHÖNE FRUCHTSTÄNDE

Nicht immer sollte man bei Pflanzen welke Blüten entfernen. Denn manche Pflanzen entwickeln keine weiteren Blüten, bilden vielleicht aber schöne Fruchtstände, die vor allem im Winter sehr reizvoll sein können. Zudem können die Samen, die sie verstreuen, im folgenden Jahr keimen. Folgende Pflanzen entwickeln dekorative Fruchtstände:

- Schafgarbe (*Achillea*)
- Astilbe (*Astilbe*)
- Clematis wie *C. tangutica*, *C. orientalis* mit ihren Hybriden
- Karde (*Dipsacus*)
- Edeldistel (*Eryngium, unten*)
- Mohn (*Papaver*)
- Fetthenne (*Sedum*)
- Ziergräser

STAUDEN FÜR WINTER UND FRÜHJAHR

1 *Brunnera macrophylla* 'Dawson's White'
Kaukasusvergissmeinnicht
Seine Blätter sind weiß gerandet, die im Frühjahr erscheinenden Blüten leuchtend blau.
H 45 cm; B 60 cm.

2 *Anemone blanda* var. *rosea* 'Radar'
Berg-Anemone
Niedrige horstbildende Anemone, die im Frühjahr magentarote Blüten mit weißer Mitte trägt.
H 15 cm; B 15 cm.

3 *Arum italicum* 'Marmoratum'
Italienischer Aronstab
Seine hübsch marmorierten grünen Blätter sind im Winter willkommen. Die Blüten öffnen sich im Sommer. Auf sie folgen im Herbst orangerote Beeren.
H 30 cm; B 15 cm.

4 *Hepatica nobilis* var. *japonica*
Japanisches Leberblümchen
Winzige Pflanze, deren weiße, rosa oder blaue Blüten sich mitunter schon im Spätwinter öffnen.
H 8 cm; B 15 cm.

5 *Bergenia* 'Sunningdale'
Bergenie
Früh blühende Immergrüne, die von Frühjahrsbeginn an tiefrosa Blütenstände entwickelt.
H 30–45 cm; B 45–60 cm.

6 *Helleborus torquatus* 'Dido'
Serbische Nieswurz
Diese Sorte trägt purpurne und lindgrüne Blüten und schmale sommergrüne Blätter.
H 40 cm; B 45 cm.

7 *Primula veris*
Echte Schlüsselblume
Öffnet an einzelnen aufrecht stehenden Stängeln Büschel aus kleinen, duftenden, gelben Blüten.
H 25 cm; B 25 cm.

8 *Aubrieta deltoidea*
Griechisches Blaukissen
Ergießt sich oft über Mauern und Felsen und gehört im Frühjahr zu den ersten und farbenfrohesten Stauden.
H 5 cm; B 60 cm oder mehr.

1

2

3

4

5

6

7

8

STAUDEN FÜR DEN HERBST

1 *Catananche caerulea* 'Bicolor'
Amorpfeil
Trägt ab Sommermitte bis weit in den Herbst hinein weiße Korbblüten mit purpurner Mitte.
H 50–90 cm; B 30 cm.

2 *Ligularia dentata* 'Desdemona'
Stern-Ligularie
Hat große orangefarbene Korbblüten und ledrige, herzförmige Blätter, die oben bronzegrün und unterseits rotviolett sind.
H 2 m; B 60 cm.

3 *Inula hookeri*
Alant
Öffnet flache, gelbe Blüten mit zarten, schmalen Petalen und dunklerer Mitte bis zur Herbstmitte.
H 75 cm; B 45 cm.

4 *Kniphofia triangularis*
Orangefarbene Fackellilie
Ihre Blütenstände sind kürzer als die anderer Arten, sie erscheinen später, halten dafür aber bis in den Herbst hinein.
H 1,2 m; B 60 cm.

5 *Phlomis russeliana*
Brandkraut
Blüht vom Spätfrühjahr bis zum Frühherbst mit gelben Blüten und entwickelt danach hübsche Fruchtstände.
H 1 m; B 60 cm.

6 *Liriope muscari*
Liriope
Trägt von Früh- bis Spätherbst lavendelfarbene oder violette Blütenstände und hat grasartige dunkelgrüne Blätter.
H 30 cm; B 45 cm.

7 *Physalis alkekengi*
Lampionblume, Blasenkirsche
Wird hauptsächlich wegen der papierartigen orangeroten »Lampions« gezogen, die die Früchte einhüllen und sich im Herbst bilden.
H 60–75 cm; B 90 cm.

8 *Salvia patens* 'Cambridge Blue'
Mexikanischer Salbei
Trägt nur wenige intensiv blaue Blüten, die aber von Sommermitte bis Herbstmitte halten.
H 45–60 cm; B 45 cm.

STAUDEN FÜR SCHATTEN

1 *Aquilegia formosa*
Schöne Akelei
Art mit roten, orangefarbenen und gelben Blüten. Fühlt sich in Sonne und Schatten wohl.
H 60–90 cm; B 45 cm.

2 *Ophiopogon planiscapus* 'Nigrescens'
Schwarzer Schlangenbart
Niedrige immergrüne Sorte mit grasartigen, violettschwarzen Blättern. Den lila Sommerblüten folgen im Herbst schwarzblaue Früchte.
H 23 cm; B 30 cm.

3 *Hosta* 'Francee'
Funkie
Trägt große herzförmige, olivgrüne Blätter mit unregelmäßigen weißen Rändern und lavendelblaue Sommerblüten.
H 55 cm; B 1 m.

4 *Epimedium grandiflorum* 'Crimson Beauty'
Großblütige Elfenblume
Bodendecker für schattige Rabatten mit kupfrig überhauchten grünen Blättern und karminroten Blüten.
H 30 cm; B 30 cm.

5 *Pulmonaria* 'Mawson's Blue'
Lungenkraut
Breitwüchsiger Bodendecker mit dunkelgrünen Blättern und tiefblauen Frühlingsblüten.
H bis 35 cm; B bis 45 cm.

6 *Pachysandra terminalis*
Japanischer Ysander
Schattentolerante Staude mit glänzendem immergrünem Laub, die im Frühjahr kleine weiße Blütenähren trägt.
H 20 cm; B unbegrenzt.

7 *Aruncus dioicus* 'Kneiffii'
Wald-Geißbart
Seine winzigen cremeweißen Blüten erheben sich über das zarte, farnartige grüne Laub.
H 1,2 m; B 45 cm.

8 *Bergenia* 'Morgenröte'
Bergenie
Horstbildende immergrüne Pflanze mit ledrigen Blättern und tief karminrosa Blüten. Wächst im Halbschatten unter Bäumen.
H 30–45 cm; B 45 cm.

STAUDEN FÜR DEN SCHNITT

1 *Alstroemeria-ligtu*-Hybriden
Inkalilie
Hat lilienähnliche Trichterblüten in vielen Farben – von Rosa und Rot über Gelb bis Orange.
H 45–60 cm; B 0,6–1 m.

2 *Aster novi-belgii* 'Lady in Blue'
Glattblatt-Aster
Öffnet vom Spätsommer bis zur Herbstmitte zahllose Korbblüten.
H 30 cm; B 50 cm.

3 *Paeonia officinalis* 'Rubra Plena'
Pfingstrose
Trägt im Frühsommer große, gefüllte, leuchtend karminrosa Blüten mit seidig gekrausten Petalen.
H 75 cm; B 75 cm.

4 *Dahlia* 'David Howard'
Dahlie
Zwergsorte mit runden bronzeorangen Blüten und dunkel bronzegrünem Laub.
H 90 cm; B 60 cm.

5 *Delphinium* 'Fenella'
Rittersporn
Traditionelle alte Sorte mit hohen Blütenständen aus purpurn überlaufenen enzianblauen Blüten mit schwarzer Mitte.
H bis 1,5 m; B 75 cm.

6 *Helenium* 'Crimson Beauty'
Sonnenbraut
Besitzt Korbblüten mit zurückgebogenen kupferroten Zungenblüten, die sich später braun färben, und auffälliger gewölbter Mitte.
H 90 cm; B 60 cm.

7 *Silene chalcedonica*
Brennende Liebe
Trägt flache Blütenköpfe aus kleinen kreuzförmigen, karminroten Blüten, die sich im Früh- und Hochsommer öffnen.
H 1–1,2 m; B 30–45 cm.

8 *Gaillardia × grandiflora* 'Dazzler'
Großblumige Kokardenblume
Ihre großen Korbblüten haben bis zu 15 cm Durchmesser, eine gewölbte orangerote Mitte und leuchtend orangerote Zungenblüten mit gelben Spitzen.
H 60 cm; B 50 cm.

EINJÄHRIGE UND ZWEIJÄHRIGE ZIEHEN

Wenn man winterharte einjährige Blumen im Frühjahr direkt an Ort und Stelle sät, kann man rasch großartige Effekte erzielen und so rein einjährige Pflanzungen anlegen oder Lücken in Beeten schließen. Diese Methode ist zudem erheblich preiswerter als der Kauf von Beetpflanzen in Topfplatten. Etwa drei Wochen vor der Aussaat wird die Fläche gejätet und geharkt, zwei Wochen später entfernt man alle neu gekeimten Unkräuter. So muss man später weniger jäten. Mit zweijährigen Blumen kann man ähnlich verfahren. Da sie aber den Winter überstehen müssen, brauchen sie eventuell Schutz vor Frost.

ERFOLGREICHE AUSSAAT

Einjährige und zweijährige Blumen wirken natürlicher, wenn man sie in Gruppen sät, die später miteinander verschmelzen. Will man dies in einem Beet erreichen, markiert man mit einem Stock auf der Erde für jede Art einen unregelmäßig geformten Bereich und anschließend gerade Saatreihen *(s. S. 83)*. Dann sät man die Samen aus. Reihensaat macht es leichter, die Sämlinge der Blumen von Unkräutern zu unterscheiden und die Unkräuter mit der Hacke zu entfernen.

Nach der Aussaat markiert man die Bereiche mit Pflanzetiketten. Bei Trockenheit wässert man mit einer Gießkanne mit Brause. Ohne Brause entstehen Rinnen und Pfützen in der Erde, sodass Sämlinge herausgeschwemmt werden können und sich auf manchen Böden eine harte Kruste bildet.

Bedingt winterharte einjährige und zweijährige Blumen müssen meist in Pflanzgefäße gesät werden, damit sie sich unter einem Schutz entwickeln können *(s. S. 300–303)*. Steigen die Außentemperaturen, kann man sie auspflanzen. Genaue Anleitungen finden sich auf den Samentütchen. Zweijährige Blumen blühen erst im zweiten Jahr, und einige muss man im Winter durch Folientunnel oder Gartenvlies vor Frost schützen.

Winterharte Einjährige bereichern Gärten schnell und unkompliziert mit Farbtupfern. Hier ergänzen orange Ringelblumen die Blau- und Violetttöne von Jungfer im Grünen und Kornblume.

SAMEN SAMMELN

Einjährige bilden unterschiedlichste Fruchtstände wie Schoten und papierartige Kapseln. Die meisten kann man leicht sammeln, um die Samen zeitig im folgenden Frühjahr auszusäen. Ungeeignet sind Samen von F1-Hybriden.

Die Samen an einem warmen, trockenen Tag sammeln, wenn die Fruchtstände (*unten* Jungfer im Grünen) braun geworden sind. Die Fruchtstände zum Trocknen auf Küchen- oder Zeitungspapier legen.

Wenn sie völlig trocken sind, die Samen auf ein Papier schütteln, verlesen und in eine beschriftete Papiertüte oder einen Briefumschlag füllen (Folienbeutel fördern Schimmelbildung). An einem kühlen, trockenen Platz ohne direktes Licht lagern.

EIN- UND ZWEIJÄHRIGE BLUMEN SÄEN

Vor der Aussaat bereitet man den Boden sorgfältig vor, jätet alle Unkräuter und recht. Da die meisten ein- und zweijährigen Blumen durchlässigen Boden mögen, arbeitet man in schwere Tonböden groben Sand oder Kies ein. Wählen Sie einen offenen, sonnigen Platz abseits von großen Bäumen oder Sträuchern, die die Keimrate beeinträchtigen würden.

Befolgen Sie stets die Anweisungen auf den Samentütchen. Säen Sie möglichst dünn. Haben die gekeimten Sämlinge einige Blätter ausgebildet, werden sie bis auf die kräftigsten Exemplare ausgedünnt. Achten Sie dabei auf den richtigen Abstand.

1 Den Boden glatt rechen und große Steine entfernen. Klumpen zerkleinert man mit dem Rechen, damit eine feine Krume entsteht.

2 Einige gerade Saatrillen ziehen. Dazu drückt man – wie abgebildet – einen Bambusstab leicht in die Erde.

3 Einige Samen auf die Handfläche geben. Mit dem Finger gegen die Hand klopfen, sodass die Samen nach und nach in die Rille fallen.

4 Durch behutsames Rechen die Samen mit einer dünnen Schicht Erde bedecken. Dann die Erde mit dem Rechenkopf leicht andrücken.

5 Gründlich wässern. Dazu eine Gießkanne mit feiner Brause benutzen, damit die Samen nicht wegschwimmen und die Erde nicht verkrustet.

6 Mit Reisigzweigen oder Netzen die Erde abdecken, damit Vögel oder Katzen die Samen nicht herausscharren.

1

4

2

3

5

6

EINJÄHRIGE PFLANZEN FÜR DIE AUSSAAT

1 *Papaver somniferum*
Schlafmohn
Seinen rosa, roten, violetten oder auch weißen Blüten folgen Fruchtstände, die sich für Trockenarrangements eignen. In Deutschland ist der Anbau von Schlafmohn genehmigungspflichtig.
H bis 1,2 m; B bis 30 cm.

2 *Nigella damascena*
Jungfer im Grünen
Als Schnittblume langlebig. Die Fruchtstände kann man für Blumenarrangements trocknen. Samt sich üppig aus.
H bis 50 cm; B bis 23 cm.

3 *Lathyrus odoratus*
Duft-Wicke
Große Palette an blühenden einjährigen Pflanzen, von denen die meisten klettern und viele intensiv duften. Die Blüten können fast jede Farbe haben außer Gelb.
H 2–2,5 m; B bis 1 m.

4 *Eschscholzia californica*
Kalifornischer Kappenmohn
Seine zarten Blüten öffnen sich nur in der Sonne vollständig. Sie können gelb, orange, goldfarben, rot, rosa und weiß sein. Er ist beinahe unverwüstlich.
H bis 30 cm; B bis 15 cm.

5 *Helianthus* 'Triomphe de Gand'
Sonnenblume
Mittelgroße Sorte, die goldgelbe Blüten mit bis zu 12 cm Durchmesser trägt.
H 1,5 m; B 1,2 m.

6 *Lagurus ovatus*
Hasenschwanzgras
Kompaktes einjähriges Gras mit blassgrünen Blättern und duftigen wattig weichen Blütenständen. Im Frühjahr in Gruppen aussäen.
H 50 cm; B 30 cm.

7 *Cosmos bipinnatus* Sensation-Serie
Schmuckkörbchen, Kosmee
Blüht bis in den Spätsommer und kann im Frühjahr an Ort und Stelle gesät werden, um Lücken in der Rabatte zu füllen, die früh blühende Pflanzen hinterlassen.
H 90 cm; B 45 cm.

8 *Callistephus chinensis* Ostrich-Plume-Serie
Sommeraster
Die Aussaat erfolgt im Frühjahr, damit sich von Spätsommer bis Spätherbst die filigranen rosa, karminroten oder weißen Blüten öffnen.
H bis 60 cm; B 30 cm.

9 *Nicotiana* 'Lime Green'
Ziertabak
Seine leuchtenden lindgrünen Blüten verströmen abends und nachts einen herrlichen Duft. Blüht vom Hochsommer bis in den Herbst.
H 60 cm; B 25 cm.

10 *Calendula officinalis*
Garten-Ringelblume
Ihre Korbblüten können leuchtend gelb, orange, cremeweiß oder apricot sein. Sie blüht bis zu den ersten Herbstfrösten.
H 30–75 cm; B 30–45 cm.

11 *Tropaeolum majus*
Kapuzinerkresse
Zum Teil kletternde, zum Teil kriechende Pflanzen. Alle sind wuchsfreudig und entwickeln große Mengen roter, orangefarbener oder gelber Blüten.
H 1–3 m; B 1,5–5 m.

12 *Ipomoea purpurea*
Purpur-Prunkwinde
Kletternde einjährige Pflanze mit trichterförmigen Blüten, die violettblau, magentarot, rosa oder weiß sein können. Braucht volle Sonne.
H 5,5 m; B 3 m.

ZWIEBEL-PFLANZEN

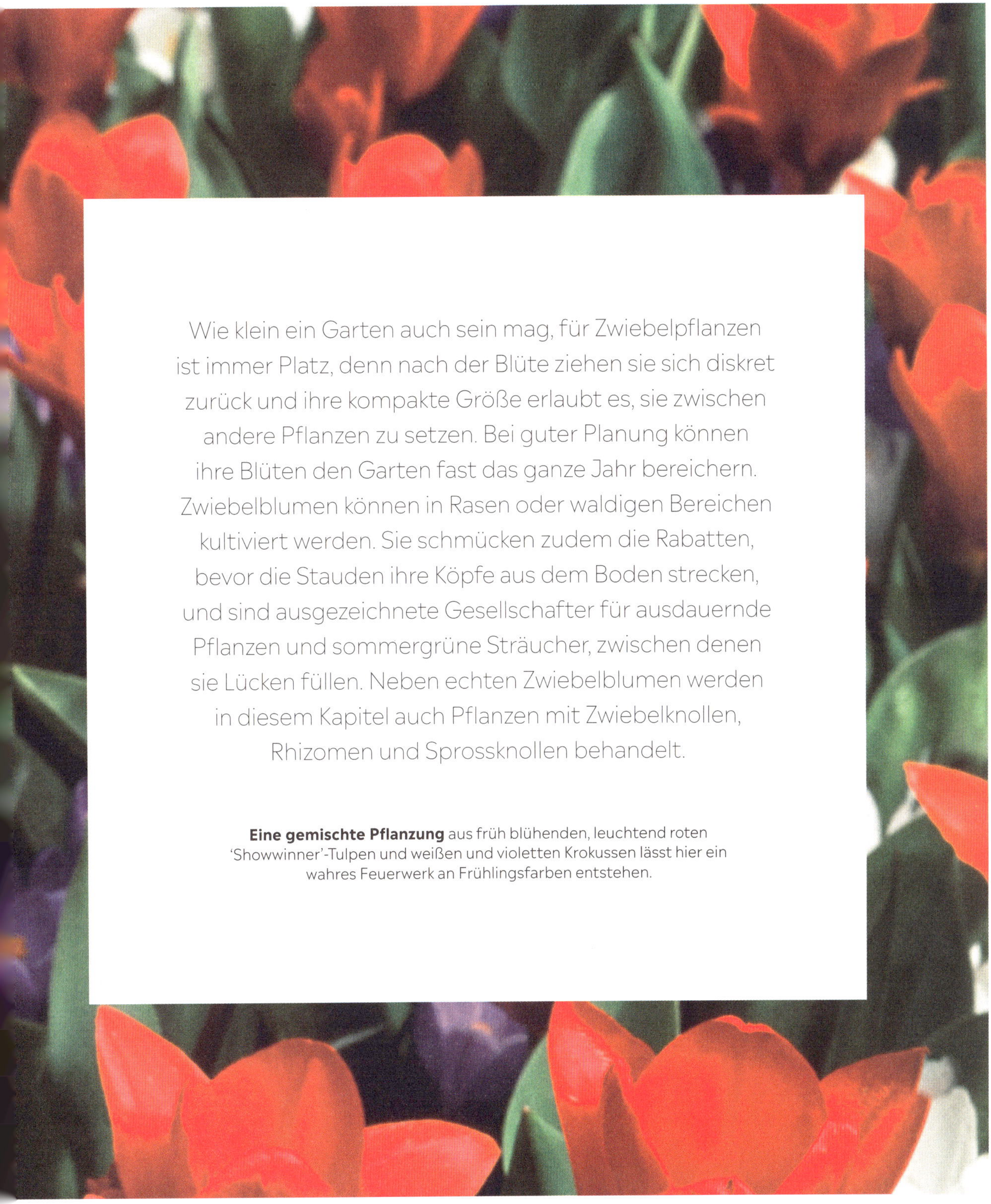

Wie klein ein Garten auch sein mag, für Zwiebelpflanzen ist immer Platz, denn nach der Blüte ziehen sie sich diskret zurück und ihre kompakte Größe erlaubt es, sie zwischen andere Pflanzen zu setzen. Bei guter Planung können ihre Blüten den Garten fast das ganze Jahr bereichern. Zwiebelblumen können in Rasen oder waldigen Bereichen kultiviert werden. Sie schmücken zudem die Rabatten, bevor die Stauden ihre Köpfe aus dem Boden strecken, und sind ausgezeichnete Gesellschafter für ausdauernde Pflanzen und sommergrüne Sträucher, zwischen denen sie Lücken füllen. Neben echten Zwiebelblumen werden in diesem Kapitel auch Pflanzen mit Zwiebelknollen, Rhizomen und Sprossknollen behandelt.

Eine gemischte Pflanzung aus früh blühenden, leuchtend roten 'Showwinner'-Tulpen und weißen und violetten Krokussen lässt hier ein wahres Feuerwerk an Frühlingsfarben entstehen.

ZWIEBEL- UND KNOLLENBLUMEN ZIEHEN

Zwiebel- und Knollenpflanzen sind unkompliziert, sofern man einige einfache Regeln befolgt. In der Heimat der meisten Zwiebelblumen ist es zu bestimmten Jahreszeiten heiß und trocken, und sie bevorzugen leichten, durchlässigen Boden und volle Sonne. In Wäldern heimische Arten brauchen feuchte, nahrhafte, aber durchlässige Erde und lichten Schatten oder Halbschatten. Kurzum: Wenn Sie die Heimat der Pflanzen kennen, ist es leichter, ihnen ein Zuhause zu geben. Waldpflanzen wie Alpenveilchen, Herbstzeitlose und Schneeglöckchen beginnen zu wachsen, wenn sie das meiste Licht und Wasser bekommen, d. h., wenn die Bäume unbelaubt sind. Bei guter Planung kann die Blühsaison der Zwiebel- und Knollenpflanzen von Narzissen im Frühjahr bis zu Krokussen im Herbst reichen.

VERSCHIEDENE SPEICHERORGANE

Mitunter wird das Wort »Zwiebelpflanze« als Sammelbegriff für sämtliche Pflanzen benutzt, die irgendein unterirdisches Speicherorgan besitzen. Aber neben echten Zwiebeln (wie die von Schneeglöckchen oder Lilien) gibt es drei weitere Arten: Zwiebelknollen (Krokusse), Rhizome (Iris) und Sprossknollen (Alpenveilchen). Alle haben sich bestimmten Wachstumsbedingungen angepasst.

Zwiebeln bestehen wie Küchenzwiebeln aus Blattschichten und einer papierartigen Haut. Letztere fehlt Lilienzwiebeln.
Zwiebelknollen sind verdickte Stängelbasen mit ein bis zwei Knospen an der Oberseite. An der Basis können sie Brutknollen entwickeln.
Rhizome sind verdickte Sprosse, die nahe der Erdoberfläche horizontal wachsen und auf ganzer Länge Knospen tragen.
Sprossknollen haben an der Stängelbasis (Dahlien) Knospen oder an der Oberseite (Alpenveilchen).

WAS IST WAS?

Wer die verschiedenen Speicherorgane kennt, weiß besser, wie man sie pflanzt.

Im Uhrzeigersinn von oben links:
Zwiebel (z. B. Narzissen, Tulpen, Lilien)
Sprossknolle (z. B. Dahlien, Alpenveilchen)
Rhizom (z. B. Iris, Schneeglöckchen)
Zwiebelknolle (z. B. Gladiolen, Krokus)

(im Uhrzeigersinn von oben links)
Narzissen, Dahlien, Iris und Gladiolen

Blühende Zwiebel- und Knollenpflanzen gibt es nicht nur im Frühling, sondern das ganze Jahr. Schneeglöckchen sind die ersten, im Sommer folgen Lilien und im Herbst Nerinen.

GANZJÄHRIGE BLÜTENPRACHT PLANEN

Zwiebel- und Knollenpflanzen dominieren den Spätwinter und das zeitige Frühjahr mit reingelben und weißen Blüten wie denen von Dreiblatt, Winterling und Schneeglöckchen. Ihnen folgen bald die ersten Narzissen wie die Sorte 'February Gold'. Zu den Letzteren gehört die hübsche duftende Dichternarzisse. Zu der blauen Brigade, die den Frühling aufheitert, zählen frühe Iris, Hyazinthen, Traubenhyazinthen und Frühlingsstern. Krokusse präsentieren sich in allen drei Farben.

Erst mit Erscheinen der Tulpen wird das Farbspektrum breiter. Sie sind mit Ausnahme von Blau in allen Farben erhältlich, ihre Formen reichen von grazil (Wilde Tulpe – gut zum Verwildern geeignet) bis zu wahrhaft barocken Formen. Die Papageientulpe 'Rococo' hat feuerrote, gefranste Blütenblätter mit grünen Streifen.

Mit Einzug des Sommers schmücken Zierlauch-Arten mit ihren kugelförmigen oder hängenden Blütenständen unsere Rabatten. Sie reichen vom Gold-Lauch und dem hohen Zierlauch 'Purple Sensation' bis zu den riesigen Kugeln des Sternkugel-Lauchs (Allium cristophii), die sich wunderbar trocknen lassen. Iris steuern gedämpfte blaue, braungelbe, rostrote und violette Töne bei.

Im Hochsommer blühen weniger Zwiebelblumen, doch einige sind spektakulär wie die eleganten stattlichen Lilien, von denen viele intensiv duften. Gladiolen geben Höhe. Die Schopflilie mit ihren grünlichen oder rötlichen Sternblüten ist eine wundervolle architektonische Pflanze für den Spätsommer. Schließlich heitern Herbstzeitlose und leuchtend rosa Nerinen den Herbst auf.

ZWIEBELN UND KNOLLEN KAUFEN

Die meisten Zwiebel- und Knollenpflanzen werden im Ruhestadium zum Kauf angeboten. Daher kauft man frühjahrsblühende Arten im Spätsommer oder Herbst und sommerblühende im Frühjahr. Warten Sie nicht zu lange. Kaufen Sie Zwiebeln und Knollen, sobald sie in den Handel kommen, dann erhalten Sie die gesündesten und kräftigsten Exemplare.

Zwiebeln und Knollen sollten dick und prall sein. Halb vertrocknete Exemplare werden sich nicht gut entwickeln. Verzichten Sie ferner auf solche, die Anzeichen von Schädlingen, Krankheiten, Fäule oder Schimmel aufweisen, und Zwiebeln, denen die papierartige Haut fehlt oder die bereits austreiben. Achten Sie auf den Hinweis »aus Kultur«, damit Sie keine in freier Natur gesammelten Zwiebeln kaufen.

ZWIEBELN UND KNOLLEN PFLANZEN

Hier einige Tipps, die Sie beachten sollten, damit Ihre Blumen sich optimal entwickeln:

- **Bei den meisten Blumenzwiebeln** sollte die Pflanztiefe dem Zwei- bis Dreifachen ihrer Höhe entsprechen, außer bei Tulpen. Ihre Pflanztiefe muss ihrer drei- bis vierfachen Höhe entsprechen.
- **Der Abstand** zwischen den Zwiebeln sollte dem Zwei- bis Dreifachen ihrer Breite entsprechen.
- **Zwiebelknollen und Rhizome** mit den Knospen nach oben pflanzen – sie sind nicht so klar erkennbar wie bei echten Zwiebeln.
- **Schuppige Zwiebeln** wie die von Lilien auf der Seite liegend pflanzen, damit sich zwischen ihren Schuppen kein Wasser sammelt und sie nicht faulen.
- **Ist der Boden** kalt, nass oder schlecht dräniert, Zwiebeln oder Knollen in Töpfe pflanzen.
- **Auf leichten, trockenen Böden** arbeitet man gut verrottetes organisches Material ein, damit die Wurzeln nicht austrocknen.

Verwendung in Rabatten

In Rabatten ist man vielleicht versucht, frühjahrsblühende Zwiebel- und Knollenblumen ganz nach vorn zu setzen, da sie sehr zeitig blühen. Da von den meisten anderen Rabattenpflanzen aber noch wenig zu sehen ist, kann man sie in kleinen Gruppen in der ganzen Rabatte verteilen. Sterben ihre Blätter ab, werden sie von den Blättern der Sträucher und Stauden verborgen. Auch später blühende Arten setzt man oft besser zwischen andere Pflanzen, um ihr absterbendes Laub zu verstecken.

ZWIEBELN IN EINE RABATTE PFLANZEN

Zwiebelblumen bevorzugen meist eine gute Dränage. In schwerere Böden sollte man deshalb Sand einarbeiten. Man kann einen Zwiebelpflanzer benutzen, in steinigem Boden oder auf großen Flächen kann dies aber mühselig sein. Hier hebt man den gesamten Pflanzbereich aus.

1 Die Zwiebeln mit den Spitzen nach oben in das Loch setzen. Werfen Sie alle Zwiebeln weg, die Anzeichen von Krankheiten oder Fäulnis zeigen.

2 Das Loch mit Erde auffüllen und die Zwiebeln mit den Fingern andrücken. Triebspitzen nicht beschädigen!

3 Die Pflanzfläche mit Maschendraht abdecken, damit Tiere die Zwiebeln nicht ausgraben. Nach Erscheinen der ersten Triebe Draht entfernen.

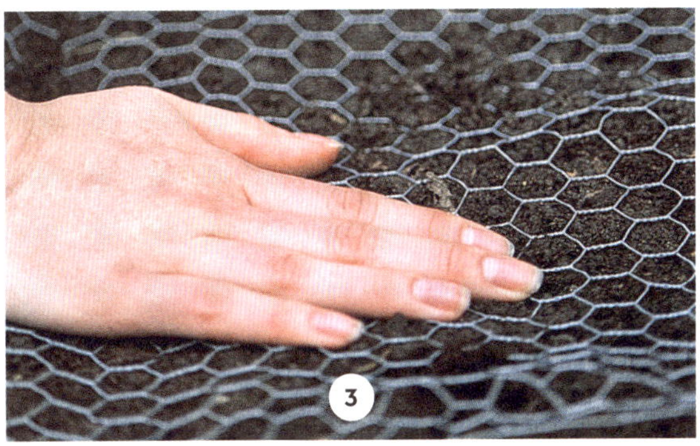

IN RASEN PFLANZEN

Sollen in einem Rasen natürlich wirkende Pflanzungen entstehen, machen Sie sich das Leben leichter, wenn Sie die Pflanzmethode auf die Größe der Zwiebeln abstimmen.

Für kleine Zwiebeln die Grasnarbe H-förmig einstechen und zurückklappen *(oben)*. Notfalls die Erde in der empfohlenen Pflanztiefe ausheben. Die Zwiebeln mit der Spitze nach oben beliebig daraufsetzen. Die Erde zurückschaufeln. Schließlich die Grasnarbe darüberklappen und festtreten.

Bei großen Zwiebeln diese willkürlich auf dem Boden verteilen. Mit einem Zwiebelpflanzer ein Loch machen und eine Zwiebel hineinsetzen *(unten)*. Das Loch auffüllen. Die Grasnarbe zurücklegen und behutsam andrücken.

(oben) **Kleine Zwiebeln** müssen mit der Spitze nach oben in den Boden gesteckt werden.

(unten) **Größere Zwiebeln** werden gepflanzt, indem man mit dem Zwiebelpflanzer ein sauberes Loch sticht und die Zwiebel mit dem spitzen Ende nach oben hineinsteckt.

»Grüne« Pflanzen verwenden

Winterlinge, Schneeglöckchen und Anemonen haben winzige Zwiebeln bzw. Knollen, die rasch austrocknen. Man kann sie vor dem Pflanzen über Nacht in Wasser legen, um ihnen eine Starthilfe zu geben. Besser kauft man jedoch Pflanzen, die direkt nach der Blüte aus dem Boden genommen wurden und noch frisches Laub tragen, dann wachsen sie vor der Ruheperiode noch an. Wenn solche Pflanzen in Ihrem Garten zu dicht stehen, können Sie einige sofort nach der Blüte herausnehmen und an einen neuen Platz pflanzen. Wichtig: Die hellen Blattbasen müssen sich in der Erde befinden.

Weitere Pflege

Während des Wachstums muss man Pflanzen mit Zwiebeln oder anderen Speicherorganen wässern und düngen und welke Blüten entfernen. Hochwüchsige Arten brauchen vielleicht eine Stütze. Nach der Blüte stirbt ihr Laub meist ab. Manche Gärtner biegen es um und binden es zusammen, was aber verhindert, dass Nährstoffe aus den Blättern in das Speicherorgan gelangen und für die Blüte im folgenden Jahr zur Verfügung stehen. Besser lässt man die Blätter gelb und trocken werden und schneidet sie dann (nach etwa fünf Wochen) ab.

Damit Blumen mit Zwiebeln und anderen Speicherorganen gut blühen, teilt man sie alle drei bis vier Jahre. Man hebt sie in der Ruheperiode mit der Gabel heraus, wirft kranke Teile fort und pflanzt die anderen wieder ein. Tulpen hören oft auf zu blühen, wenn man sie nicht jedes Jahr nach der Blüte aus der Erde nimmt. Nach dem Säubern legt man sie in Papiertüten oder Kisten an einen kühlen, trockenen Platz und pflanzt sie im Herbst wieder ein. Dahlien, Gladiolen und Knollenbegonien lagert man vor dem Winter ein.

HERAUSHEBEN UND LAGERN

Außer in praktisch frostfreien Lagen hebt man frostempfindliche Zwiebeln und Knollen vor dem Winter aus dem Boden und überwintert sie in einem Schuppen, Gewächshaus oder Wintergarten bei mindestens 4–7 °C. Bei Begonien schneidet man die Triebe ab und hebt die Knollen kurz vor dem ersten Frost aus der Erde. Dann lässt man sie abtrocknen und bestäubt sie mit Schwefel, ehe man sie in Schalen mit trockener Erde oder Rinde packt.

Gladiolen hebt man Mitte des Herbsts heraus, wenn die Blätter gelb werden. Dann bricht man die Stängel ab und lässt die Zwiebelknollen abtrocknen. Die verschrumpelte alte Zwiebelknolle unter der neuen bricht man ab und wirft sie weg. Sie werden auch kleine Zwiebelknollen sehen, die wie Samen behandelt werden können. Die neuen Zwiebelknollen bestäubt man mit Schwefel und lagert sie in flachen Schalen in einem kühlen, trockenen, luftigen Schuppen oder Raum im Haus.

Schokoladenkosmeen sollten in sehr kalten Gegenden im Herbst vorsichtshalber vor dem ersten Frost herausgenommen werden und in Schalen mit gerade feuchter Erde gelagert werden.

Alle eingelagerten Zwiebeln und Knollen müssen unbedingt regelmäßig auf Fäule überprüft und gegebenenfalls fortgeworfen werden.

Blumenzwiebeln mit einer Gabel herausheben, wenn die Blätter der Pflanzen gelb werden. Erde entfernen, die Blätter abschneiden und die Zwiebeln über Nacht im Haus abtrocknen lassen.

DAHLIENKNOLLEN ÜBERWINTERN

1 Alte Triebe auf etwa 15 cm über den Boden zurückschneiden. Die Erde mit der Gabel behutsam lockern und die Knollen vorsichtig herausheben.

2 Die Knollen kopfüber an einen frostfreien Platz legen, bis sie vollkommen abgetrocknet sind. Dann umdrehen, mit Rinde oder Vermiculit bedecken und bis zum Frühjahr trocken aufbewahren.

3 Im Frühjahr die Knollen auspflanzen und so mit Erde bedecken, dass sich der Wurzelhals, an dem die neuen Triebe erscheinen werden, 2,5–5 cm im Boden befindet.

1

2

3

FRÜHJAHRSBLUMEN

1 *Gladiolus tristis*
Eintönige Gladiole
Trägt im Frühjahr an dünnen, geneigten Stängeln duftende, blassgelbe oder cremefarbene Blüten. Gladiolen wachsen aus Zwiebelknollen.
H 45 cm–1,5 m; B 5 cm.

2 *Iris* 'George'
Iris, Schwertlilie
Kräftige, aber kleine Sorte und echte Zwiebelpflanze. Ihre samtigen Blüten sind dunkelviolett.
H 13 cm.

3 *Narcissus* 'Suzy'
Narzisse
Zur Frühjahrsmitte blühende Narzisse mit großen, offenen Blüten, die zartgelb und in der Mitte leuchtend orangefarben sind.
H 40 cm.

4 *Chionodoxa* 'Pink Giant'
Schneestolz
Kleine Zwiebelpflanze mit zarten rosa Blüten.
H 10–20 cm; B 5 cm.

5 *Muscari armeniacum*
Armenische Traubenhyazinthe
Entwickelt im Frühjahr dichte Blütenstände aus winzigen blauen Blüten. Perfekt für Pflanzgefäße, Steingärten und Gehölzgärten.
H 40 cm; B 5 cm.

6 *Crocus minimus*
Krokus
Tief lilafarbener oder violetter Krokus, der erst im Spätfrühjahr blüht.
H 8 cm; B 2,5 cm.

7 *Hyacinthus orientalis* 'Ostara'
Hyazinthe
Trägt große, aufrecht stehende Blütenstände aus violettblauen Blüten. Gut für Rabatten oder Pflanzgefäße geeignet.
H 20–30 cm; B 8 cm.

8 *Fritillaria meleagris*
Schachbrettblume
Mit ihren nickenden, violetten und weißen Glockenblüten perfekt zum Verwildern in Gras- oder Wiesengärten geeignet.
H bis 30 cm; B 5–8 cm.

1

2

3

4

5

6

7

8

9 *Anemone pavonina*
Pfauen-Anemone
Mediterrane Pflanze, die volle Sonne mag und im Frühjahr blüht. Die Blüten können rot, rosa oder violett sein.
H 25 cm; B 15 cm.

10 *Galanthus* 'Atkinsii'
Schneeglöckchen
Seine nickenden, weißen Blüten erscheinen bereits im Spätwinter und zu Frühjahrsbeginn.
H 20 cm; B 8 cm.

11 *Narcissus* 'Satin Pink'
Narzisse
Ungewöhnliche Sorte mit reinweißen Blütenblättern und rosa überhauchter innerer Krone. Blüht Mitte des Frühjahrs.
H 45 cm.

12 *Eranthis hyemalis*
Winterling
Trägt im Spätwinter und zeitigen Frühjahr leuchtend gelbe Blüten und wächst aus kleinen Sprossknollen.
H 5–8 cm; B 5 cm.

13 *Erythronium* 'Pagoda'
Hundszahn
Im Frühjahr erscheinen über den glänzenden, tiefgrünen Blättern mit bronzefarbener Zeichnung schwefelgelbe Blüten. Für feuchte, schattige Waldflächen geeignet.
H 15–35 cm; B 10 cm.

14 *Tulipa* 'Ballerina'
Tulpe
Mit süß duftenden Blüten in Blutrot und Orangegelb.
H 60 cm.

15 *Ornithogalum dubium*
Milchstern
Ungewöhnliche Art mit wachsartigen, orangegelben Blüten.
H 15–30 cm; B 15 cm.

16 *Camassia leichtlinii* subsp. *leichtlinii*
Prärielilie
Mit ihren hohen Blütenständen aus cremeweißen Sternblüten eine gute Schnittblume.
H 60 cm–1,2 m; B 10 cm.

BLUMEN FÜR SOMMER UND HERBST

1 *Dahlia* 'Arabian Night'
Dahlie
Große, gefüllt blühende, tief burgunderrote Pflanze mit Sprossknollen, die vom Frühsommer an blüht.
H 1,2 m; B 50 cm.

2 *Iris latifolia*
Englische Iris
Mittelgroße Iris mit schmalen Blättern und blauen, violetten oder weißen Blüten.
H 25–60 cm.

3 *Lilium henryi*
Riesen-Türkenbund
Trägt im Spätsommer tief orangefarbene Blüten mit schwarzen Flecken.
H 1–3 m.

4 *Roscoea cautleoides* (syn. *Roscoea cautleyoides*)
Ingwerorchidee
Nützliche Pflanze für feuchte, schattige Standorte, die den ganzen Sommer und bis in den Herbst hinein blüht.
H 55 cm; B 15 cm.

5 *Lilium regale*
Königs-Lilie
Öffnet ihre duftenden, weißen, trompetenförmigen Blüten mit rosa geäderten Blütenblättern und gelbem Schlund im Sommer.
H 1–1,5 m.

6 *Allium cernuum*
Nickender Lauch
Zierlauch mit steifen, aufrecht wachsenden Stängeln, von denen kleine, tiefrosa Glockenblüten herabhängen.
H 30–60 cm; B 5 cm.

7 *Colchicum speciosum* 'Album'
Herbstzeitlose
Entwickelt im Herbst kleine, weiße Blüten, noch bevor die Blätter erscheinen. Kann in Grasflächen gepflanzt werden.
H 18 cm; B 10 cm.

8 *Tigridia pavonia*
Tigerblume
Kurzlebiger Exot mit irisartigen Blüten, der volle Sonne braucht. Die Zwiebeln im Herbst herausheben.
H 1,5 m; B 10 cm.

9 *Crocus ochroleucus*
Herbstkrokus
Winziger Krokus mit cremeweißen Blüten, die einen gelben Schlund haben.
H 5 cm; B 2,5 cm.

10 *Fritillaria camschatcensis*
Schatten-Schachblume
Ihre dunklen, violettschwarzen Blüten, die im Frühsommer erscheinen, sind leider für ihren unangenehmen Geruch berüchtigt.
H bis 45 cm; B 8–10 cm.

11 *Begonia* 'Herzog von Sagan'
Begonie
Trägt große, gelbe Blüten mit gerüschten, rosafarbenen Rändern. Die Knollen im Herbst vor dem ersten Frost herausheben.
H bis 90 cm; B 45 cm.

12 *Galtonia viridiflora*
Sommerhyazinthe
Diese Pflanze entwickelt im Spätsommer hohe Stängel mit grün-weißen, nickenden Blüten.
H bis 1 m; B 10 cm.

13 *Nerine bowdenii*
Nerine
Ihre kleinen, aber auffälligen lilienähnlichen Blüten erscheinen im Herbst, wenn die meisten anderen farbenprächtigen Blumen verblühen.
H 45 cm; B 8 cm.

14 *Scilla peruviana* 'Alba'
Peruanischer Blaustern
Seine kegelförmigen Blütenstände aus weißen Sternblüten erscheinen im Frühsommer.
H 15–30 cm; B 5–10 cm.

15 *Canna* 'Endeavour'
Blumenrohr
Pflanze mit Rhizomen und hohen, leuchtend roten, irisartigen Blüten, die vom Hochsommer bis zum Frühherbst erscheinen.
H 1,5–2,2 m; B 50 cm.

16 *Cyclamen hederifolium*
Herbst-Alpenveilchen
Wird traditionell unter Bäume gepflanzt. Seine rosa Blüten erscheinen im Herbst vor den Blättern. Wächst aus Sprossknollen.
H 10–13 cm; B 15 cm.

STRÄUCHER

Sträucher spielen im Garten eine wichtige Rolle. Sie sorgen für dauerhafte Struktur und machen Jahreszeiten reizvoller. Zudem können sie Bereiche im Garten definieren, Blicke in Nachbargärten verhindern und hässliche Dinge wie Mülltonnen oder Komposthaufen verbergen. Sträucher sind unglaublich vielseitig und für jede Gestaltung, jeden Standort und jede Gartengröße gibt es geeignete Arten und Sorten. Sie reichen von bodendeckenden Zwergsträuchern für den vorderen Bereich einer Rabatte bis zu großen architektonischen Pflanzen mit mehreren Metern Höhe und Breite, die einen wunderbaren Sichtschutz oder Hintergrund bilden.

Ein blühender Strauch wie die Rispen-Hortensie *Hydrangea paniculata* 'Unique' trägt nicht nur im Frühjahr und Sommer reizvolles grünes Laub, sondern präsentiert im August und September auch großartige weiße Blütenstände.

STRÄUCHER ZIEHEN

Sträucher helfen, den Gestaltungsstil zu definieren. Für moderne oder minimalistische Gärten bietet es sich an, eine Art oder zwei kontrastierende Arten wiederholt zu verwenden, etwa den immergrünen David's Schneeball mit seinen weißen Blüten und stahlblauen Beeren zusammen mit einem in Form geschnittenen goldenen Liguster 'Vicaryi'. Für traditionellere Gärten verwendet man eine breitere Palette an Pflanzen. Sträucher wie der Japanische Schneeball 'Mariesii' wirken so spektakulär, dass sie als attraktiver Blickfang am Ende einer Aussicht oder als Mittelpunkt im Rasen oder Kiesgarten dienen können.

STRUKTURGEBENDE STRÄUCHER

Sträucher eignen sich ideal für Hintergrundpflanzungen und vermitteln den Eindruck von Dauerhaftigkeit. Man sollte sie aber nicht in einer gleichförmigen Reihe vor einen Zaun setzen. Verwenden Sie in Beeten stattdessen Pflanzen mit unterschiedlichen Höhen und Formen. Setzen Sie große, dunkle Sträucher hinter helle Blumen und kleine wie Zwergbuchs oder Thymian an den vorderen Rand. Sträucher mit spektakulärem Laub wie Aralien, der Trauben-Holunder 'Sutherland Gold' oder Strauchpäonien bilden eindrucksvolle Blickfänge.

Denken Sie daran, dass viele Sträucher hübsche Blüten und Früchte haben, und berücksichtigen Sie diese saisonalen Eigenheiten im Pflanzplan. Die weiß blühende Orangenblume 'Aztec Pearl' etwa bringt die ovalen blauen Blütenstände der Säckelblume 'Blue Mound' fantastisch zur Geltung, die orangefarbenen Blüten einer Kerrie und die blassrosa Berg-Waldrebe 'Elizabeth' wären dagegen ein schlechtes Paar.

Die roten Herbstbeeren der Zwergmispel sind bei Vögeln sehr beliebt. Wenn Sie eine vor ein Fenster pflanzen, können Sie ihnen beim Fressen zusehen. Die weißen Frühjahrsblüten ziehen Insekten an.

Nektarreiche Pflanzen wie der Schmetterlingsstrauch mit seinen rosa, roten, violetten oder weißen Sommerblüten locken Schmetterlinge in den Garten.

GANZJÄHRIGER REIZ

Für eine aufregende Strauchrabatte erstellt man eine Liste von Pflanzen, die zu verschiedenen Zeiten besonders schön aussehen.

• **Im Winter und zeitigen Frühjahr** können Gärten trostlos wirken. Wählen Sie daher Pflanzen, die zu dieser Zeit blühen. Gelb blühende Forsythien und rosa blühende Blutjohannisbeeren läuten mit frühen Magnolien das Frühjahr ein. Manche Sträucher, die im Winter und zu Frühjahrsbeginn blühen, duften herrlich wie etwa Zaubernuss, Seidelbast und Fleischbeere. Die Korkenzieherhasel 'Contorta' hat gedrehte Zweige, Hartriegel heitert winterliche Gärten mit seiner bunten Rinde auf. Immergrüne Sträucher mit verschiedenen Blattformen und -texturen sorgen für weitere Kontraste.

• **Im Frühjahr und Sommer** blühen beispielsweise Berberitze, Flieder und Pfeifenstrauch. Kleinere Sträucher sind farbenfrohe Lückenfüller in der Rabatte. Im Sommer sorgen Sommerflieder, Hortensien, Andenstrauch und Fuchsien für Farbe. Auf sauren Böden setzt sommerblühende Heide farbenfrohe Akzente.

• **Der Herbst bringt** nach einem warmen Sommer oft einen Kälteeinbruch, der fantastische Laubfärbungen entstehen lässt. Zu schönen Pflanzen für diese Jahreszeit gehören Japanischer Ahorn, sommergrüne Zwergmispel, Azaleen, Hartriegel und Perückenstrauch. Vögel machen sich im Herbst bald über ihre Lieblingsfrüchte her. Damit der Garten länger reizvoll bleibt, sollten Sie auch Sträucher anpflanzen, deren Früchte für Tiere weniger attraktiv sind, wie einige Holzäpfel und Rosen.

(gegenüber) **Seine ungewöhnliche Form** macht den Japanischen Schneeball 'Mariesii' zu einem Blickfang in der Rabatte. Dieser große Strauch hat horizontale Zweige, die im Frühjahr unter weißen Blüten verschwinden.

STRÄUCHER AUSWÄHLEN UND KAUFEN

Suchen Sie im Gartencenter nach gesunden Pflanzen in sauberer feuchter Erde ohne Anzeichen von Schädlings- oder Krankheitsbefall. Meiden Sie Pflanzen, die ungesund wirken, sie könnten Krankheiten in Ihren Garten einschleppen. Finger weg von »Sonderangeboten« - meist haben sie zu lange herumgestanden und wahrscheinlich entwickeln sie sich nach dem Pflanzen nicht gut.

- **Blätter** sollten nicht verfärbt, blass oder welk sein. Kräftige neue Triebe und Blätter verraten, dass eine Pflanze gut wächst.
- **Wurzeln** sollten nicht aus den Abzugslöchern wachsen oder sich am Topfboden aufrollen. Dies zeigt, dass der Topf zu klein ist. Nehmen Sie deshalb die Pflanze aus dem Topf und prüfen Sie die Wurzeln. Ein gesundes Wurzelsystem bedeutet, dass sie nach dem Pflanzen vermutlich rasch anwächst.
- **Kopflastige Pflanzen** sollten Sie meiden. Wahrscheinlich bildet ihr Wurzelballen ein dichtes Geflecht.
- **Tote Blätter** verraten mangelnde Pflege oder Krankheit. Werden kranke Pflanzen und ihre Erde in den Garten gebracht, können sie andere Pflanzen infizieren.
- **Unkräuter** in der Erde sind ein Zeichen für mangelnde Pflege. Zudem können sie Träger von Krankheiten sein, die vielleicht auf die Pflanze übergehen.

Löcher in Blättern können ein Zeichen für Krankheits- oder Schädlingsbefall sein.

Prüfen Sie den Wurzelballen: Ist er verdichtet, war die Pflanze viel zu lange im Topf und sollte nicht gekauft werden.

EINEN STRAUCH PFLANZEN

Nach dem Kauf einer Containerpflanze stellen Sie den Strauch zunächst im Topf für etwa eine Stunde ins Wasser und lassen ihn dann abtropfen. Zum Herausnehmen drehen Sie den Topf um. Halten Sie den Strauch dabei knapp über der Erde fest. Dann drücken Sie leicht auf die Topfwände oder klopfen den Topf auf den Boden, bis er sich abziehen lässt. Wurzeln nötigenfalls behutsam auseinanderziehen.

1 Ein Pflanzloch in der Höhe und doppelten Breite des Wurzelballens ausheben. Setzen Sie den Strauch (hier ein Schneeball) hinein. Legen Sie einen Stab über das Loch, um sicherzustellen, dass sich der Strauch in der gleichen Höhe wie im Topf befindet. Die Tiefe des Lochs gegebenenfalls anpassen.

2 Rund um den Wurzelballen mit den Händen Erde auffüllen und mit der Ferse festtreten. Bilden Sie dabei um die Pflanze eine flache tellerförmige Mulde, in der sich später über dem Wurzelbereich auf natürliche Weise Wasser sammelt.

3 Den Strauch nötigenfalls leicht schneiden: Entfernen Sie tote oder kranke Triebe und schneiden Sie zur Mitte wachsende Triebe auf gesunde, nach außen zeigende Knospen oder Triebe zurück. Die Pflanze gut wässern und dann mulchen, aber nicht direkt an den Trieben der Pflanze.

EINEN STRAUCH UMSETZEN

Ein Strauch, der am falschen Platz steht, kann verpflanzt werden. Je jünger der Strauch, desto wahrscheinlicher ist der Erfolg. Sommergrüne Sträucher pflanzt man am besten im Herbst um, immergrüne im Frühjahr kurz bevor sie beginnen auszutreiben. Man schneidet den Strauch zuerst um ein Drittel zurück, um Wurzelverluste auszugleichen und ihn leichter handhaben zu können.

1 Mit dem Spaten am äußeren Rand des Wurzelballens einen Kreis markieren. Meist reichen die Wurzeln des Strauchs nicht weiter als die Zweige vor dem Schnitt.

2 Um den Kreis einen Graben ausheben und die Erde rund um die Wurzeln mit der Gabel lockern. Den Wurzelballen mit dem Spaten herausheben. Verholzte Wurzeln nötigenfalls durchtrennen.

3 Die Pflanze schräg halten und ein Stück Sackleinen oder Folie darunterschieben. Kippen Sie den Strauch zur anderen Seite und ziehen Sie Sackleinen oder Folie unter ihm durch, sodass die Pflanze daraufsitzt.

4 Um den Strauch zu seinem neuen Platz im Garten zu tragen, sucht man sich am besten einen Helfer. Dies ist vor allem bei Sträuchern mit einem großen, schweren Wurzelballen wie diesem wichtig.

5 Am neuen Platz graben Sie ein Loch mit der gleichen Höhe und doppelten Breite des Wurzelballens. Setzen Sie den Strauch in das Loch.

6 Um die Wurzeln füllen Sie die Erde so auf, dass dabei keine Lufteinschlüsse entstehen. Die Erde festtreten, anschließend wässern und mulchen.

1

4

2

3

5

6

STRÄUCHER SCHNEIDEN

Behalten Sie Ihre Sträucher das ganze Jahr im Auge und entfernen Sie abgestorbene, kranke und beschädigte Triebe, damit die Pflanzen gesund bleiben, ebenso Triebe, die aneinander reiben, rein grüne Triebe an panaschierten Pflanzen und Wildtriebe veredelter Pflanzen. Ein Formschnitt verschönert ihr Aussehen. Einige Schnitttechniken fördern Wachstum, Fruchtansatz und Blüte und regen zudem die Entwicklung junger dekorativer Triebe an.

SCHNITTZEIT

Spätsommer- und Herbstblüher blühen meist an diesjährigen Trieben und werden zu Frühjahrsbeginn geschnitten. Frühjahrs- und Frühsommerblüher blühen an älterem Holz und sollten nach der Blüte geschnitten werden, damit neue Triebe vor dem Winter reifen können. Einen Verjüngungsschnitt führt man bei sommergrünen Bäumen und Sträuchern meist im Winter durch. Die Mehrzahl der Immergrünen wird im Frühjahr geschnitten, sobald sie wieder zu wachsen beginnen. Ein Schnitt im zeitigen Frühjahr bei sommergrünen Pflanzen fördert das Wachstum. Beim Schnitt im späten Frühjahr und Frühsommer ist der Austrieb schwächer. Der Sommerschnitt reduziert das Laub und damit die Nahrungsreserven der Pflanzen, sodass auch sie schwächer wachsen.

Garten-Hortensien blühen an vorjährigem Holz. Schneiden Sie Mitte des Frühjahrs alte Triebe um bis zu 30 cm auf pralle gesunde Knospen zurück. Aus ihnen entwickeln sich blütentragende Triebe.

Zur Förderung neuer Triebe bei vieltriebigen Pflanzen wie dem Bodnant-Schneeball alte, schwache Triebe an der Basis herausnehmen. Zu große, schlecht blühende Pflanzen schneidet man vollständig zurück.

Leichter Schnitt

Wenn Sie mit Ihren Sträuchern noch nicht vertraut sind, schneiden Sie sie nur wenig und warten ab, wie sie in der Wachstumsperiode reagieren. Bei neu gepflanzten Sträuchern ist Vorsicht geboten, aber Sie dürfen durch behutsamen Schnitt ihre Wuchsform verbessern. Buchs und Eibe können Sie z. B. in Kugelform stutzen. Bei anderen Pflanzen wie Erika schneidet man nur welke Blüten ab, damit sie ordentlich aussehen und gut wachsen. Bei jungen Sträuchern kann man Triebspitzen entfernen, damit sie buschiger werden.

Viele Pflanzen, die nur behutsam geschnitten werden sollten, reagieren jedoch gut auf einen Verjüngungsschnitt, wenn sie zu groß oder zu dicht geworden sind oder schlecht blühen. Dann schneidet man sie bis Ende Februar fast auf Bodenhöhe zurück, immergrüne Arten auch erst, wenn sie knospen. Dies kann aber ein, zwei Jahre lang ihre Blüte beeinträchtigen.

Maßvoller Schnitt

Ein Rückschnitt auf halbe Höhe empfiehlt sich bei Sträuchern, die nicht auf ein Grundgerüst gestutzt werden wollen, aber an neuem Holz blühen wie Zistrosen. An einjährigen Trieben blühende Sträucher wie Ginster schneidet man nach der Blüte zurück. Dabei entfernt man alte Blütentriebe und kürzt neue Triebe ein, um die Entwicklung von Seitentrieben anzuregen – sie blühen im folgenden Jahr.

Starker Rückschnitt

Ein Rückschnitt auf Bodenhöhe empfiehlt sich bei Pflanzen, die neu aus dem Boden austreiben wie etwa Brombeeren. Die neuen Triebe sind entweder besonders farbenprächtig oder blühen und fruchten üppig. Lassen Sie ein 20–30 cm hohes Gerüst stehen, aus dem sich neue Triebe entwickeln können. Auch andere Pflanzen mit schön gefärbten jungen Trieben, wie Hartriegel, kann man im Frühjahr auf diese Weise schneiden.

GESETZLICHE BESCHRÄNKUNGEN

In Deutschland dürfen gemäß Naturschutzgesetz Bäume und Sträucher nur von 1. Oktober bis 1. März hart geschnitten, auf den Stock gesetzt oder ganz gerodet werden. Ein leichtes Stutzen ist ganzjährig möglich, doch muss darauf geachtet werden, dass man dabei keine brütenden Tiere stört.

Junge Sträucher wie diese Mahonie schneidet man Mitte des Frühjahrs zurück. So bilden sich neue Blütentriebe, die im folgenden Herbst und Winter blühen. Schneiden Sie alte Blütentriebe direkt über einem Blatt oder Seitentrieb ab.

Altes Holz ist oft unproduktiv und raubt jungen Blütentrieben Energie. Das Holz direkt oberhalb eines neuen Triebs sauber abschneiden, und zwar schräg, damit sich kein Wasser an der Basis des neues Triebs sammelt, das ihn faulen lässt.

FRÜH BLÜHENDE STRÄUCHER SCHNEIDEN

Sträucher, die vor Sommerbeginn blühen, wie Forsythie, Kerrie und Deutzie *(hier gezeigt)*, sollte man nach der Blüte schneiden. Ihre Blüten entwickeln sich am einjährigen Holz, sodass ein Schnitt kurz nach der Blüte den Pflanzen Zeit gibt, neue Triebe zu bilden, die im folgenden Jahr blühen. Deutzien können ungeschnitten groß und sparrig werden, bleiben aber bei regelmäßigem Schnitt buschig und kompakt und entwickeln eine größere Zahl süß duftender Blüten.

1 Die Pflanze inspizieren: Diese fünf Jahre alte Deutzie ist zu groß und durch Bodentriebe zu dicht geworden. Zudem wurden einige Blütenknospen durch Frost geschädigt.

2 Entfernen Sie totes, krankes oder beschädigtes Holz mit einer scharfen Gartenschere, ebenso ein Drittel der Triebe, am besten alte und schwache.

3 Schneiden Sie die übrigen Triebe auf ein paar kräftige, gesunde Knospen oder neue Triebe zurück. Achten Sie besonders auf zu dichte Triebe in der Pflanzenmitte.

4 Störende Triebe, die sich kreuzen oder gegeneinanderreiben, entfernen Sie vollständig. Auch Triebe, die in die Mitte der Pflanze anstatt nach außen wachsen, nehmen Sie heraus.

5 Damit der Strauch nicht zu hoch wird, schneiden Sie seine längsten Triebe auf gesunde und nach außen weisende Seitentriebe oder auf Seitenknospen zurück.

6 Der geschnittene Strauch ist kleiner und hat mehr Luft. Bald werden an der Basis und unterhalb der Schnittstellen neue und reicher blühende Triebe erscheinen.

1

4

2

3

5

6

SCHNITT FÜR SCHÖNES LAUB

Hasel, Holunder und Hartriegel mit farbigen Trieben vertragen einen starken Rückschnitt gut. Wenn sie, wie dieser panaschierte Holunder, wegen ihres Laubs oder, wie viele Hartriegel und Weiden, wegen ihrer farbigen Triebe gezogen werden, entfernt man im Spätwinter oder zeitigen Frühjahr altes Holz, damit sie neu austreiben.

1 Holunder ist wuchsfreudig und der größte Teil seiner Triebe stammt aus dem Vorjahr. Jedes zweite Jahr können Sie alle Triebe auf ein niedriges Gerüst zurückschneiden.

2 Beim Rückschnitt schneiden Sie die Triebe auf zwei oder drei Knospenpaare über der Basis des letztjährigen Holzes zurück. So wird das Laub am schönsten, allerdings entfernt man so auch Blütentriebe.

3 Lichten Sie den Strauch aus, indem Sie alte, dicht stehende Triebe in der Pflanzenmitte bis auf Bodenhöhe zurücknehmen. Auch Triebe, die ungünstig stehen oder in die Mitte wachsen, entfernen Sie.

4 Führen Sie immer glatte, saubere Schnitte aus. Für Äste, die mehr als 1 cm Durchmesser haben, verwenden Sie eine Astschere, für ganz dicke Äste oder Schnitte an schwer erreichbaren Stellen eine gebogene Astsäge.

5 Der Schnitt fördert kräftigen Neuaustrieb, nach dem Schnitt sieht der Strauch zunächst allerdings lückig aus. Da die Blütentriebe entfernt wurden, wird die Pflanze dieses Jahr weder Blüten noch Früchte tragen.

6 Im Frühsommer sind die Triebe mindestens 1 m hoch und tragen frische, wunderschön gefärbte panaschierte Blätter, die im Garten einen unübersehbaren Blickfang bilden.

1

4

2

3

5

6

FRÜHJAHRSSTRÄUCHER

1 *Rhododendron* 'Irohayama'
Azalee
Niedrige immergrüne Azalee, deren helle Blütenblätter rosa oder lavendelfarbene Ränder haben.
H 0,6 m; B 0,6 m.

2 *Leucothoe fontanesiana* 'Scarletta'
Traubenheide
Die jungen Blätter sind tief rotviolett, im Sommer färben sie sich aber dunkelgrün und im Winter bronzefarben.
H 1–2 m; B 3 m.

3 *Ceanothus* 'Concha'
Säckelblume
Großer immergrüner Strauch, der im Spätfrühjahr mit dichten leuchtend dunkelblauen Blütenständen bedeckt ist.
H 3 m; B 3 m.

4 *Paeonia delavayi*
Strauchpfingstrose
Hoher, aufrecht wachsender sommergrüner Strauch mit dunkelroten Blüten, die 10 cm Durchmesser haben können.
H 2 m; B 1,2 m.

5 *Kerria japonica* 'Golden Guinea'
Ranunkelstrauch
Wunderhübscher Frühjahrsblüher mit großen goldgelben Blüten.
H 2 m; B 2,5 m.

6 *Photinia × fraseri* 'Red Robin'
Frasers Glanzmispel
Immergrüner Strauch, der die Größe eines kleinen Baums erreichen kann. Junge Blätter sind scharlachrot, werden später aber grün.
H 5 m; B 5 m.

7 *Chaenomeles × superba* 'Crimson and Gold'
Zierquitte
Dorniger sommergrüner Strauch mit leuchtend roten Blüten, denen gelbe Früchte folgen.
H 1 m; B 2 m.

8 *Kolkwitzia amabilis* 'Pink Cloud'
Kolkwitzie
Sommergrüner Strauch, der im Spätfrühjahr unter tiefrosa Blüten versinkt.
H 3 m; B 4 m.

SOMMER- UND HERBST-STRÄUCHER

1 *Potentilla fruticosa Princess*
Fingerstrauch
Niedriger sommergrüner Strauch mit langlebigen blassrosa Blüten, die in der Sonne oft weiß werden.
H 60 cm; B 1 m.

2 *Kalmia latifolia*
Berglorbeer
Dichter, buschiger Strauch mit gekräuselten Knospen, die sich zu charakteristischen rosa Blüten öffnen.
H 3 m; B 3 m.

3 *Hydrangea macrophylla* 'Maculata'
Garten-Hortensie
Häufig als 'Blue Wave' verkaufte Tellerhortensie, die aber nur in sauren Böden blau bleibt.
H 2 m; B 2,5 m.

4 *Helianthemum* 'Wisley Primrose'
Sonnenröschen
Kompakter immergrüner Strauch mit graugrünen Blättern, der im Sommer blassgelbe Blüten mit dunklerer Mitte trägt.
H 20–30 cm; B 30–45 cm.

5 *Phlomis fruticosa*
Strauchiges Brandkraut
Immergrüner Strauch mit graugrünem Laub und Büscheln aus goldgelben Lippenblüten.
H 1 m; B 1,5 m.

6 *Euonymus europaeus* 'Red Cascade'
Pfaffenhütchen
Sommergrüner Strauch oder kleiner Baum, der im Herbst eine ungewöhnliche Kombination aus scharlachroten Blättern und rosa Früchten trägt.
H 3 m; B 2,5 m.

7 *Fuchsia* 'Andrew Hadfield'
Fuchsie
Kleiner Strauch, der im Sommer und Herbst zahlreiche ungefüllte karminrote Blüten öffnet.
H 20–45 cm; B 20–30 cm.

8 *Leycesteria formosa*
Leycesterie
Sehr dichter sommergrüner Strauch mit herabhängenden Blüten, denen violette Beeren folgen.
H 2 m; B 2 m.

STRÄUCHER FÜR DEN WINTER

1 *Mahonia × media* 'Charity'
Mahonie
Architektonischer immergrüner Strauch mit bedornten Blättern und großen duftenden Blütentrauben.
H bis 3 m; B bis 2 m.

2 *Leucothoe fontanesiana* 'Rainbow'
Traubenheide
Immergrüner Strauch, dessen dunkelgrüne Blätter im Winter weiß und rosa panaschiert sind. Im Spätfrühjahr trägt er weiße Blüten.
H 1,5 m; B 2 m.

3 *Cornus alba* 'Sibirica'
Hartriegel
Sommergrüner Strauch, der im Herbst rote Blätter und im Winter noch leuchtender gefärbte Triebe hat.
H 3 m; B 3 m.

4 *Daphne bholua*
Seidelbast
Aufrecht wachsender Strauch, der im Winter rosaweiße Blüten trägt, denen fleischige Früchte folgen.
H bis 2 m; B 1 m oder mehr.

5 *Skimmia japonica* 'Bronze Knight'
Skimmie
Wüchsiger immergrüner Strauch mit dunklen, glänzenden Blättern und dunkelroten Winterknospen.
H bis 6 m; B bis 6 m.

6 *Ilex aquifolium* 'Madame Briot'
Stechpalme
Buschiger immergrüner Strauch oder kleiner Baum mit bedornten, gelb gerandeten dunkelgrünen Blättern und leuchtend roten Beeren.
H 10 m; B 5 m.

7 *Euonymus fortunei* 'Emerald 'n' Gold'
Kletternder Spindelstrauch
Immergrüner Strauch mit weiß gerandeten grünen Blättern, die im Winter rosa überhaucht sind.
H 60 cm; B 90 cm.

8 *Hamamelis × intermedia* 'Jelena'
Hybrid-Zaubernuss
Hoher sommergrüner Strauch mit orangefarbenen Blüten, die im Winter an den kahlen Zweigen erscheinen, und schöner Herbstfärbung.
H 4 m; B 6 m.

IMMERGRÜNE STRÄUCHER

1 *Viburnum tinus* 'Variegatum'
Immergrüner Schneeball
Dichter, kompakter Strauch mit hellgelb gerandeten, spitzen, grünen Blättern, der im Spätwinter und Frühjahr rote Blütenbüschel trägt.
H 3 m; B 3 m.

2 *Pittosporum tobira*
Chinesischer Klebsame
Strauch mit so dichtem Laub, dass er als Hecke gepflanzt ein guter Windschutz ist.
H 2–10 m; B bis 6 m.

3 *Fatsia japonica*
Zimmeraralie
Architektonische Pflanze mit riesigen handförmigen glänzenden Blättern und weißen Blütenständen, denen schwarze Früchte folgen.
H 1,5–4 m; B 1,5–4 m.

4 *Origanum* 'Kent Beauty'
Dost, Oregano
Niedriger kriechender Halbstrauch, der im Sommer hopfenähnliche rosafarbene Blüten trägt.
H 10 cm; B 20 cm.

5 *Lavandula stoechas*
Schopf-Lavendel
Kompakter runder Strauch mit langen, schmalen, graugrünen Blättern und dunkelvioletten Blüten, die auffällige Hochblätter tragen.
H 60 cm; B 60 cm.

6 *Laurus nobilis* fo. *angustifolia*
Lorbeer
Großer Strauch oder kleiner Baum, der sich für einen Formschnitt eignet. Seine ovalen Blätter können in der Küche verwendet werden.
H bis 12 m; B bis 10 m.

7 *Erica carnea* 'Vivellii'
Schnee-Heide
Niedrige immergrüne Pflanze, die im Spätwinter und Frühjahr purpurrosa blüht und ein guter Bodendecker ist.
H 15 cm; B 35 cm.

8 *Euphorbia characias*
Palisaden-Wolfsmilch
Aufrecht wachsender Strauch mit architektonischem Charakter, der im Frühjahr und Frühsommer blüht.
H 1,2 m; B 1,2 m.

DUFTENDE STRÄUCHER

1 *Viburnum × burkwoodii* 'Anne Russell'
Burkwoods Schneeball
Kompakter sommergrüner Strauch mit Büscheln aus rosafarbenen Knospen, die sich ab Frühjahrsmitte zu duftenden weißen Blüten öffnen.
H 2 m; B 1,5 m.

2 *Trachelospermum jasminoides*
Sternjasmin
Immergrüner kletternder Strauch mit ovalen Blättern und duftenden weißen Sommerblüten.
H bis 9 m; B bis 9 m.

3 *Sarcococca confusa*
Fleischbeere
Dichte, immergrüne Pflanze mit dunkelgrünem Laub, die im Winter stark duftende weiße Blüten trägt.
H 2 m; B 1 m.

4 *Choisya x dewitteana* 'Aztec Pearl'
Dewittes Orangenblume
Kompakter immergrüner Strauch, der im Spätfrühjahr blüht und noch einmal im Spätsommer, vor allem wenn man welke Blüten entfernt.
H 2,5 m; B 2,5 m.

5 *Osmanthus × burkwoodii*
Duftblüte
Immergrüne Pflanze mit glänzenden, dunkelgrünen Blättern und weißen Blüten, die wie Jasmin duften.
H 3 m; B 3 m.

6 *Argyrocytisus battandieri*
Silberginster
Hoher sommergrüner Strauch mit silbrig grünem Laub und nach Ananas duftenden gelben Blüten.
H 5 m; B 5 m.

7 *Philadelphus* 'Virginal'
Pfeifenstrauch
Sommergrüner Strauch mit dunkelgrünen Blättern, der im Früh- oder Hochsommer stark duftende reinweiße gefüllte Blüten trägt.
H 3 m; B 2,5 m.

8 *Daphne mezereum*
Seidelbast
Sommergrüner Strauch, der zu Frühjahrsbeginn purpurrosa blüht, noch ehe die Blätter erscheinen. Duftet, ist aber giftig.
H 3 m; B 2,5 m.

STRÄUCHER FÜR MAUERN

1 *Escallonia* 'Langleyensis'
Andenstrauch
Rasch wachsender immergrüner oder halb immergrüner Strauch mit glänzenden Blättern und rosa Blüten. Gute Heckenpflanze.
H 2 m; B 3 m.

2 *Fremontodendron* 'California Glory'
Flanellstrauch
Dieser aufrecht wachsende immergrüne Strauch steht am besten vor sonnigen Mauern. Trägt von Spätfrühjahr bis Herbst tiefgelbe Blüten.
H 6 m; B 4 m.

3 *Jasminum nudiflorum*
Winterjasmin
Sollte an einer Mauer erzogen und regelmäßig geschnitten werden. Toleriert Nord- und Ostlagen.
H 3 m; B 3 m.

4 *Pyracantha* 'Watereri'
Feuerdorn
Dorniger immergrüner Strauch mit weißen Blüten und roten Früchten, der fächerförmig an Mauern und Zäunen erzogen werden kann.
H 2,5 m; B 2,5 m.

5 *Euonymus fortunei* 'Emerald Gaiety'
Kletternder Spindelstrauch
Buschiger Strauch mit leuchtend grünen Blättern, deren weiße Ränder sich im Winter rosa färben.
H 1 m; B 1,5 m.

6 *Cotoneaster horizontalis*
Fächer-Zwergmispel
Sommergrüner Strauch mit fächerförmig angeordneten Zweigen, roten Blättern und leuchtend roten Herbstfrüchten.
H 1 m; B 5 m.

7 *Garrya elliptica*
Spalier-Becherkätzchen
Abgasresistente, immergrüne Pflanze mit harten, ledrigen Blättern und kätzchenartigen, ab der Wintermitte erscheinenden Blütenständen an männlichen Pflanzen.
H 4 m; B 4 m.

8 *Forsythia suspensa*
Forsythie
Sommergrüner Strauch, dessen goldgelbe Blüten ab Frühjahrsbeginn vor den Blättern erscheinen.
H 3 m; B 3 m.

KLETTER-PFLANZEN

Kletterpflanzen entwickeln lange, biegsame Triebe. Einige winden sie um eine Stütze, andere haken sich an ihr fest. Wieder andere halten sich mit speziell angepassten Haftscheiben oder Luftwurzeln fest. Auf diese Weise klettern sie über Nachbarpflanzen und Gegenstände, um möglichst viel Licht zu erhalten. Nutzen Sie diese Eigenschaft und pflanzen Sie Kletterpflanzen dort, wo Schandflecke im Garten verborgen oder trostlose Mauern und Zäune aufgeheitert werden müssen. Für kleine Gärten sind Kletterpflanzen ein echter Gewinn, da sie Höhe geben, aber wenig Bodenfläche beanspruchen. Setzen Sie die Blätter und Blüten von Kletterpflanzen ein, um Spaliere, Mauern und andere bautechnische Elemente im Garten zu verschönern. Oder lassen Sie die Pflanzen durch Bäume und Sträucher klettern, damit diese länger reizvoll bleiben.

Die meisten Clematis können an einem Baumstamm erzogen werden, einige – wie diese Alpen-Waldrebe – muss man am Anfang aber vielleicht stützen oder aufbinden.

KLETTERPFLANZEN ZIEHEN

Die meisten Kletterpflanzen sind unkompliziert, da sie wuchsfreudig sind. Es liegt in ihrer Natur, rasch emporzuwachsen, um möglichst viel Licht zu ergattern. Verholzende Arten können jedoch mehrere Jahre brauchen, bis sie gut wachsen. Bevor sie die gewünschte Höhe und Breite erreichen, kann man freie Flächen vorübergehend mit einjährigen Kletterpflanzen begrünen. Gut geeignet für sonnige Standorte sind Wicken, Prunkwinden und Kapuzinerkresse – Letztere verträgt auch etwas Schatten. Auch zur Verschönerung des Gemüsegartens sind einjährige Kletterpflanzen bestens geeignet, da ihr Wurzelsystem weniger invasiv ist als das von Gehölzen oder ausdauernden Pflanzen. So kommen sie den Wurzeln der Gemüsekulturen nicht ins Gehege. Ideal sind Wicken, die duften, bestäubende Insekten anlocken und auch noch Schnittblumen liefern.

Laubreiche Kletterpflanzen eignen sich perfekt, um kühle Oasen entstehen zu lassen. Hier begrünen Efeu und eine Kletter-Hortensie die Hauswände und machen sie freundlicher. Beide sind Selbstklimmer und brauchen weder Drähte noch andere Kletterhilfen. Sie können aber altes Mauerwerk beschädigen.

Einjährige Kletterpflanzen wie diese Schwarzäugige Susanne oder Prunkwinden, Kapuzinerkresse und Wicken sind nützliche Helfer, um Lücken zwischen jungen, später verholzenden Kletterpflanzen oder in einer Rabatte zu füllen.

Glyzinen bieten mit ihren duftenden Blüten im Frühjahr einen prachtvollen Anblick, brauchen aber eine stabile Stütze und regelmäßigen Schnitt, falls sie nicht viel Platz haben *(s. S. 127)*.

KLETTERPFLANZEN AUSWÄHLEN

Manche Kletterpflanzen sind recht klein und erreichen nur etwa Mannshöhe, andere können bis in die Gipfel großer Bäume klettern oder Ihr Haus überwuchern. Achten Sie deshalb bei der Auswahl von Kletterpflanzen auf deren Endhöhe und halten Sie in anderen Gärten nach ausgewachsenen Exemplaren Ausschau.

Möchten Sie mehrere Kletterpflanzen zusammen setzen und ineinanderwachsen lassen, ist es wichtig, dass alle den gleichen Schnitt benötigen. So passt z. B. eine spät blühende, großblumige Clematis wie die dunkelpurpurne 'Jackmanii Superba' gut zu einer Sorte der Italienischen Waldrebe, etwa zu der tiefroten 'Madame Julia Correvon' oder der dunkelpurpurnen 'Étoile Violette', denn alle werden im Frühjahr auf 30–50 cm zurückgeschnitten. Keine von ihnen ist jedoch eine gute Partnerin für früh blühende Arten wie die Alpen-Waldrebe, die man gar nicht oder direkt nach der Blüte schneidet. Denn beim Schnitt der spät blühenden Sorte würde man allzu leicht Triebe der Frühjahrsblüher mitsamt ihrer Blüten entfernen. Auch setzt man am besten Kletterpflanzen zusammen, die ähnliche Ansprüche an Stützen haben. Dabei ist es gut zu wissen, wie sie klettern *(s. S. 122–123)*.

KLETTERMETHODEN

- **Schlinger** (wie Geißblatt und Glyzine) winden sich um Stützen und können an Drähten und Pfosten erzogen werden.
- **Luftwurzeln** (wie bei Efeu) werden von manchen Pflanzen ausgebildet, um sich an senkrechten Flächen festzuhalten. Sie können alte Mauern beschädigen.
- **Ranken** Pflanzen wie Clematis und Duft-Wicken haben dünne biegsame Blattstiele oder Ranken, mit denen sie sich an Drähten, Spalieren oder anderen Pflanzen festhalten.
- **Haftscheiben** (wie bei Wildem Wein) heften sich an Mauern und Pfosten und machen dadurch Stützen überflüssig.
- **Haken** Pflanzen wie Rosen und Brombeeren benutzen ihre Dornen, um sich an Stützen emporzuziehen.

KLETTERPFLANZEN PLATZIEREN

In der Natur wachsen viele Kletterpflanzen durch Bäume und Sträucher dem Licht entgegen. Um diese Situation an einem offeneren Platz im Garten nachzuahmen, müssen Sie sicherstellen, dass Kletterpflanzen ihren »Kopf« in der Sonne haben, ihre Wurzeln aber von anderen Pflanzen beschattet werden.

Kletterpflanzen klettern auch an etablierten Bäumen mit lichten Kronen wie alten Obstbäumen und Robinien empor, bei denen Licht durch die Zweige dringt und die Kletterpflanzen nach oben lockt. Gute Kandidaten sind u. a. Ramblerrosen wie die rosafarbene 'Albertine' und die cremeweiße 'Bobbie James' sowie sommerblühende, großblumige Clematis.

(im Uhrzeigersinn von oben links) **Geißblatt, Clematis, Rosen und Wilder Wein**

An Mauern und Zäunen, an denen Sträucher oder Rosen wachsen sollen, befestigt man waagrechte Drähte mit 45 cm Abstand. Schlinger brauchen zudem senkrechte Drähte oder Drahtgeflecht.

An einer Konifere pflanzen Sie die Kletterpflanze direkt außerhalb des Kronenbereichs und dirigieren ihre Triebe mit Stäben zu den untersten Zweigen. Bei sommergrünen Bäumen können Sie etwas näher am Stamm pflanzen, aber möglichst auf der windwärts gelegenen Seite, damit die Triebe zum Stamm geweht werden.

Südwände können für einige Kletterpflanzen zu warm sein. Wählen Sie hier Sonnenliebhaber wie Passionsblumen, Glyzinen, Sternjasmin oder Weinrebe. Da zudem die Erde neben einer sonnigen Wand trocken ist, hält man einen Pflanzabstand von etwa 45 cm ein, mulcht im Frühjahr und wässert während Trockenperioden. Clematis und Rosen eignen sich nicht für eine Südwand, da sie pralle Sonne nicht mögen.

STÜTZEN FÜR KLETTERPFLANZEN

Die Weise, in der Pflanzen klettern *(siehe gegenüber)*, hat Einfluss auf die Wahl ihrer Stütze, und ihre Wuchsfreudigkeit bestimmt deren Größe und Stabilität.

An Mauern ist die unauffälligste Kletterhilfe feuerverzinkter Draht. Andererseits kann ein hübsches Spalier eine langweilige Fläche reizvoller machen. Pflanzenbinder aus Kunststoff oder Metall müssen regelmäßig überprüft und gelockert werden. Besser sind Zwirn und Bast, da sie mehr nachgeben.

An Pergolen und Bögen an gegenüberliegenden Seiten der Pfosten senkrechte Drähte anbringen. Triebe der Kletterpflanze in Korkenziehermanier erziehen, solange sie jung und biegsam sind.

Eine Pyramide aus Bambusstäben reicht für einjährige Kletterpflanzen aus. Je wuchsfreudiger und schwerer eine Kletterpflanze jedoch ist, desto stabiler muss ihre Stütze sein.

AN MAUERN UND ZÄUNEN PFLANZEN

Montieren Sie die Stützen vor der Bearbeitung des Bodens, um ihn später nicht zu verdichten. Bei frei stehenden Stützen wie Bögen oder Obelisken gräbt man vor dem Aufstellen zuerst die Fläche um. Ringschrauben sind sehr nützlich, um Drähte an senkrechten Flächen zu befestigen. Die Drähte können gespannt werden, indem man die Schrauben nach dem Befestigen der Drähte mehrmals dreht.

1 Die Pflanze eine Stunde vor dem Pflanzen gut wässern oder in einen Eimer mit Wasser stellen. Abtropfen lassen. Dann heben Sie etwa 45 cm vom Zaun entfernt und außerhalb seines Regenschattens ein Loch aus. Prüfen Sie, ob es tief genug ist.

2 Als provisorische Stützen lehnt man Bambusstäbe fächerförmig gegen den Zaun, damit die Triebe der Pflanze zu den Drähten emporklettern können. Die Stäbe können später entfernt werden.

3 Die Pflanze gegen die Stäbe lehnen. Achten Sie darauf, dass der Wurzelballen bündig mit der Erde abschließt (nur Clematis werden etwa 10 cm tiefer gesetzt). Füllen Sie Erde in das Loch und drücken Sie sie mit den Fäusten an.

4 Die Pflanze von der alten Stütze lösen und die Haupttriebe fächerförmig an die Stäbe binden. Schlingen Sie weiches Bindegarn locker in Form einer Acht um die Triebe – oberhalb der Stabknoten, damit das Garn nicht herunterrutscht.

5 Die Erde lockern, dann um die Kletterpflanze herum einen kleinen runden Wall aus Erde formen, sodass eine Mulde für das Gießwasser entsteht. Wässern Sie die Pflanze ausgiebig. Überschüssiges Wasser sammelt sich in der Mulde und sickert nach und nach in den Wurzelbereich. Gießen Sie die Pflanze nun regelmäßig, insbesondere bei einer Pflanzung im Frühjahr.

6 Um die Pflanze mulchen. Sobald die Triebe die Drähte erreicht haben, bindet man die äußeren waagrecht an die unteren Drähte. Triebe in der Mitte bindet man an die oberen Drähte.

1

4

2

3

5

6

KLETTERPFLANZEN SCHNEIDEN

Um an Licht zu gelangen, wachsen Kletterpflanzen mitunter in ungeahnte Höhen und verkahlen unten, was in kleinen Gärten nicht ideal ist. Dieses Problem lässt sich aber einfach lösen, indem man die Pflanzen kräftig zurückschneidet, entweder, wie bei vielen im Spätsommer und Herbst blühenden Clematis, im Frühjahr oder, wie beim Geißblatt, im Abstand von einigen Jahren. Kletterpflanzen, die zeitig und an Vorjahrestrieben blühen, schneidet man nach der Blüte zurück.

DER RICHTIGE ZEITPUNKT

Unterschiedliche Kletterpflanzen muss man oft zu unterschiedlichen Zeiten schneiden, je nachdem, wann sie blühen und ob sich die Blüten an neuen oder alten Trieben entwickeln.

Clematis lassen sich in drei Hauptgruppen unterteilen: solche, die im Spätwinter und Frühjahr blühen, im Frühsommer blühende und solche, die im Hochsommer und Herbst zur Blüte kommen. Alle erfordern einen anderen Schnitt, um gut zu blühen *(siehe unten)*.

Einige holzige Kletterpflanzen, unter ihnen Kiwi, Wilder Wein und Glyzine, schneidet man wie viele Bäume und Sträucher im Winter. Glyzinen brauchen zudem einen Sommerschnitt *(siehe gegenüber)*.

Früh blühende Clematis (wie *Clematis montana, C. armandii, C. cirrhosa* und *C. macropetala*) stutzt man nach der Blüte nur leicht, wobei man überlange und erschöpfte Triebe auf gesunde Knospen zurücknimmt. Zur Verjüngung alter, sparriger Pflanzen alle Triebe fast bis auf Bodenhöhe zurückschneiden – jedoch höchstens alle drei Jahre.

Im Frühsommer blühende Clematis kann man sich selbst überlassen. Nur wenn sie zu groß werden, schneidet man sie nach der Blüte zurück. Alte Pflanzen nimmt man zur Verjüngung auf Knospen nahe am Boden zurück. Sie blühen dann in der folgenden Wachstumsperiode gar nicht oder zumindest später.

Spät blühende Clematis werden im Winter geschnitten, wenn die Knospen zu schwellen beginnen. Man kann sie auf ein Paar praller, gesunder Knospen in etwa 30 cm Höhe zurücknehmen. Besonders wuchskräftige Arten und Sorten kann man direkt bis auf Bodenhöhe zurückschneiden.

EINE ETABLIERTE GLYZINE SCHNEIDEN

Glyzinen sind ein besonderer Fall, da ein Kürzen der Seitentriebe die Bildung von Blütenknospen fördert. Glyzinen müssen zweimal geschnitten werden: einmal im Sommer und noch einmal im Frühjahr. Bei großen Pflanzen kann dazu eine stabile Leiter notwendig sein.

1 Im Sommer nach der Blüte schneiden Sie Seitentriebe auf fünf bis sieben Blätter zurück und binden neue Triebe auf.

2 Im Frühjahr schneiden Sie die Triebe, die nach dem Schnitt im Sommer gewachsen sind, auf zwei Knospen zurück. Die kurzen Seitentriebe werden reichlich Blüten tragen.

Feuerdorn kann wie eine Kletterpflanze an einer Mauer oder einem Zaun erzogen werden. Beeren bilden sich an der Basis von Vorjahrestrieben, die deshalb nicht geschnitten werden dürfen.

STRÄUCHER AN MAUERN SCHNEIDEN UND ERZIEHEN

Manche Sträucher können, obwohl es sich nicht um Kletterpflanzen handelt, fast wie solche behandelt und an Zäunen, Mauern und Spalieren erzogen werden. Man schneidet sie genauso wie frei stehende Pflanzen, aber im Sommer bindet man ihre Triebe auf, damit sie die vorgesehene Fläche bedecken. Von der Stütze fortwachsende Triebe kürzt man, damit die Pflanzen flach bleiben.

Gute Mauersträucher sind Feuerdorn, Zwergmispel und Säckelblume. Sie alle blühen im Frühjahr an der Basis von Trieben des Vorjahrs. Achten Sie vor Befestigen des Spaliers darauf, dass sich die Wand in gutem Zustand befindet, denn wenn die Pflanze erst einmal kräftig wächst, werden Reparaturarbeiten schwierig sein. Achten Sie beim Schnitt darauf, nicht bis ins alte Holz zurückzuschneiden, wenn sich Blüten und Früchte entwickeln sollen. Kürzen Sie im Sommer alle neuen Seitentriebe auf zwei bis drei Blätter ein, um die Blütenbildung im folgenden Jahr zu fördern.

KLETTERER MIT SCHÖNEN BLÜTEN UND BLÄTTERN

1 *Tropaeolum speciosum*
Flammende Kapuzinerkresse
Mehrjährige kletternde Art mit zinnoberroten Sommerblüten, denen kleine blaue Früchte folgen.
H 3 m.

2 *Solanum crispum* 'Glasnevin'
Nachtschatten
Auch Chile-Kartoffel genannt. Rasch wachsende Kletterpflanze mit kleinen ovalen Blättern und im Sommer blauvioletten Blüten mit gelber Mitte.
H 6 m.

3 *Rhodochiton atrosanguineus*
Purpurglockenwein
Blattstielranker mit herzförmigen grünen Blättern und herabhängenden violetten und roten Blüten.
H 3 m.

4 *Vitis coignetiae*
Rostrote Rebe
Verwandte der Weinrebe mit ungenießbaren Früchten, aber riesigen Blättern und leuchtender Herbstfärbung.
H 15 m.

5 *Eccremocarpus scaber*
Schönranke
Rasch wachsende Kletterpflanze mit spektakulären Blüten, die in gemäßigten Klimalagen einjährig gezogen wird.
H 3–5 m.

6 *Hedera helix* 'Eva'
Efeu
Panaschierter Efeu mit kleinen, aber dicht sitzenden weiß panaschierten Blättern. Gut für düstere Mauern.
H 1,2 m.

7 *Actinidia kolomikta*
Kolomikta-Strahlengriffel
Jung sind ihre Blätter grün, später bekommen sie großartige weiße und rosafarbene Flecken.
H 5 m.

8 *Passiflora caerulea* 'Constance Elliott'
Passionsblume
Wüchsige Kletterpflanze mit ungewöhnlichen duftenden weißen Sommer- und Herbstblüten.
H 10 m.

DUFTENDE KLETTERER

1 *Jasminum officinale* 'Argenteovariegatum'
Echter Jasmin
Winterharter kletternder Jasmin mit cremefarbenen Blatträndern, der im Spätsommer blüht.
H 12 m.

2 *Wisteria floribunda* 'Alba'
Japanischer Blauregen, Glyzine
Große, sommergrüne Kletterpflanze, die einmal angewachsen viele Jahre leben kann. Die weißen Blütenstände werden bis zu 60 cm lang.
H 10 m.

3 *Lonicera periclymenum* 'Serotina'
Wald-Geißblatt
Trägt im Hoch- und Spätsommer stark duftende Blüten, die ebenso wie die Früchte bei Tieren beliebt sind.
H 7 m.

4 *Solandra maxima*
Goldkelch
Wüchsige Pflanze mit duftenden goldgelben Glockenblüten. Braucht einen warmen Platz.
H 7–10 m.

5 *Trachelospermum jasminoides*
Sternjasmin
Immergrüne Pflanze für eine sonnige geschützte Mauer, deren duftende reinweiße Blüten im Hoch- und Spätsommer erscheinen.
H 9 m.

6 *Lathyrus odoratus*
Duftwicke
Wuchsfreudige rankende Kletterpflanze, von der Hunderte Sorten mit roten, rosa, lilarosa, blauen und weißen Blüten erhältlich sind.
H 2 m.

7 *Akebia quinata*
Akebie
Große holzige Kletterpflanze mit schokoladenbraunen Blüten, denen mitunter lange Früchte folgen.
H 10 m.

8 *Beaumontia grandiflora*
Heroldstrompete
Ihre duftenden weißen Blüten haben dieser Immergrünen ihren Namen gegeben. Sie öffnen sich im Spätfrühjahr und im Sommer.
H 5–15 m.

KLETTERER FÜR SCHATTEN

1 *Hedera helix* 'Dragon Claw'
Gewöhnlicher Efeu
Die meisten Efeu-Arten eignen sich für eine kalte Wand. Diese wüchsige Sorte ist auch als 'Curly-Q' bekannt.
H 2 m.

2 *Schizophragma integrifolium*
Spalthortensie
Diese große sommergrüne Kletterpflanze ist mit der Garten-Hortensie verwandt. Sie hat ähnliches Laub und cremeweiße Blüten.
H 12 m.

3 *Clematis* 'Hagley Hybrid'
Clematis
Wüchsige, kompakte, sommerblühende Clematis mit großen ungefüllten Blüten und lilarosa Kelchblättern.
H 2 m.

4 *Hedera hibernica*
Irischer Efeu
Rasch wachsender Efeu mit dreieckigen dunkelgrünen Blättern, der fast überall gedeiht.
H 10 m.

5 *Hydrangea anomala* subsp. *petiolaris*
Kletter-Hortensie
Unterart mit großen weißen Blütenständen und grünen Blättern, die sich im Herbst golden färben.
H 15 m.

6 *Lonicera × americana*
Italienisches Geißblatt
Sommergrünes Geißblatt, das im Schatten gut gedeiht. Seinen stark duftenden Blüten folgen kleine rote Früchte.
H 7 m.

7 *Hedera pastuchovii* subsp. *cypria*
Efeu
Auf Zypern heimischer Efeu mit dreieckigen grünen Blättern, die graugrüne Adern haben.
H 3 m.

8 *Lathyrus latifolius*
Staudenwicke
Mehrjährige Kletterpflanze mit schmalen blaugrünen Blättern und kleinen rosavioletten Blüten.
H 2 m.

WUCHSFREUDIGE KLETTERER

1 *Allamanda cathartica*
Goldtrompete
Wuchsfreudige immergrüne Pflanze, die vor allem wegen ihrer leuchtend gelben Sommer- und Herbstblüten gezogen wird.
H 8–15 m.

2 *Ipomoea coccinea*
Sternwinde
Rasch wachsende einjährig gezogene Schlingpflanze mit leuchtend rot-gelben Sommerblüten.
H 3 m.

3 *Passiflora caerulea*
Blaue Passionsblume
Blüht vom Sommer an bis in den Herbst und entwickelt essbare, aber uninteressante orange und gelbe Früchte.
H bis 10 m.

4 *Fallopia baldschuanica*
Silberregen
Nützlich zum raschen Begrünen hässlicher Wände oder ganzer Gebäude.
H 12 m.

5 *Parthenocissus tricuspidata*
Jungfernrebe
Wüchsige Jungfernreben-Art, deren Blätter sich im Herbst in herrlich feurigen Orange-, Rot- und Violetttönen färben.
H 20 m.

6 *Cobaea scandens* fo. *alba*
Glockenrebe
An Mauern kletternde Form mit großen weißen Blüten und grünen Blättern, die sich im Herbst golden färben.
H 15 m.

7 *Humulus lupulus* 'Aureus'
Goldhopfen
Mehrjährige Kletterpflanze mit wunderhübschen goldgelben Blättern und duftenden Sommerblüten.
H 6 m.

8 *Parthenocissus henryana*
Chinesische Jungfernrebe
Trägt lange, schmale, grüne Blätter mit auffälligen grauen oder sogar rosafarbenen Blattadern. Im Herbst färbt sie sich leuchtend rot.
H 10 m.

CLEMATIS FÜR FRÜHJAHR BIS HOCHSOMMER

1 *Clematis* **'Vyvyan Pennell'**
Ungewöhnliche, gefüllt blühende Sorte mit fliederfarbenen, samtigen Frühsommerblüten.
H bis 2,5–3 m.

2 *Clematis* **'White Swan'**
Kompakte Sorte mit wunderschönen halb gefüllten, weißen Blüten, die im Spätfrühjahr erscheinen.
H bis 2 m.

3 *Clematis armandii*
Armands Waldrebe
Wüchsige immergrüne Art mit glänzenden grünen Blättern und duftenden weißen Frühlingsblüten.
H 3–5 m.

4 *Clematis* **'Blue Ravine'**
Trägt große, offene, violettblaue Blüten. Blüht im Spätfrühjahr und noch einmal im Spätsommer.
H bis 3 m.

5 *Clematis macropetala*
Großblumige Waldrebe
Sehr frostharte Clematis, deren halb gefüllte blaue oder violette Blüten sich im Frühjahr und Frühsommer öffnen.
H 2–3 m.

6 *Clematis* **'Niobe'**
Diese Sorte trägt den Sommer hindurch große, ungefüllte, tiefrote Blüten mit bis zu 15 cm Durchmesser.
H bis 3 m.

7 *Clematis* **'Fireworks'**
Clematis mit 20 cm großen purpurnen Blüten, deren Blütenblätter in der Mitte einen magentaroten Streifen haben.
H 3 m.

8 *Clematis montana* var. *grandiflora*
Berg-Waldrebe
Äußerst wuchsfreudige Clematis mit dunkelgrünen Blättern und großen weißen Blüten, die im Spätfrühjahr und Frühsommer erscheinen.
H 10 m.

SPÄT BLÜHENDE CLEMATIS

1 *Clematis* **'Bill MacKenzie'**
Die vielleicht bekannteste gelb blühende Clematis. Den offenen glockenförmigen Blüten folgen flaumige Fruchtstände.
H bis 7 m.

2 *Clematis* **'Polish Spirit'**
Sorte mit ungefüllten, samtigen, tief purpurblauen Blüten, die von Bruder Stefan Franczak, einem Jesuiten aus einem Warschauer Kloster, gezüchtet wurde.
H 4 m.

3 *Clematis* **'Perle d'Azur'**
Trägt von Hochsommer bis Herbst kleine azurblaue Blüten.
H 3 m.

4 *Clematis rehderiana*
Rehders Waldrebe
Schattentolerante Clematis mit ungewöhnlichen, duftenden, gelben Glockenblüten, die von Hochsommer bis Spätherbst erscheinen.
H 7 m.

5 *Clematis* **'Huldine'**
Sorte mit schalenförmigen weißen und lilarosa Blüten, die nach dem Hochsommer erscheinen und bis in den Herbst halten.
H 3–5 m.

6 *Clematis* **'Jackmanii'**
Spät blühende Sorte mit samtigen tiefvioletten Blüten. Ein traditioneller Cottagegarten-Klassiker.
H 3 m.

7 *Clematis* **'Purpurea Plena Elegans'**
Alte Sorte mit violetten gefüllten Blüten, die mehrere Wochen halten.
H 3 m.

8 *Clematis tangutica*
Gold-Waldrebe
Ungewöhnliche Art, da sie gelbe Blüten trägt. Sie blüht spät und hat auffällige, flaumige, graue Fruchtstände.
H 6 m.

ROSEN

Rosen bringen stets einen Hauch von Romantik in den Garten. Sie gehören seit vielen Jahrhunderten zu den begehrtesten Gartenblumen. Doch angesichts eines Angebots von Tausenden von Sorten sollten Sie zuerst darüber nachdenken, wie Sie Ihre Rosen verwenden möchten. Es gibt Zwergrosen für Töpfe, große Strauchrosen für den hinteren Bereich einer Rabatte und riesige Ramblerrosen, die über Gebäude, Pergolen und Bäume wachsen. Bedenken Sie auch die Blütezeit. Es gibt Rosen, die einmal im Jahr blühen und meist Hagebutten tragen, und andere, die den ganzen Sommer hindurch Blüten öffnen.

Eine große Strauchrose wie 'Buff Beauty' mit ihren wundervollen aprikosenfarbenen Blüten kann eine warme, sonnige Ecke des Gartens den ganzen Sommer mit ihrem Duft erfüllen.

ROSEN ZIEHEN

Früher wurden Rosen in eigenen Beeten gezogen, doch dafür haben heute die wenigsten Gartenbesitzer Platz. Zudem bleiben Beete länger reizvoll, wenn man Rosen mit anderen Pflanzen kombiniert, die nach dem Schnitt der Rosen die kahlen Stängel verbergen sowie Insekten anlocken, die Blattläuse vertilgen. Zudem sind in gemischten Beeten Sternrußtau und Mehltau kaum ein Problem. Ein geringer Krankheitsbefall bringt eine Rose nicht um, sieht in einem reinen Rosenbeet aber hässlich aus. Spritzmittel sollte man der Umwelt zuliebe nicht einsetzen.

ROSENTYPEN

Es gibt unterschiedlichste Rosen, aber da sie meist in der Ruheperiode und zurückgeschnitten verkauft werden, kann man sie sich nur schwer blühend vorstellen. Machen Sie sich vor dem Kauf mit den jeweiligen Gruppen und ihren Schnittansprüchen vertraut *(s. S. 140–143)*. Vielleicht ist auf dem Etikett eine Beschreibung der Blütenform, z. B. ungefüllt mit sichtbaren Staubgefäßen oder gefüllt mit über 30 Petalen.

- **Strauchrosen** sind sehr unterschiedlich. Einige blühen nur einmal wie alte Gartenrosen und botanische Rosen, andere blühen länger. Moderne Sorten wie 'Sally Holmes' *(abgebildet)* blühen öfter.
- **Climber** sind Kletterrosen mit meist steifen Trieben und einfachen Blüten oder Blütenbüscheln. 'Climbing Iceberg' *(abgebildet)* trägt im Sommer und Herbst prächtige, gefüllte, weiße Blüten.
- **Ramblerrosen** sind wuchsfreudige, einmal blühende Kletterrosen mit weichen Trieben. 'Sander's White Rambler' *(abgebildet)* ist eine kräftige Rose mit gefüllten, duftenden, weißen Blüten.
- **Floribundarosen** wie die Sorte 'The Queen Elizabeth' *(abgebildet)* tragen Blütenbüschel. Wie Teehybriden blühen sie am schönsten und längsten, wenn welke Blüten entfernt werden.
- **Teehybriden** entwickeln bei kräftigem Rückschnitt große Blüten. 'Precious Platinum' *(abgebildet)* ist wuchsfreudig und trägt gefüllte scharlachrote Blüten.

(gegenüber, im Uhrzeigersinn von oben links)
Strauchrose, Floribundarose, Ramblerrose, Teehybride
(rechts) **Kletterrose** (Climber)

EINE ROSE PFLANZEN

Vor dem Pflanzen einer Rose tote, kranke oder sich kreuzende Triebe sowie beschädigte Wurzeln entfernen. Ein ausreichend großes Loch und verrottetes organisches Material in die Sohle einarbeiten.

1 Einen Stab über das Loch legen, um sicherzustellen, dass die Pflanztiefe korrekt ist. Die Veredelungsstelle muss 2,5 cm tief in der Erde sitzen, damit sich keine Wildtriebe entwickeln.

2 Das Loch wieder mit Erde auffüllen. Die Erde behutsam festtreten, um Lufteinschlüsse zu entfernen, dann rechen. Anschließend die Rose gründlich wässern.

1

2

WUCHSFORM UND BLÄTTER

Da viele Rosen außerhalb der Blüte nicht besonders attraktiv sind, sollten Sie auf eine schöne Gesamtform achten. Botanische Rosen wie Vater Hugos Rose sind anmutige, ausladende Pflanzen. Einen hübschen Strauch bildet 'Geranium' mit ihren ziegelroten ungefüllten Blüten, denen im Spätsommer flaschenförmige Hagebutten folgen. Weitere formschöne Sträucher sind 'Marguerite Hilling' mit großen, ungefüllten, leuchtend rosa Blüten und 'Nevada' mit cremefarbenen Blüten.

Einige Rosen haben auch reizvolles Laub wie etwa die Rotblättrige Rose, deren bläulich grüne Blätter an dunkelroten Trieben sitzen. Bei einigen Rosen verströmt das Laub Duft, der an warmen Sommerabenden und bei etwas Luftfeuchtigkeit recht intensiv werden kann. *Rosa primula* etwa duftet nach Weihrauch, die Weinrose nach Äpfeln.

Unkomplizierte Strauchrosen eignen sich gut für pflegeleichte Gärten. 'Alba Maxima' etwa braucht wenig Schnitt, toleriert etwas Schatten und trägt zahllose cremeweiße Blüten.

(ganz links) **Bei Teehybriden** welke Blüten über einem gesunden Seitentrieb oder einer kräftigen Außenknospe abschneiden.

(links) **Bei Floribundarosen** Blütenbüschel über einem Seitentrieb, einem Blatt oder einer Knospe abschneiden, damit sich neue Blüten bilden.

ROSEN AUSWÄHLEN UND KAUFEN

Bei dem riesigen Angebot an Rosen kann die Entscheidung schwerfallen. Überlegen Sie, wie viel Zeit Sie der Pflege Ihrer Pflanzen widmen möchten. Generell gilt, dass Teehybriden und Floribundarosen wie Freedom und The Times Rose meist am pflegeaufwendigsten sind, da sie einen sorgfältigen Schnitt brauchen und nicht von anderen Pflanzen bedrängt werden dürfen, weshalb sie meist in eigenen Beeten gezogen werden.

Ist Ihre Zeit begrenzt, entscheiden Sie sich besser für etwas robustere Strauchrosen. Zu ihnen gehören Alte Gartenrosen wie Albarosen und Moschata-Hybriden, Englische Rosen wie Redouté und Cordelia, die absolut pflegeleichten Rugosarosen, alle botanischen Rosen wie die Bibernell-Rose, die Hundsrose und die Rotblättrige Rose sowie eine große Palette moderner Strauchrosen und bodendeckender Rosen wie 'Marguerite Hilling', Bonica '82 und die Flower-Carpet-Rosen mit ihren verschiedenen Farben.

Ein Problem in kleinen Gärten ist häufig die fehlende Sonne, da Rosen Sonnenliebhaber sind. Deshalb ist es besonders wichtig, Rosen, die mehr als einmal im Jahr blühen, an einen sonnigen, nach Süden ausgerichteten Platz zu pflanzen. Erhält Ihr Garten nur während eines Teils des Tags Sonne, wählen Sie einmal blühende Sorten. Zu ihnen gehören z. B. die anmutigen Albarosen und damit Schönheiten wie die cremeweiße 'Alba Maxima' und die gefüllte blassrosa 'Great Maiden's Blush'. Beide haben das gesunde hell graugrüne Laub, das dieser Gruppe Alter Rosen ihren typischen Charakter verleiht.

HAGEBUTTEN

Manche Rosen blühen nur einmal im Jahr, tragen aber farbenfrohe Hagebutten, die den Garten im Herbst und Winter aufheitern und Vögeln und anderen Tieren Nahrung bieten. Alle Rosen tragen Hagebutten, doch bei Alba- und Rugosarosen, Kartoffelrosen, der Mandarin-Rose und der Hundsrose sind sie besonders schön. Hagebutten haben unterschiedliche Formen und Größen. Viele Kartoffelrosen wie 'Alba', 'Nyveldt's White' und 'Fru Dagmar Hastrup' bilden runde Hagebutten, andere wie die wuchsfreudige Schlingrose *Rosa filipes* 'Kiftsgate' entwickeln Büschel aus kleinen roten Früchten. Damit sich Hagebutten bilden, darf man welke Blüten nicht entfernen und muss die Rosen während der Wachstumsperiode reichlich wässern, damit die Früchte anschwellen.

TEEHYBRIDEN UND FLORIBUNDAROSEN SCHNEIDEN

Teehybriden und Floribundarosen müssen beide jedes Jahr im Spätwinter oder Frühjahr stark zurückgeschnitten werden. Floribundarosen schneidet man jedoch nicht ganz so extrem zurück wie Teehybriden, da sie sonst weniger Blüten entwickeln.

Teehybriden schneiden

1 Beide Triebe herausschneiden, die tot, krank und schwach sind oder aneinander reiben, sodass ein offenes symmetrisches Gerüst bleibt, aus dem neue Triebe wachsen können.

2 Alle Haupttriebe auf 20–30 cm zurücknehmen. Den Schnitt über einer gesunden, nach außen weisenden Knospe ausführen – Teehybriden tut ein starker Schnitt gut. Nach einigen Wochen erscheinen neue Triebe, die eine Fülle herrlicher Blüten tragen werden.

Beim Schnitt von Floribundarosen nimmt man die Haupttriebe um ein Drittel ihrer Länge zurück, die verbliebenen Seitentriebe kürzt man um ein bis zwei Drittel.

ALTE ROSEN SCHNEIDEN

Alte Rosen wie Alba-, Moos- und Portland-Rosen werden im Sommer nach der ersten Blüte leicht gestutzt *(siehe links)*. Zur Verjüngung alter Exemplare schneidet man nach der Blüte oder im Frühjahr alle Triebe mit Ausnahme der kräftigsten jungen Triebe bis auf Bodenhöhe zurück und kürzt die verbliebenen um ein Drittel ein. Wenn Sie den Verjüngungsschnitt im Frühjahr durchführen, blüht die Rose in der folgenden Saison nicht.

Essigrosen werden ähnlich geschnitten, aber man nimmt die Seitentriebe bis auf den Hauptstamm oder einen Trieb nahe dem Hauptstamm zurück.

1 Alles Holz entfernen, das tot oder krank ist. Dann schneidet man alle Triebe um ein Drittel auf gesunde, nach außen weisende Knospen zurück.

2 Wenn der Herbst kommt, schneidet man sehr lange Triebe, die im Winter durch starken Wind geschädigt werden könnten, zurück.

CLIMBER UND RAMBLER SCHNEIDEN

Kletter- und Ramblerrosen schneidet man am besten im Spätsommer, weil man dann die verschiedenen Triebe leichter unterscheiden kann. Sie vertragen aber auch einen Frühjahrsschnitt.

Rambler entwickeln jedes Jahr zahlreiche Triebe, die im folgenden Jahr einmal blühen. Damit Rambler kein Dickicht bilden, schneidet man nach der Blüte die ältesten Triebe in Bodennähe heraus und bindet an ihrer Stelle junge Triebe auf. Bei dem verbliebenen älteren Holz kürzt man Seitentriebe auf zwei bis vier gesunde Knospen ein. Aus der Basis der Pflanze treiben dann neue Triebe aus.

(oben) **Bei Ramblerrosen** Seitentriebe auf zwei bis vier Knospen zurückschneiden.

(unten) **Neue Triebe** an Drähten oder Klettergerüst festbinden.

KLETTERROSEN SCHNEIDEN

Nach dem Pflanzen einer Kletterrose schneidet man die langen Triebe nicht zurück, sondern bindet sie an Bambusstäbe, die fächerförmig an waagrecht befestigte Drähte gebunden werden. Junge Seitentriebe bindet man waagrecht an die Drähte. Später kann man die Pflanze durch jährlichen Schnitt ordentlich halten und eine reiche Blüte fördern.

1 Altes Holz lässt man stehen und entfernt nur abgestorbene, kranke oder schwache Triebe, indem man sie auf Bodenhöhe oder auf eine gesunde Knospe zurückschneidet.

2 Nur die Seitentriebe schneiden und sie um etwa zwei Drittel auf eine Knospe zurücknehmen, die in die gewünschte Richtung weist.

3 Geschnittene Triebe waagrecht an die Stütze binden. Dies fördert die Entwicklung weiterer blütentragender Seitentriebe.

4 Lange Triebe, die über die Stütze hinausragen und von ihr fortwachsen, zurückschneiden.

1

2

3

4

ROSEN FÜR PERGOLEN UND RANKBÖGEN

1 *Rosa* **'Albertine'**
Beliebte Ramblerrose mit verzweigten Trieben und Büscheln aus duftenden kupfrig rosa Blüten.
H 5 m; B 2,5 m.

2 *Rosa* **'Phyllis Bide'**
Wüchsige Kletterrose für Mauern und Säulen mit kleinen gefüllten Blüten, die rosa, lachsfarben und gelb gefärbt sind.
H 2,5 m; B 1,5 m.

3 *Rosa* **'New Dawn'**
Unkomplizierte Rose, die auch Nordlagen toleriert und im Sommer duftende rosa-weißliche Blüten trägt.
H 5 m; B 5 m.

4 *Rosa* **Handel**
Recht kompakte moderne Kletterrose, die sich wunderbar für Obelisken oder Bögen eignet. Treibt jedes Jahr an der Basis neu aus.
H 3 m; B 2,2 m.

5 *Rosa* **Laura Ford**
Aufrecht wachsende Kletterrose mit dichten Büscheln aus halb gefüllten gelb-rosa Blüten.
H 2,2 m; B 1,2 m.

6 *Rosa* **'Compassion'**
Stark duftende buschige Kletterrose mit dunkelgrünen Blättern. Die gefüllten Blüten sind lachsrosa mit hellem Orange in der Mitte.
H 3 m; B 2,5 m.

7 *Rosa* **'Climbing Iceberg'**
Kletternde Version der beliebten Floribunda-Beetrose. Reich blühend mit süßem Duft und nicht zu stachelig.
H 4 m; B 3 m.

8 *Rosa* **Summer Wine**
Kräftige Kletterrose mit großen, matt glänzenden Blättern und korallenrosa Sommerblüten.
H 3 m; B 2,2 m.

ROSEN FÜR GEMISCHTE BEETE

1 *Rosa* **Baby Love**
Moderne kleine Beetrose mit leuchtend gelben Blüten. Ausgezeichnet für den Vorderrand einer Rabatte oder als kleine Hecke geeignet.
H 80 cm; B 60 cm.

2 *Rosa* **'Ballerina'**
Kompakte Strauchrose mit zahlreichen Büscheln aus ungefüllten blassrosa Blüten mit weißer Mitte.
H 1–1,2 m; B 1,2 m.

3 *Rosa* **Bonica**
Niedrige Strauchrose mit langer Blütezeit und leuchtend roten Hagebutten. Exzellenter Bodendecker.
H 1 m; B 1,2 m.

4 *Rosa* **'Roseraie de l'Haÿ'**
Rugosarose mit runzeligen Blättern. Bildet einen großen dichten Strauch, der bis zum Spätherbst blüht.
H bis 2 m; B 2 m.

5 *Rosa* **'Madame Hardy'**
Wüchsige Damaszenerrose mit dunkelgrünen Blättern und duftenden, gefüllten, weißen Blüten, die auffällige grüne Mitten haben.
H 1,5 m; B 1,2 m.

6 *Rosa* **'Constance Spry'**
Stark wachsende Strauchrose mit nach Myrrhe duftenden rosa Blüten, die stark zurückgeschnitten oder als Kletterrose erzogen werden muss.
H 2 m; B 1,5 m.

7 *Rosa* **'Complicata'**
Große altmodische Gallica-Strauchrose mit einem Meer aus offenen rosa Blüten. Besser für frei gestaltete, naturnahe Gärten geeignet.
H bis 2,2 m; B bis 2,5 m.

8 *Rosa* **'Charles de Mills'**
Geeignet für eine Hecke hinter einer Rabatte. Aufrecht wachsende Gallicarose mit großen, gefüllten, karminroten Blüten.
H 1,2 m; B 1 m.

DUFTENDE ROSEN

1 *Rosa* **'Arthur Bell'**
Beetrose mit glänzenden, leuchtend grünen Blättern und duftenden, gefüllten, gelben Blüten.
H 1 m; B 60 cm.

2 *Rosa* **Breath of Life**
Kletterrose mit duftenden, gefüllten, aprikosenfarbenen Blüten.
H 3 m; B 2,2 cm.

3 *Rosa* **Gertrude Jekyll**
Altmodische Englische Strauchrose, die aber öfter blühend ist. Welke Blüten entfernen, damit sie immer wieder neue Blüten entwickelt.
H 1,5 m; B 1 m.

4 *Rosa* **Valencia**
Wuchsfreudige und meist gesunde Teehybride mit langen robusten Trieben und intensivem Duft. Ausgezeichnete Schnittblume.
H 75 cm; B 65 cm.

5 *Rosa* **'Félicité Parmentier'**
Einmal blühende Alte Rose aus der Alba-Gruppe mit wunderschönen, duftenden, blassrosa Blüten.
H 1,3 m; B 1,2 m.

6 *Rosa* **Baronne Edmond de Rothschild**
Teehybride mit großen, gefüllten, rubinroten Blüten, deren Blütenblätter unterseits blassrosa sind.
H 1 m; B 75 cm.

7 *Rosa* **'Penelope'**
Buschige Strauchrose mit großen Büscheln aus duftenden blassrosa Blüten, die sich im Sommer und Herbst öffnen.
H 1 m; B 1 m.

8 *Rosa* **Fragrant Cloud**
Große wüchsige Teehybride, deren duftende Blüten sich im Lauf der Blütezeit purpurn färben und oft in Büscheln stehen.
H 75 cm; B 60 cm.

1

2

3

4

5

6

7

8

ROSEN FÜR TERRASSEN

1 *Rosa* **'Nathalie Nypels'**
Moderne Beetrose mit Büscheln aus süß duftenden rosa Blüten.
H 75 cm; B 60 cm.

2 *Rosa* **Laura Ashley**
Miniaturkletterrose mit malvenfarbenen und rosa Blüten. Wird mitunter als Bodendecker verwendet, ist aber auch ideal für Ampeln.
H 60 cm; B 1,2 m.

3 *Rosa* **Anna Ford**
Perfekte kleine Beetrose für Pflanzgefäße, die Büschel aus halb gefüllten tief orangeroten Blüten mit gelben Mitten trägt.
H 45 cm; B 45 cm.

4 *Rosa* **Cider Cup**
Kleine Floribundarose mit orangefarbenen bis rosa Blütenbüscheln, dunklen Blättern und fruchtigem Duft.
H 75 cm; B 60 cm.

5 *Rosa* **Ferdy**
Strauchrose mit zahlreichen kleinen, gefüllten, korallenrosa Blüten, die sich im Sommer öffnen.
H 80 cm; B 1,2 m.

6 *Rosa* **Baby Masquerade**
Dichte Miniaturbeetrose mit kleinen rosettenförmigen Blüten, die zunächst gelb sind, sich später aber rosa und karminrot färben.
H 40 cm; B 40 cm.

7 *Rosa* **Little Bo-peep**
Ausgezeichnete Miniaturrose für Pflanzgefäße mit dichtem buschigem Wuchs und langer Blütezeit.
H 80 cm; B 1 m.

8 *Rosa* **Warm Welcome**
Kleine Kletterrose, die von oben bis unten blüht. Eignet sich für Kübel und Stützen wie Obelisken.
H bis 2,5 m; B bis 1,5 m.

GRÄSER, BAMBUSSE & FARNE

Gräser, Bambusse und Farne bereichern Gärten mit eindrucksvollen und mitunter überraschenden architektonischen Elementen. Diese Pflanzen besitzen zwar keine leuchtend gefärbten Blüten, doch das machen sie mit ihren speziellen Wuchsformen und Texturen wett. Einzeln oder in Gruppen gepflanzt sorgen sie für Form und Struktur. Zudem lassen sie Bewegung im Garten entstehen, wenn sich ihre hohen Halme, Rohre, Wedel und Blütenstände raschelnd im Wind wiegen. Und sie bieten eine riesige Farbpalette von unterschiedlichsten Grüntönen bis zu Blau, Grau, Silber, Bronze und Gold.

Seine Rohre allein sind mitunter Grund genug, einen Bambus zu pflanzen. *Phyllostachys aureosulcata* fo. *spectabilis* etwa hat spektakuläre goldgelbe Rohre.

GRÄSER

Gräser sind seit vielen Jahrhunderten wichtiger Bestandteil europäischer Gärten, waren aber bis in jüngste Zeit auf Rasen und Wiesen beschränkt. In der zweiten Hälfte des 20. Jahrhunderts hielten dann auch Ziergräser immer häufiger Einzug in Gärten. Zwar haben sie anders als die meisten Gartenpflanzen keine hübschen, farbenfrohen Blüten, aber sie bringen Struktur, Höhe, Herbstfarben, reizvolle Wintersilhouetten und vor allem Bewegung in den Garten. Einige wie das Riesen-Federgras und das Pfeifengras behalten bis weit in den Herbst ihre leuchtend goldorangefarbenen Stängel, und Gräser wie Chinaschilf und Reitgras bleiben während der Wintermonate und bis weit in das Frühjahr hinein attraktiv.

Geräusche und Bewegungen von Gräsern, die im leisesten Wind rascheln, verleihen Beeten eine neue Dimension. Zudem sorgen sie zwischen blühenden Pflanzen für Farb- und Formenkontraste.

Im Winter schmücken Gräser den Garten mit ihren Reizen: Anders als Stauden bleiben sie ganz erhalten. Zudem bieten sie mit ihren Fruchtständen Vögeln Futter.

GRÄSER AUSWÄHLEN

Bei Gräsern unterscheidet man meist zwischen horstbildenden und ausläuferbildenden Typen. Einige wachsen von Natur aus buschig, andere können mit ihren kriechenden Wurzelstöcken den ganzen Garten vereinnahmen. Heute ist eine große Palette an Gräsern im Angebot, die sich nicht aussäen oder unkontrolliert ausbreiten. Im Zweifel fragen Sie den Anbieter oder achten genau auf den Wuchs der Pflanze. Bildet sie einen ordentlichen dichten Busch oder Horst, wird sie kaum wuchern. Aber Vorsicht, wenn überall Triebe aus der Erde kommen. Vor allem auf leichten sandigen Böden wuchern Gräser wie das panaschierte Rohrglanzgras leicht und müssen regelmäßig in ihre Schranken gewiesen werden.

GRÄSER PLATZIEREN

Gräser kann man, abhängig vom Typ und der gewünschten Wirkung, als Solitärpflanzen verwenden, zwischen andere Pflanzen setzen oder in größeren Gruppen pflanzen. Versuchen Sie es mit großen Gruppen des Chinaschilfs *Miscanthus sinensis* 'Kleine Silberspinne'. Es ist nicht das größte Gras, aber dennoch sehr eindrucksvoll. Auch das Gartensandrohr *Calamagrostis* x *acutiflora* 'Karl Foerster' sieht in Gruppen sehr hübsch aus. Man kann es als Schutzhecke pflanzen oder zwischen kleinere Blütenstauden setzen, um einem Beet mehr Tiefe zu geben.

Da viele Gräser im Herbst erhalten bleiben, lassen sich durch eine sorgfältige Platzierung wunderschöne Effekte erzielen. Die schlanken Blütenähren und orangefarbenen Halme des Blauen Pfeifengrases *Molinia caerulea* subsp. *arundinacea* 'Windspiel' oder 'Transparent' leuchten in der herbstlichen Spätnachmittagssonne, 'Transparent' ist, wie sein Name andeutet, fast durchscheinend. Vorn in eine Pflanzung gesetzt wirkt es wie ein Schleier.

GRÄSER PFLANZEN

Am besten pflanzt man Gräser im Frühjahr oder Herbst, wenn der Boden warm ist. Mitunter kann man auch im frühen Winter pflanzen, sofern die Erde nicht steinhart oder staunass ist. Die Pflanze zunächst in einem Eimer gut wässern. Ein Loch ausheben, das viermal so groß wie der Topf ist. Den Topf hineinstellen und prüfen, ob der Wurzelballen oben bündig mit der Erdoberfläche abschließt.

1 Die Pflanze behutsam aus dem Topf nehmen. Einige Wurzeln aus dem Wurzelballen ziehen, um der Pflanze das Anwachsen zu erleichtern.

2 Das Loch mit Erde auffüllen und diese mit dem Fuß festtreten. Die Pflanze gründlich wässern.

1

2

NATURNAHE GRASPFLANZUNGEN

Gartengestalter in Deutschland und den Vereinigten Staaten pflanzen Stauden und Gräser heute oft in einer Weise, die das natürliche Wuchsverhalten der Pflanzen nachahmt. Die Pflanzen stammen aus Lebensräumen, in denen ähnliche Bedingungen wie im Garten herrschen. Dominiert im Garten z. B. Halbschatten, sollte man Pflanzen des Waldrands wählen, die in der Natur im lichten Schatten wachsen und nur am Tag Sonne haben.

So pflanzt man z. B. Gräser mit ausläuferbildenden Wurzeln in Gruppen, andere, die sich durch Samen verbreiten, punktuell. Nackte Erde wird mit Bodendeckern oder Mulch bedeckt, um Unkraut zu unterdrücken. So entsteht eine Pflanzengemeinschaft, die sich natürlich entwickelt und deren Pflege einfacher ist als die eines traditionellen Gartens, da man weder Stützen braucht noch welke Blüten entfernen muss.

WIE GRÄSER SCHÖN BLEIBEN

Ziergräser brauchen wenig Pflege, um gut zu wachsen und schön auszusehen. Als Faustregel gilt: Bei den meisten immergrünen Gräsern, einschließlich Seggen und Binsen, muss man nur beschädigte Blätter und alte Blütenstängel entfernen, am besten im Spätwinter, ehe sie im Frühjahr neu austreiben. Gräser, die sich im Herbst strohgelb färben, sollte man im Spätwinter auf Bodenhöhe zurückschneiden, nachdem sie mit ihren bereiften Blättern den winterlichen Garten bereichert haben.

Da die meisten Gräser in der Natur in mageren Böden wachsen, muss man sich kaum um sie kümmern. Zu viel Wasser, Nährstoffe und Pflege schaden ihnen sogar. Ausnahmen sind große Gräser wie Pampasgras, die gelegentlich einen Volldünger brauchen. Gießen muss man Gräser meist nur nach dem Pflanzen und während des Anwachsens. Rollen sich ihre Blätter aber während einer Trockenperiode auf, benötigen sie Wasser.

Abgestorbene Pflanzenteile wie alte Stängel mit dem Laubbesen entfernen. In der Mitte beginnend Abfälle herausharken.

Kies ist ein attraktiver effizienter Mulch für Gräser. Er hält die Bodenfeuchte und unterdrückt Unkräuter.

Alte Stängel mit der Gartenschere am Boden abschneiden. Bei Gräsern mit scharfen Rändern Augen und Hände schützen.

Dickere Gräser mit rohrähnlichen Stängeln wie Chinaschilf mit der Astschere abschneiden. Vielleicht ist sogar eine Säge nötig.

SCHÖNE BLATTFARBEN

1 *Festuca glauca*
Blauschwingel
Horstbildendes immergrünes Gras mit stahlblauen Blättern. Blütezeit Früh- und Hochsommer.
H bis 30 cm; B 25 cm.

2 *Holcus mollis* 'Albovariegatus'
Weiches Honiggras
Mehrjähriges kriechendes Gras mit flachen, weichen, blaugrünen Blättern, die cremeweiße Ränder haben. Teppichartiger Bodendecker.
H 20 cm; B 45 cm.

3 *Miscanthus sinensis* 'Variegatus'
Gestreiftes Chinaschilf
Hohes Gras mit schmalen panaschierten Blättern, die blassgrün und cremeweiß gestreift sind.
H bis 1,8 m; B 25 cm.

4 *Elymus magellanicus*
Magellan-Blaugras
Dichte horstige Grasstaude, bildet mitunter Blütenähren im Sommer und Herbst.
H bis 1 m; B bis 0,5 m.

5 *Molinia caerulea* subsp. *caerulea* 'Variegata'
Blaues Pfeifengras
Kleines sommergrünes Gras mit purpurnen Blütenständen und cremefarben gestreiften Blättern, die sich im Herbst reingelb färben.
H 45–60 cm; B 40 cm.

6 *Hakonechloa macra* 'Aureola'
Japangras
Bildet dichte Horste aus leuchtenden blassgrünen Blättern, die im Herbst rot überlaufen sind. Gut für Pflanzgefäße geeignet.
H 35 cm; B 45 cm.

7 *Helictotrichon sempervirens*
Blaustahl-Wiesenhafer
Bildet große, dichte, runde Horste aus immergrünen silbrig blaugrünen Blättern.
H bis 1,4 m; B 60 cm.

8 *Miscanthus sinensis* 'Zebrinus'
Chinaschilf
Auf seinen Blättern erscheinen im Sommer weiße oder gelbe Querstreifen. Die Blütenstände sind rotbraun oder kupferfarben.
H bis 1,2 m; B 1,2 m.

REIZVOLLE BLÜTENSTÄNDE

1 *Pennisetum setaceum* 'Purpureum'
Lampenputzergras
Oft einjährig gezogenes, sommergrünes, tropisches Gras mit purpurnen Blättern und roten Blüten.
H 60 cm; B 60 cm.

2 *Stipa gigantea*
Riesenfedergras
Trägt an aufrecht stehenden Stängeln herrliche Blüten, die erst purpurgrün und später golden sind.
H bis 2,5 m; B 1,2 m.

3 *Miscanthus sinensis* 'Große Fontäne'
Chinaschilf
Bildet im Hochsommer gewaltige Blütenrispen. Seine langen gebogenen Blätter färben sich im Herbst goldbraun.
H 1,7 m; B 1,2 m.

4 *Pennisetum alopecuroides* 'Hameln'
Japanisches Federborstengras
Kleines immergrünes Gras mit typischen Blütenständen, die an Flaschenbürsten erinnern.
H 50 cm; B 50 cm.

5 *Cortaderia selloana* 'Silver Comet'
Pampasgras
Wirkt vielleicht etwas kitschig, aber dennoch dramatisch. Diese Sorte hat große weiße Blütenstände und weiß gestreifte Blätter.
H 2,5–3 m; B 1,5 m.

6 *Deschampsia cespitosa* 'Goldtau'
Rasen-Schmiele
Kompakte Sorte mit zahllosen duftigen, kleinen, silbrig roten Blüten, die sich im Spätsommer goldgelb färben.
H bis 75 cm; B bis 75 cm.

7 *Panicum virgatum* 'Dallas Blues'
Blaue Rutenhirse
In Texas heimisches ausdauerndes Präriegras, dessen blaugrünes Laub im Herbst goldgelb wird. Trägt große Ähren aus zarten Blüten.
H 2,5–3 m; B 1,5 m.

8 *Briza maxima*
Größtes Zittergras
Recht kompaktes Gras, das wegen seiner ungewöhnlichen hopfenartigen Blütenstände gezogen wird.
H 45–60 cm; B 25 cm.

BAMBUS

Als Verwandter der Gräser ist Bambus streng genommen kein Gehölz, wird aber von Gärtnern oft als solches behandelt, da seine harten holzigen Rohre viele Jahre alt werden können. Zwar fehlen Blüten, Früchte und andere saisonale Highlights, doch das machen seine anmutigen, sich im Wind wiegenden Triebe und raschelnden schmalen Blätter wett. Die Rohre haben mitunter eine ungewöhnliche Färbung, die von Graugrün über Gelb bis Schwarz reicht. Weiterer Pluspunkt: Alte Bambusrohre können als Pflanzenstützen benutzt werden.

BAMBUS PLATZIEREN

Bambus-Arten reichen von 10–15 cm kleinen Zwergen bis zu haushohen Riesen. Auch ihre Winterhärte ist sehr unterschiedlich. Die Mehrzahl bevorzugt feuchten Boden und die meisten Arten von *Fargesia, Sasa* und *Phyllostachys* vertragen Schatten.

Einige wie *Pleioblastus* neigen zum Wuchern. Lassen Sie sich beim Kauf beraten. Sollten Sie einen wuchernden Typ wählen, brauchen Sie genug Platz oder müssen die Wurzeln beschränken. Oft breitet sich Bambus an feuchten Plätzen weniger stark aus als unter trockenen Bedingungen.

Die Mehrzahl der Bambus-Arten geht nach der Blüte ein, aber dies ist kein Hinderungsgrund, sie zu pflanzen, da sie extrem selten – manche nur alle 100 Jahre – blühen. Oder Sie kaufen Jungpflanzen einer Art wie *Fargesia murielae,* die in den 1990er-Jahren geblüht hat. Bambuspflanzen ein und derselben Art sind oft Klone und haben daher weltweit den gleichen Lebenszyklus. Erkundigen Sie sich am besten vor dem Kauf nach dem mutmaßlichen Lebenszyklus der ins Auge gefassten Art.

Anmutiger Hintergrund Auf begrenztem Raum bildet *Fargesia* Büsche, die aufrecht und kompakt wachsen und dichten Schatten auf andere Pflanzen werfen.

Ein Schirm aus Bambus fügt sich wunderbar in moderne Gärten ein. Hier wirken seine sich kreuzenden Triebe und filigranen Blätter durch den roten Hintergrund und die Beleuchtung noch dramatischer.

Ein durchsichtiger Bambusschirm bildet eine zarte Trennlinie zwischen zwei Gartenbereichen. Anders als eine Mauer oder ein Zaun wirft er nur lichten Schatten, sofern er nicht zu dicht gepflanzt wird.

BLICKFÄNGE

Bambus bildet eine vielseitige Pflanzengruppe. Arten mit skulpturhaften Formen wie die anmutigen Arten *Fargesia murielae* und *F. nitida* oder die wuscheligere Art *Chusquea culeou* sehen als Mittelpunkt in einem Beet oder als Solitärpflanzen in Kiesgärten oder Hinterhöfen spektakulär aus.

Besonders gut eignet sich Bambus auch für moderne Gestaltungen. Eine Art en masse in geometrisch geformte Beete gepflanzt wirkt sehr zeitgemäß. In eine Reihe gepflanzt lässt Bambus einen effektvollen Schutzschirm entstehen, mit dem man einen Garten einfrieden oder in Räume teilen kann. Empfehlenswert ist hier ein Bambus mit reizvollen Trieben wie der schwarze *Phyllostachys nigra* oder eine Art mit gelben Rohren wie *Phyllostachys bambusoides* 'Castilloni'.

EFFEKTE MIT BAMBUS

Obwohl Bambus streng genommen kein Gehölz, sondern eine Staude ist, kann er aufgrund seiner holzigen Rohre im Garten wie ein Strauch behandelt werden. Hohe Typen wie *Phyllostachys* oder *Fargesia* lassen in einer Reihe gepflanzt einen anmutigen Sichtschutz entstehen. Kleinere Typen wie *Sasa* und *Pleioblastus variegatus* sind gute Bodendecker. Abgesehen von sehr hohen Arten gedeihen die meisten Bambusse in Pflanzgefäßen gut, sofern sie ausreichend gewässert werden. In modernen Gärten kann man Bambus in geometrische Beete pflanzen. Oder man verwendet ihn für ostasiatische Gartengestaltungen.

BAMBUS IN GEFÄSSEN

Pflanzgefäße sind eine Möglichkeit, Bambus in Schach zu halten. Verwenden Sie stets Kübel, die groß genug für die Wurzeln sind. Auch dürfen die Pflanzen in den Gefäßen niemals austrocknen. Für kleinere Bambus-Arten sollte der Topf mindestens 40 cm Durchmesser haben, für größere Pflanzen 90 cm oder mehr. Am besten geeignet sind moderne Kübel.

Eine der schönsten kleinen Bambus-Arten für Pflanzgefäße ist der filigrane *Pleioblastus pygmaeus*. Etwas größer wird *Arundinaria gigantea* subsp. *tecta*, dessen gelbe Triebe etwa 1,8 m Höhe erreichen können.

Düngen Sie die Pflanzen während der Wachstumsperiode (ideal ist ein Langzeitdünger) und entfernen Sie jedes Jahr etwa ein Drittel der Triebe, damit sie nicht zu dicht stehen.

Eine einfache Barriere um die Wurzeln herum verhindert, dass Bambus anderen Pflanzen den Platz streitig macht.

Kultiviert man einen Bambus im Pflanzgefäß, kann er sich nicht ungehindert ausbreiten.

WURZELBARRIEREN

Einige Bambus-Arten wuchern besonders stark und müssen unter Kontrolle gehalten werden, damit sie sich nicht im ganzen Garten ausbreiten.

Es gibt verschiedene Möglichkeiten, die Ausbreitung zu verhindern. Am einfachsten ist es wahrscheinlich, die Bambuspflanzen in Pflanzgefäße zu setzen *(siehe links)*.

Wer seine Pflanzen jedoch lieber in den Boden setzt, begrenzt die Wurzeln durch eine einfache Barriere, eine sogenannte Wurzelsperre. Sie kann aus Schieferplatten, Stahl oder unverrottbarem Kunststoff bestehen und sollte mindestens bis in 40 cm Tiefe reichen. Man lässt sie senkrecht so in den Boden ein, dass sie 8–10 cm aus der Erde heraussteht. Fugen sollten möglichst geschlossen werden, damit Wurzeln nicht hindurchwachsen können.

Manche Gärtner ziehen es aber vor, jedes Jahr alle Wurzeln auszugraben, die sich von ihrem zugewiesenen Platz entfernt haben *(siehe gegenüber)*.

BAMBUS ZURÜCKSCHNEIDEN

Wuchernder Bambus breitet sich durch Rhizome (unterirdische Sprosse) in die umliegende Erde aus. Will man dies verhindern, hebt man rund um die Pflanze einen Graben mit etwa 30 cm Breite und Tiefe aus, um die Rhizome freizulegen. Dann trennt man überzählige Rhizome dicht am Wurzelballen ab und gräbt sie vollständig aus. Junge Rhizome sind noch recht weich und lassen sich mit einem guten Spaten leicht durchtrennen. Bei älteren härteren Rhizomen benötigen Sie vielleicht eine Garten- oder Astschere.

1 Mit dem Spaten alle Rhizome abtrennen, die in den Grabenbereich vorgedrungen sind. Bei sehr harten Rhizomen kann es hilfreich sein, den Spaten zunächst mit einem Abziehstein zu schärfen. Die Rhizome können aber auch mit der Gartenschere abgeschnitten werden.

2 Die Rhizomstücke mit der Hand aus dem Boden ziehen. Sollten sie sehr tief in den Boden reichen, benutzen Sie eine Grabegabel, um sie freizulegen und zu entfernen. Die Stücke können weggeworfen oder in Töpfe gepflanzt werden, um neue Pflanzen zu ziehen.

3 Die ausgehobene Erde wieder in den Graben füllen. Sollten sich weitere Rhizome wieder über den Wurzelballen hinaus ausbreiten, trennt man sie sofort ab. Vermutlich muss diese Arbeit im nächsten Jahr wiederholt werden, um den Bambus unter Kontrolle zu halten.

ZIERBAMBUS

1 *Phyllostachys aureosulcata* fo. *aureocaulis*
Goldener Pekingbambus
Mittelgroßer bis großer Bambus mit geraden, leuchtend goldgelben Rohren, der sich in warmen Lagen stark ausbreiten kann.
H 2–10 m; B unbegrenzt.

2 *Sasa palmata* fo. *nebulosa*
Zwergbambus
Wüchsiger, sich ausbreitender Bambus mit 35–40 cm langen, glänzenden, leuchtend grünen Blättern.
H bis 2 m; B unbegrenzt.

3 *Phyllostachys vivax* fo. *aureocaulis*
Zauberbambus
Rasch wachsender Bambus mit kräftigen buttergelben, mitunter grün gestreiften Rohren, der sehr hoch werden kann.
H bis 10 m; B unbegrenzt.

4 *Fargesia nitida*
Fontänen-Schirmbambus
Hat schlanke purpurgrüne Rohre und schmale mittelgrüne Blätter. Kompakt und schwachwüchsig.
H bis 5 m; B 1,5 m.

5 *Pseudosasa japonica*
Maketebambus
Bildet in warmen Lagen hohe Dickichte. Junge Triebe sind olivgrün, färben sich beim Älterwerden aber hellbeige.
H bis 6 m; B unbegrenzt.

6 *Phyllostachys nigra*
Schwarzrohrbambus
Seine Rohre werden im dritten Jahr fast pechschwarz. Er bildet ordentliche Büsche.
H 3–5 m; B 2–3 m.

7 *Chusquea culeou*
Chusquea
Entwickelt charakteristische dicke Rohre, die im ersten Jahr weiße papierartige Blattscheiden tragen und dicke Stängelknoten besitzen.
H bis 6 m; B 2,5 m.

8 *Phyllostachys viridiglaucescens*
Grüner Pulverbambus
Winterharter, immergrüner, horstbildender Bambus mit grünlich gelben gebogenen Rohren.
H 6–8 m; B unbegrenzt.

9 *Yushania maculata*
Fontänenbambus
Aufrecht wachsender, ausläuferbildender Bambus mit grünen Blättern. Die zunächst blaugrauen Triebe färben sich später olivgrün.
H bis 4 m; B unbegrenzt.

10 *Fargesia murielae*
Muriels Schirmbambus
Kompakter anmutiger Bambus mit dichten zarten Blättern, dessen Rohre zunächst grün sind und dann gelb werden.
H 4 m; B 1,5 m.

11 *Sasa veitchii*
Wiesenbambus
Ausläuferbildender Bambus mit violetten Rohren und breiten dunkelgrünen Blättern, die im Herbst weiße Ränder bekommen.
H 1,5 m; B unbegrenzt.

12 *Phyllostachys nigra* fo. *henonis*
Goldhaarbambus
Seine leuchtend grünen Triebe färben sich später gelbgrün. Die glänzenden immergrünen Blätter sind im Jugendstadium flaumig.
H 10 m; B 2–3 m.

13 *Semiarundinaria fastuosa* var. *viridis*
Narihirabambus
Aufrecht wachsender, horstbildender Bambus mit grünen Rohren – ideal für waldige Gärten.
H bis 7 m; B 2 m.

14 *Thamnocalamus spathiflorus*
Thamnocalamus
Wüchsiger horstbildender Bambus, dessen Rohre beim Älterwerden braunrosa werden.
H bis 10 m; B 6 m.

15 *Fargesia murielae* 'Simba'
Löwenbambus
Sogenannte Zwergform, die aber recht groß werden kann. Kompakt, horstbildend und immergrün.
H 1,9 m; B 1,5 m.

16 *Pleioblastus variegatus*
Buschbambus
Kleiner, buschiger, ausläuferbildender Bambus mit grün und weiß gestreiften Blättern.
H 0,75–1,5 m; B 1,2 m.

FARNE

Farne sind anders als andere Pflanzen. Sie blühen z. B. nicht und ihr Reiz liegt hauptsächlich in ihrer Wuchsform und Textur, nicht in spektakulären Farben. Auch ihre Vermehrung verläuft vollkommen anders. Statt Samen bilden sie Sporen aus, die in winzigen Kapseln an den Blattunterseiten sitzen. Werden die Sporen verstreut, können aus ihnen unter den richtigen Bedingungen kleine »Vorkeime« heranwachsen. Sie können Farne vermehren, indem Sie Sporen sammeln und in einem Vermehrungskasten in Töpfe säen. Der Erfolg ist jedoch fraglich und es kann fast zwei Jahre dauern, bis Sie kleine Farne auspflanzen können. Einfacher lassen sich Farne durch Teilung vermehren *(s. S. 304–305)*. Einige Farne sind winterhart und wachsen ohne Probleme im Freien. Andere sind frostempfindlich und sollten im Winter geschützt oder ins Haus gebracht werden.

In gemischten Rabatten kommen Farne im Frühjahr großartig zur Geltung, sobald sie ihre fest zusammengerollten neuen Wedel langsam entrollen. Sie gedeihen aber erheblich besser, wenn das Beet zumindest im Halbschatten liegt.

Frostempfindliche subtropische Baumfarne wie *Dicksonia antarctica* können an geschützten Standorten mit gemäßigtem Klima im Freien wachsen, doch im Winter müssen ihre Stämme und Kronen vielleicht mit Stroh oder Vlies geschützt werden.

Ein feuchter Garten mit Nordlage kann zu einer echten Herausforderung werden, wenn man dort nicht nur Farne und andere schattentolerante, feuchtigkeitsliebende Pflanzen ziehen möchte.

FARNE PFLANZEN

Farne sind ein wahrer Glücksfall für jeden Garten mit einem schattigen feuchten Bereich, in dem sich wenige andere Pflanzen wohlfühlen. Viele Farne mögen definitiv keine Sonne, da ihre Wedel leicht verbrennen, und bevorzugen feuchte Bedingungen. Die meisten gedeihen am besten im Halbschatten oder Schatten, in sumpfigen Ecken, neben Teichen und Bächen oder unter Bäumen. Am wichtigsten ist es, sie stets feucht zu halten, sie in nährstoffreiche Erde zu pflanzen, die viel gut verrottetes organisches Material enthält, und sie vor Wind zu schützen. Oft wachsen Farne nur langsam und es kann eine Weile dauern, bis sie sich etabliert haben. Dann sind die meisten jedoch sehr robust und man muss kaum mehr tun, als im Frühjahr vor Erscheinen der neuen Wedel abgestorbenes Laub zu entfernen.

Farne stellen keine allzu hohen Ansprüche an den pH-Wert des Bodens und die meisten wachsen zufrieden in neutraler bis alkalischer Erde. Ausnahmen sind Rippenfarne (*Blechnum*) und der zarte Krause Rollfarn (*Cryptogramma crispa*), die sauren Boden bevorzugen. Sollte Ihr Boden alkalisch sein, ist es vielleicht einfacher, diese Farne in Rindensubstraten oder spezieller Moorbeeterde (kalkfrei), die man mit Sand oder Grus mischt, zu ziehen.

Baumfarne können im Freien nur an warmen, geschützten Standorten wachsen, denn es handelt sich um subtropische Pflanzen aus Australasien, Süd- und Mittelamerika, Südostasien und dem süd-pazifischen Raum. In gemäßigtem Klima muss man sie im Winter ins Haus bringen oder ihre Stämme, an denen die langen Wedel sitzen, in Stroh oder Vlies packen.

WINTERHARTE FARNE

1 *Dryopteris filix-mas*
Wurmfarn
Sommergrüner Farn, der dichte Büsche aus aufrecht stehenden, ausladenden, mittelgrünen Wedeln bildet.
H 1,2 m; B 1 m.

2 *Osmunda regalis*
Königsfarn
Großer sommergrüner Farn mit leuchtend grünen Wedeln. Fruchtbare Wedel tragen an den Spitzen blütenstandähnliche rostbraune Gebilde.
H 2 m; B 4 m.

3 *Matteuccia struthiopteris*
Straußenfarn
Hohe, sterile, grüne Wedel von bis zu 1,2 m Länge umgeben kürzere, braune, fertile Wedel, die in Form eines Federballs angeordnet sind.
H 1,7 m; B bis 1 m.

4 *Polystichum setiferum*
Weicher Schildfarn
Immergrüner Farn mit ausladenden lanzettlichen Wedeln, die an feuchten Stellen in tiefem Schatten große Büschel bilden.
H 1,2 m; B 90 cm.

5 *Asplenium scolopendrium* Crispum-Gruppe
Hirschzungenfarn
Trägt glänzende grüne Wedel mit charakteristischen gewellten oder gerüschten Rändern.
H 30–60 cm; B 30–60 cm.

6 *Polypodium vulgare*
Gewöhnlicher Tüpfelfarn
Niedriger ausläuferbildender Farn mit ledrigen dunkelgrünen Wedeln. Guter Bodendecker, der auch Sonne toleriert.
H 30 cm; B unbegrenzt.

7 *Dryopteris affinis*
Wurmfarn
Etwas kleiner als die verbreitetere Art *D. filix-mas* mit einem dunklen Fleck an der Stelle, an dem jedes Fiederblatt an der goldbraunen Mittelrippe sitzt.
H 90 cm; B 90 cm.

NICHT WINTERHARTE FARNE

1 *Platycerium bifurcatum*
Geweihfarn
Farn mit langen, gebogenen, geweihähnlichen Wedeln, die ihm seinen volkstümlichen Namen eingebracht haben.
H 1m; B 1m.

2 *Nephrolepis exaltata*
Aufrechter Schwertfarn
Horstbildender immergrüner oder halb immergrüner Farn mit langen ausladenden Wedeln.
H bis 2 m; B bis 2 m.

3 *Pteris cretica* var. *albolineata*
Kretischer Saumfarn
Immergrüner Farn mit reizvollen, panaschierten Blättern, die in der Mitte jedes Fiederblatts weiße Streifen haben.
H 45 cm; B 30 cm.

4 *Adiantum raddianum* 'Gracillimum'
Dreieckiger Frauenhaarfarn
Ungemein zarter Farn mit fein geteilten duftigen Wedeln, der Wärme und Feuchtigkeit braucht.
H bis 80 cm; B 30 cm.

5 *Asparagus densiflorus* 'Myersii'
Zierspargel
Diese Pflanze ist kein Farn, sieht aber mit ihren 30–40 cm langen dichten Trieben und gefiederten Blättern wie ein Farn aus.
H bis 1 m; B 50 cm.

6 *Blechnum gibbum*
Rippenfarn
Hoher immergrüner Farn mit langen, geraden, tief geteilten, dunkelgrünen Wedeln, die sich im Frühjahr aus einem stammartigen Rhizom entrollen.
H bis 90 cm; B bis 90 cm.

RASEN, WIESEN & KIESGÄRTEN

Ein Rasen kann im Garten eine magische Wirkung haben. Die offene grüne Fläche wirkt beruhigend und einladend zugleich. Ein Rasen kann vielfältige Funktionen erfüllen und eine beliebige Form besitzen. Er kann rechteckig sein, in großen Schwüngen verlaufen und nahtlos mit den anderen Bereichen des Gartens verschmelzen. Damit ein traditioneller Rasen schön wirkt, sollte er grün sein und saubere Kanten haben, andernfalls wird er kaum eine Zierde für den Garten sein. Nehmen Sie Ihren Rasen sorgfältig in Augenschein: Sind Sie mit ihm zufrieden oder hat er braune Flecken und unordentliche Kanten? Ist das Gras relativ einheitlich oder finden sich in ihm Unkräuter, vermooste oder kahle Stellen oder Büschel aus groben Gräsern?

Ein neuer Fertigrasen ist teuer, aber effektiv. Es gibt keine Wartezeiten, bis die Samen keimen oder das junge Gras endlich gut wächst.

DER RICHTIGE RASEN

Ein Rasen muss nicht kurz gemäht und makellos sein, denn dann ist er pflegeintensiv und besteht aus feinen Gräsern, die einer Beanspruchung nicht standhalten. Für einen Rasen, der viel benutzt wird, eignen sich robustere Gräser, die man etwas höher wachsen lässt, weitaus besser. Rasen muss auch nicht gleichmäßig hoch sein. Man kann einen Teil wachsen und die Gräser blühen lassen. Das sieht hübsch aus und lockt Tiere an, vor allem wenn Blumen vorhanden sind.

GRÖSSE UND FORM

Ein Rasen mit einer einfachen Form lässt sich leichter mähen und pflegen, weshalb man etwaige Ecken oder enge Kurven besser beseitigen sollte. Für kleine Gärten ist eine geometrische Form am besten. Ideal sind rechteckige, runde oder ovale Rasen. Bei kleinen Rasenflächen sind saubere Kanten und Unkrautbekämpfung wichtig. Große Rasenflächen sind in vieler Hinsicht leichter zu pflegen. Unkraut fällt weniger auf, die Beanspruchung ist geringer und man kann sie mit einem Aufsitzrasenmäher mähen.

Steile Böschungen kann man mit einem Mähroboter mähen, möglicherweise ist hier aber eine Mauer oder eine Pflanzung aus Bodendeckern hübscher und pflegeleichter. Leicht hügelige Rasen sind kein Problem. Befinden sich im Rasen aber kleine Hügel, die der Rasenmäher skalpiert, oder Mulden, in denen Gras lang und üppig wächst, empfiehlt es sich, den Boden einzuebnen. Graswege sind möglich, sofern sie nur leicht beansprucht werden. Um sie bequem mähen zu können, sollten sie mindestens 90 cm breit sein. Am besten haben sie die mehrfache Breite des Rasenmähers. Denken Sie auch an die Kanten. Ist eine Einfassung vorhanden? Eine vertieft liegende Einfassung etwa aus Ziegeln, Rabattensteinen, Holz oder Metall behindert den Rasenmäher nicht und erspart viel Arbeit.

(gegenüber, im Uhrzeigersinn von oben links)
Die meisten Rasen werden vor allem im Sommer genutzt. Sie brauchen Pflege, aber ein paar Unkräuter stören nicht.

Tierfreunde mähen den Rasen nur im Spätsommer und Spätherbst und säen Wildblumen, sodass eine Miniwiese entsteht.

Für Spielbereiche wählt man eine Saatmischung mit robusten Gräsern. Nicht zu kurz schneiden und regelmäßig pflegen.

Ein perfekter Rasen braucht einen hohen Anteil an feinen Gräsern und muss vor allem bei sommerlicher Hitze gewässert werden.

Graswege sind in wenig frequentierten Gartenbereichen eine ausgezeichnete Alternative zu befestigten Wegen.

RASENFLÄCHEN PFLEGEN

Damit ein Rasen dicht, grün und frisch bleibt, muss man ihn düngen und jäten, Falllaub und abgestorbenes Gras herausrechen und nach der Beanspruchung im Sommer den Boden lüften. Am wichtigsten ist jedoch, dass er gemäht wird – vor allem während der Wachstumsperiode. Schnittgut müssen Sie nicht wegwerfen. Sie können es als Mulch auf dem Rasen liegen lassen, um die Verdunstung zu verringern, oder auf den Kompost bringen, wo es sich zersetzt.

(oben) **Sichelmäher** eignen sich ausgezeichnet für Nutzrasen und langes Gras. Einige haben eine Mulchfunktion.

(unten) **Trimmer** sind nützlich für langes Gras und Rasen neben Mauern. Bei manchen lässt sich der Kopf drehen.

MÄHEN

Regelmäßiger Schnitt fördert dichtes Wachstum. Mähen Sie lieber wenig und oft und kürzen Sie das Gras nie um mehr als ein Drittel. Wenn Sie es zu hoch werden lassen und dann stark mähen, vermindert sich die Qualität des Rasens.

Am schnellsten wächst Gras bei warmem, feuchtem Wetter. Dann muss ein feiner Rasen möglicherweise zwei- oder dreimal pro Woche geschnitten werden. Bei einem Nutzrasen reicht ein Schnitt pro Woche meist aus. Denken Sie daran, dass grobe Gräser starken Schnitt nicht vertragen. Bei Hitze und Trockenheit lässt man das Gras höher werden, um die Bodenfeuchte zu erhalten. Schnittgut kommt in den Komposter oder wird, falls man keinen hat, in einer unauffälligen Gartenecke aufgehäuft, wo es vor sich hin rotten kann.

Nach Gebrauch sollten Sie den Rasenmäher stets säubern. Entfernen Sie Grasreste und wischen Sie die Messer mit einem geölten Lappen ab. Ölen Sie bewegliche Teile regelmäßig und halten Sie Messer scharf, damit sie das Gras sauber schneiden. Bei Sichelmähern lassen sich die Messer leicht herausnehmen und z. B. mit einem Ölstein oder einer Feile schärfen. Für Spindelmäher gibt es besondere Geräte unterschiedlicher Qualität. Lassen Sie hier die Messer vielleicht besser vom Fachmann schleifen. Bei einigen Modellen können abgenutzte oder beschädigte Messer leicht ersetzt werden.

TIPPS FÜR DEN SCHNITT

- **Im Frühjahr,** Sommer und Herbst mähen. Sofern das Gras wächst, auch im Winter.
- **Nicht mähen,** wenn der Rasen sehr nass oder gefroren ist oder bei Trockenheit im Sommer.
- **Erdhaufen von Würmern entfernen,** damit sie nicht eingeebnet werden und das Gras ersticken.
- **Schnittgut entfernen,** weil sonst Würmer aktiv werden und Erdhaufen aufwerfen und zudem eine »Filzschicht« entsteht. Eine Ausnahme sind heiße Sommer, in denen der Schnitt wie ein Mulch die Bodenfeuchte bewahren kann.
- **Bei rechteckigen Rasen** zuerst breite Streifen an den Enden mähen, um den Rasenmäher wenden zu können. Dann in geraden Streifen mähen, die sich leicht überlappen sollten.
- **Bei einer runden oder unregelmäßigen Form** einen Streifen rund um den Rand mähen, dann einen in der Mitte. Die entstandenen Hälften wie einen rechteckigen Rasen mähen.
- **Blockiert ein Rasenmäher** beim Mähen, zuerst den Stecker ziehen und dann nachschauen.

Mähen ist einfacher, wenn es nicht durch Rabattenpflanzen behindert wird. Schneiden Sie ausladende Triebe zurück oder fassen Sie den Rasen ein, damit die Kanten ordentlich bleiben.

WÄSSERN

Gräser beginnen vor allem im Sommer sich bei Wassermangel zu verfärben. Neuer Rasen und hochwertiger Zierrasen müssen deshalb gewässert werden, und zwar sobald sich das Gras nach dem Begehen nicht mehr aufrichtet. Bei Nutzrasen ist dies nicht nötig, denn seine gröberen Gräser werden zwar braun, erholen sich aber nach Regen und färben sich dann bald wieder grün. Im Zweifelsfall ist es einfacher und umweltfreundlicher, auf Regen zu warten.

Häufig werden Rasen mit Regnern gesprengt, die aber Wasser verschwenden. Um die Verdunstung möglichst gering zu halten, stellt man sie morgens, abends oder nachts an. Man kann sie auch so programmieren, dass sie nur so viel Wasser verteilen, wie nötig ist, um die obersten 15 cm Gartenerde zu befeuchten. Für große Rasen ist vielleicht die Installation versenkbarer Regner empfehlenswert oder ein Bewässerungsroboter, der sich von selbst weiterbewegt, wenn die Fläche nass ist.

DÜNGEN

Ein Rasen, dem Nährstoffe fehlen, bekommt eine blass gelbgrüne Farbe. Um dies zu vermeiden, düngt man den Rasen mindestens einmal im Jahr mit einem für die Jahreszeit geeigneten Rasendünger.

- **Dünger für Frühjahr und Sommer** sind stickstoffreich, damit der Rasen üppig und rasch wächst und eine schöne Farbe hat. Im Frühjahr oder Frühsommer anwenden.
- **Herbstdünger** enthalten viel Kalium und härten das Gras ab. Im Frühherbst ausbringen.

Rasendünger gibt es als Granulat oder in flüssiger Form. Flüssigdünger wird eingewässert. Er wirkt schnell und eignet sich besonders für kleine Rasen. Granulat ist ein Langzeitdünger und gibt Nährstoffe deshalb langsamer frei, sodass die Gräser im Sommer nicht so schnell durch zu konzentrierte Gaben versengt werden, muss aber, falls es nicht regnet, innerhalb von zwei bis drei Tagen eingewässert und zudem gleichmäßig verteilt werden. Für große Flächen lohnt sich die Anschaffung eines Streuwagens.

RASENPFLEGE IM HERBST

Durch Trockenheit und Beanspruchung im Sommer wird Rasen hart und fleckig. Man entfernt dann abgestorbenen »Rasenfilz« und lockert verdichtete Erde, damit Regen und Nährstoffe eindringen können. Dadurch kann das Gras tiefer wurzeln und Trockenheit besser überleben. Blätter und Wurmhäufchen wegrechen, da das Gras darunter gelb wird und absterben kann.

1 Mit dem Drahtbesen Filz aus dem Rasen herausfegen.

2 Alle zwei bis drei Jahre den Rasen belüften, wenn der Boden feucht ist. Mit der Gabel einstechen oder bei besseren Böden Aerifizierstecher benutzen, um Verdichtungen zu beseitigen.

3 Direkt nach dem Belüften ein Topdressing ausbringen und gleichmäßig auf der Oberfläche verteilen – ein Eimer reicht für etwa 5 Quadratmeter. Das Topdressing aus drei Teilen sandigem Lehm, sechs Teilen Sand und einem Teil Torfersatz (wie kompostierte Rinde oder Kokosfaser) herstellen.

4 Mit dem Rechenrücken oder einem harten Besen das Topdressing gut in das Gras und die Luftlöcher einarbeiten. Zur Erleichterung das Topdressing vorher etwas trocknen lassen.

5 Einen Herbstdünger ausbringen. Zur gleichmäßigen Verteilung die Hälfte des Düngers in einer Richtung und dann die andere Hälfte im rechten Winkel dazu ausstreuen.

6 Wo der Rasen dünn wirkt, sät man für den Rasen geeignetes Saatgut nach. Verwenden Sie etwa die Hälfte der für die Anlage eines neuen Rasens empfohlenen Menge.

1

4

2

3

5

6

RASENKANTEN REPARIEREN

Beschädigte Rasenkanten verkommen immer mehr und fordern wie jede nackte Erde die Ansiedlung von Unkräutern heraus. Da eine Nachsaat selten die gewünschte Wirkung hat, sollte man versuchen, das Problem mit dieser einfachen Methode zu lösen.

1 Um den beschädigten Bereich die Grasnarbe großzügig rechteckig abstechen, weil sie sonst beim Abheben auseinanderbricht. Vielleicht ist es hilfreich, wenn Sie sich auf ein Brett stellen und daran entlangschneiden, um eine gerade Kante zu bekommen.

2 Einen Spaten unter das Rechteck schieben. Heben Sie die Grasnarbe mit mindestens 2,5 cm Erde möglichst gleichmäßig ab.

3 Die freigelegte Erde mit der Gabel etwas lockern, damit die Wurzeln leichter wieder anwachsen. Eventuell Erde ergänzen und andrücken.

4 Die abgehobene Grasnarbe so zurücklegen, dass sich die beschädigte Kante innen befindet und die abgestochene Seite bündig mit der Rasenkante abschließt. Auf Passgenauigkeit und saubere Anschlüsse achten und eventuell korrigieren. Das eingesetzte Stück gut andrücken.

5 Topdressing *(s. S. 172–173)* in das Loch füllen und in die Verbindungsstellen geben, damit sie sich besser schließen. Bei großen Löchern können geeignete Grassamen nachgesät werden. Wässern Sie und behalten Sie die Stelle im Auge, bis das Gras wieder zu wachsen beginnt. Nötigenfalls jäten und wässern.

6 Damit die Kante sauber bleibt, das Gras abstechen, sobald die Kante beginnt, unordentlich auszusehen. Dies ist am einfachsten, wenn der Boden feucht, aber nicht nass ist. Als Führungshilfe legt man ein Brett auf den Boden oder spannt eine Schnur und trennt die Graswurzeln mit einem Spaten oder Kantenstecher dort durch, wo sie in Beete vordringen. Ist die Arbeit in einer Richtung vollendet, geht man noch einmal in die andere Richtung und drückt das Arbeitsgerät gegen die Erde, um sie zu stabilisieren.

2

3

5

6

WENN DER RASEN PROBLEME MACHT

In jedem Rasen treten hin und wieder verfärbte Stellen oder andere Probleme auf. Oft ist die Ursache schlechtes Wetter. Achten Sie stets auf erste Anzeichen, denn rasches Handeln verhindert meist dauerhafte Schäden im Rasen. Wenn das gleiche Problem immer wieder auftritt, sollte man den Grund dafür finden. Denn langfristig ist die Bekämpfung der Ursache weitaus effektiver als die Behandlung der Symptome.

LICHTMANGEL

In Sonne und lichtem Schatten gedeihen Gräser gut. Bäume werfen jedoch häufig zu tiefen Schatten. Dann wird das Gras dünn und wahrscheinlich wächst Moos. Wenn möglich, sollte man in diesem Fall die Baumkronen kräftig auslichten, damit sie mehr Licht durchlassen. Es gibt auch schattentoleranten Rasen, aber er besteht aus Gräsern, die starke Beanspruchung und starken Schnitt schlecht vertragen. Ziehen Sie deshalb für Schattenbereiche alternative Bodendecker wie schattenliebende Pflanzen oder Rindenmulch in Betracht.

STAUNÄSSE

Nässe ist ein großes Problem, da Graswurzeln bei Sauerstoffmangel absterben. Steht nach Regen Wasser auf dem Rasen, kann dies einen hohen Grundwasserspiegel oder schlechte Dränage anzeigen.

Schlechte Dränage kann durch eine undurchlässige Schicht aus verdichteter Erde im Boden hervorgerufen werden. Liegt die Schicht nicht zu tief, kann man sie mit einer Gabel aufbrechen *(s. S. 172–173).* Ist dies nicht möglich, sind drastischere und kostspieligere Maßnahmen erforderlich. Möglicherweise müssen

Braune/gelbe Stellen Ursache kann ungleichmäßig verteilter bzw. nicht eingewässerter Dünger oder Hundeharn sein. Uriniert ein Hund auf dem Rasen, muss man die Stelle sofort gut wässern.

Schneeschimmel Tritt meist im Spätherbst und Winter auf. Zeigt schlechte Belüftung und zu viel Stickstoff an. Rasen fegen und belüften. Im Herbst keinen Frühjahrsdünger ausbringen.

Trockenheit Gelbliche strohige Flecken, manchmal im ganzen Rasen. Gras höher werden lassen und Rasenschnitt liegen lassen, um die Verdunstung zu vermindern. Wässern oder auf Regen warten.

Abzugsgräben gegraben oder Dränagerohre verlegt werden. Unter diesen Umständen ist es vielleicht besser, ganz auf einen Rasen zu verzichten und stattdessen Pflanzen zu ziehen, die feuchte Bedingungen mögen *(s. S. 50–53)*.

Besonders problematisch kann Rasen auf Tonböden sein, da die Nässe im Winter Gräser absterben und Moos wachsen lässt, während die Graswurzeln im Sommer vielleicht nicht tief genug in den Boden bis zum Wasser vordringen können. Eine Methode, dieses Problem zu lösen, kann man sich auf Golfplätzen abschauen: Dort wird vor dem Verlegen des Rasen eine Schicht grober Sand auf dem Boden ausgebracht.

Zuerst verbessert man den Boden durch reichlich organische Substanz und sorgfältige Bearbeitung. Dann verteilt man auf dem Boden eine 5–8 cm dicke Schicht Gartensand, auf der der Fertigrasen verlegt wird. Die Graswurzeln wachsen durch den Sand in den fruchtbaren Ton und können sich gut entwickeln. Im Sommer können sie Wasser aus dem feuchten Boden unter dem Sand aufnehmen, im Winter versickert überschüssiges Wasser im Sand. Dies bewirkt, dass der Rasen erheblich weniger nass ist.

UNKRÄUTER

Unkrautfreie Rasen gibt es selten. Ständig tragen Wind und Vögel Unkrautsamen in den Garten. Vielen Unkräutern kommt man mit guter Pflege bei. Regelmäßiges Mähen schwächt sie und gesundes, gut wachsendes Gras verdrängt sie einfach. Wenn man aber Rasen zu kurz mäht, er zu hoch wird oder man ihn nicht düngt, können vermehrt Unkräuter auftreten. Da sie sich zudem an kahlen Stellen ansiedeln, wo Gräser eingegangen sind oder Unkräuter ausgegraben wurden, sollte man nachsäen. Am besten verwendet man eine zum Rasen passende Saatmischung.

Rechen Sie vor dem Mähen, um Unkrauttriebe nach oben zu ziehen, und mähen Sie stets mit Fangkorb, damit die Unkräuter nicht verbreitet werden.

Moos im Rasen verrät schlechte Wachstumsbedingungen wie Nährstoffarmut oder Verdichtung des Bodens, Nässe oder Schatten. Hilfreich sind Rasenpflege im Herbst und Frühjahrsdüngung *(s. S. 171–173)*. Sollte ein Bodentest einen niedrigen pH-Wert anzeigen, bringt man im Winter pro Quadratmeter 50 g Kalk aus.

Wurmhaufen Im Frühjahr und Herbst hinterlassen Regenwürmer Erdhäufchen auf dem Rasen. Sie sind hässlich, aber harmlos und nährstoffreich. Vor dem Mähen in die Rabatten kehren.

Hexenringe lassen im Frühjahr Kreise aus üppigem Gras entstehen. Darunter leben Pilze auf Material wie alten Baumwurzeln. Im Herbst erscheinen Pilze. Rasen düngen, belüften und wässern.

Maulwurfshügel sehen nicht unbedingt schön aus. Da Maulwürfe unter Schutz gestellt sind, dürfen sie jedoch nicht gefangen und getötet werden.

UNKRÄUTER

Typische Rasenunkräuter lassen sich in zwei Kategorien teilen. niedrige Wildblumen und Fremdgräser oder grasartige Pflanzen. Allen gemein ist die Fähigkeit, dem regelmäßigen Schnitt zu trotzen. Nach dem Keimen breiten sie sich mittels kriechender Triebe, Ausläufer oder Samen aus. Beste Gegenmaßnahme ist rasches Handeln. Löwenzahn hat lange Pfahlwurzeln. Entfernt man nur den oberirdischen Teil, wachsen aus jedem im Boden verbliebenen Wurzelstück neue Pflanzen nach. Das gilt auch für Gänseblümchen, die für viele Gartenbesitzer aber kein Unkraut, sondern gern gesehene Gäste sind. Einige Unkräuter kann man tolerieren, vor allem im langen Gras eines naturnahen Gartens, andere ersticken Rasengräser und müssen umgehend bekämpft werden.

1 Weißklee (*Trifolium repens*) Zeigt mageren, leicht alkalischen Boden an. Seine Wurzeln binden Stickstoff.

2 Einjähriges Rispengras (*Poa annua*) Büscheliges Gras, das sich durch Aussaat verbreitet. Pflanzen vor der Blüte von Hand ausgraben.

3 Kriechender Hahnenfuß (*Ranunculus repens*) Bildet mit seinen Trieben Teppiche. Die Pflanze ausgraben.

4 Moos Zeigt schlechte Bedingungen an, vor allem auf saurem Boden. Im Frühjahr oder Herbst ggf. Moosvernichter anwenden und die Ursache beseitigen.

5 Gewöhnliche Braunelle (*Prunella vulgaris*) Teppichbildendes Unkraut, das man notfalls mit einem Rasenherbizid bekämpfen kann. In Wiesen kann es stehen bleiben.

6 Faden-Ehrenpreis (*Veronica filiformis*) Die Teppiche aus winzigen Blättern durch Düngung des Rasens und Fegen im Herbst bekämpfen.

7 Löwenzahn (*Taraxacum* sect. *Ruderalia*) Die Pfahlwurzel ausgraben, ehe sich der Löwenzahn aussamen kann.

8 Niederliegendes Salzkraut (*Sagina procumbens*) Kriechendes teppichbildendes Unkraut mit grasartigen Blättern. Zur Not mit Rasenherbizid bekämpfen.

9 Kleiner Klee (*Trifolium dubium*) Einjähriges Unkraut, das sich durch Mähen ohne Fangkorb oft rasch ausbreitet. Zur Not mit Herbizid bekämpfen.

10 Feld-Hainsimse (*Luzula campestris*) Horstbildende grasartige Pflanze, die sauren Boden mag. Ausgraben und Boden im Winter kalken.

11 Wolliges Honiggras (*Holcus lanatus*) Dieses grobe kriechende Gras ausgraben oder immer wieder mit einem Messer abschneiden, um es zu schwächen.

12 Breit-Wegerich (*Plantago major*) Pflanze mit Pfahlwurzel, die sich aussamt. Wurzel von Hand ausgraben oder zur Not ein Herbizid anwenden.

13 Gänseblümchen (*Bellis perennis*) Wer sie mag, lässt ihre Blattrosetten stehen. Andernfalls die Wurzeln von Hand ausgraben.

14 Bubiköpfchen (*Soleirolia soleirolii*) Bildet an feuchten Plätzen Teppiche aus winzigen Blättern. Pflanzen herausrechen.

15 Wiesen-Schafgarbe (*Achillea millefolium*) Bildet auf trockenen Böden grüne Teppiche aus filigranen Blättern. Ausgraben oder zur Not ein Herbizid anwenden.

RASEN NEU VERLEGEN

Sie können entweder Fertigrasen verlegen oder den Rasen neu einsäen. Doch unabhängig davon muss der Boden durchlässig, eben und unkrautfrei sein. Dies bedeutet eine sorgfältige Vorbereitung mindestens fünf Wochen, besser mehrere Monate im Voraus, damit der Boden Zeit hat, sich zu setzen.

VORBEREITEN DES BODENS

Die vorgesehene Fläche plus 15 cm rundum umgraben, dabei Unkraut entfernen und Bodenverbesserer *(s. S. 172–173)* untermischen. Bei schwerem oder nassem Boden zur Verbesserung der Dränage reichlich Grus einarbeiten, auf leichten, sandigen Böden eine 8–10 cm dicke Schicht voluminöse organische Substanz.

1 Nach dem Umgraben und Ebnen der Fläche die feuchte, aber nicht nasse Erde mit dem Rücken einer Grabegabel zu einer feinen Krume zerteilen, dann eben rechen. Die Erde mit den Fersen festtreten, um lockere Stellen zu beseitigen, die später einsinken könnten. Im rechten Winkel wiederholen.

2 Steine und Pflanzenreste herausrechen. Dem Boden mindestens fünf Wochen Zeit zum Setzen geben, dann behutsam neu gekeimte Unkräuter hacken. Einige Tage vor dem Verlegen oder der Aussaat des Rasens die empfohlene Menge eines granulierten Volldüngers in die Erde einarbeiten.

DIE RICHTIGEN BEDINGUNGEN SCHAFFEN

- Vernichten oder entfernen Sie alle ausdauernden Unkräuter und, wenn Sie einen vernachlässigten Rasen ersetzen, auch das alte Gras. Am einfachsten ist dies, indem man das gesamte Areal ein paar Monate lang mit schwarzer Unkrautfolie abdeckt.
- Dann bearbeiten Sie den Boden, wobei die zunächst noch vorhandene Grasnarbe abgeschält wird. Unkräuter werden gründlich gejätet.
- Ein schöner Rasen benötigt eine 20–30 cm dicke Schicht gut dränierten Oberboden. Auch der Unterboden sollte durchlässig sein. In diesem Fall wurzelt das Gras tief und muss weniger gewässert werden. Hat der Oberboden eine ungleichmäßige Tiefe, trocknet der Rasen in flachen Bereichen schneller aus und bekommt braune Flecken. Es lohnt sich, Erde zu kaufen, damit der Oberboden überall gleich dick ist.

AUSSAAT ODER FERTIGRASEN?

- **Aussaat** ist preiswerter und durch das breite Angebot an Saatmischungen können Sie Ihren Ansprüchen besser gerecht werden, aber es dauert bis zu einem Jahr, ehe der Rasen starker Beanspruchung standhält.
- **Fertigrasen** erlaubt es, dass man nach etwa acht Wochen einen schönen Rasen hat, doch wie ein guter Teppich ist auch ein guter Fertigrasen nicht billig.

Kaufen Sie Fertigrasen bei einem anerkannten Spezialisten. Er kultiviert den Rasen auf Äckern und hebt ihn bei Bestellung ab. Sollten Sie die Möglichkeit haben, die Qualität des Rasens im Vorfeld zu prüfen, umso besser. Meist hat man die Wahl zwischen hochwertigem Zierrasen und Nutzrasen mit einem Anteil an robusten Weidelgräsern. Einige Lieferanten ziehen auf Bestellung Spezialrasen, was aber teurer ist und etwa 18 Monate dauert.

FERTIGRASEN VERLEGEN

Die beste Zeit hierfür ist der Frühherbst oder das zeitige Frühjahr. Fertigrasen sollte nicht herumliegen, sondern sofort verlegt werden. Ist dies nicht möglich, entrollt man ihn auf Pflaster oder Folie und wässert, wenn nötig. So hält er einige Tage.

Fertigrasen möglichst verlegen, wenn die Erde feucht, aber nicht nass ist. Am Rand der Fläche beginnen. Jedes Stück mit dem Rechenrücken festklopfen, um Lufteinschlüsse zu entfernen und den Rasen in Kontakt mit der Erde zu bringen, da er sich so leichter bewurzelt.

Frisch verlegten Fertigrasen gut wässern, denn sonst schrumpft er und rollt sich. Fällt nach dem Verlegen kein Regen, muss man ihn in der ersten Zeit bis zu zweimal pro Woche wässern. Der Rasen darf erst beansprucht werden, wenn er sich bewurzelt hat. Um dies zu überprüfen, versucht man, einige Stücke an einer Ecke anzuheben. Wenn dies nicht möglich ist, hat die Bewurzelung stattgefunden und der Rasen kann nötigenfalls mit hochgestelltem Messer gemäht werden. Genutzt werden sollte er jedoch erst nach acht Wochen.

1 Benachbarte Rasenstücke dicht aneinanderstoßen lassen. Dazu die Kanten leicht anheben und so zusammendrücken, dass sie sich fast überlappen. Dann fest mit den Daumen herunterdrücken. Noch einmal auf die Nahtstellen klopfen, damit die Kanten sich nicht heben.

2 Weitere Reihen verlegen, dabei die »Fugen« versetzen wie bei einer Ziegelmauer. Bei jeder neuen Reihe den bereits verlegten Rasen schützen, indem von einem Brett aus gearbeitet wird. Rasenstücke stets mit dem Rechenrücken festklopfen. An den Rändern des Rasens keine kleinen Stücke verwenden, sie würden zu rasch austrocknen. Am Rand ganze Stücke verlegen, in die Lücke dahinter kleinere Stücke einsetzen.

3 Sandigen Lehm oder mit Sand vermischten Mutterboden auf die Nahtstellen streuen und sorgfältig einkehren, um Löcher zu füllen und das Zusammenwachsen zu fördern.

RASEN EINSÄEN

Die beste Zeit hierfür ist der Frühherbst, wenn der Boden warm und feucht ist. Man kann auch im Frühjahr säen, aber wenn der Boden noch kalt ist, verzögert sich die Keimung. Man sät von Hand, bei großen Flächen kann ein Streuwagen nützlich sein. Säen Sie eine etwas größere Fläche ein und stechen Sie nach einem Jahr den Rasen an den Kanten sauber ab.

1 Vorbereiten des Bodens für die Aussaat. Wenn Sie von Hand säen, teilen Sie die Fläche mit Schnur oder Stäben in 1 m große Quadrate. Das Saatgut sorgfältig durchmischen, dann nach Anweisung auf der Verpackung Samen für einen Quadratmeter abwiegen. In einen Kunststoffbecher füllen und Höhe markieren. So können Sie weiteres Saatgut einfach abmessen.

2 Zur gleichmäßigen Verteilung eine Hälfte der Samen in einer Richtung auf das Quadrat, die andere im rechten Winkel dazu streuen. Auch mit einem Streuwagen nach diesem Muster vorgehen. Ist ein Quadrat eingesät, entfernen Sie Schnur oder Stäbe.

3 Nach zwei Wochen sollten Sämlinge erscheinen. Wässern Sie regelmäßig. Wenn das Gras 5 cm hoch ist, mähen Sie mit hochgestellten Messern. Bei Herbstsaaten behalten Sie diese Höhe bei. Erst im folgenden Frühjahr die Messer langsam tiefer stellen.

ALTERNATIVEN ZU GRAS

Wenn Sie finden, dass Ihr Rasen zu klein, zu ungepflegt, zu steil oder zu arbeitsintensiv ist, stehen Ihnen eine Reihe praktischer Alternativen zur Auswahl. Für eine Spielfläche können Sie weichen Rindenmulch verwenden, für einen Sitzplatz mit Hochbeeten Pflaster. Oder Sie legen einen sonnigen Kiesgarten an.

BODENBEDECKUNGEN

In einem sonnigen Garten mit durchlässigem Boden unterdrückt eine 2–3 cm dicke Kiesschicht mit einer Unterlage aus Geotextil Unkräuter und schafft eine Strandatmosphäre. Auch ein Pflaster muss nicht langweilig sein. Aussparungen schaffen Platz für einen kleinen Baum oder Strauch, feuchte schattige Ritzen eignen sich für kleine Farne oder Pfennigkraut.

Pflanzen wie Alpenveilchen, Nieswurz oder Immergrün gedeihen unter Bäumen gut. Einige wie Liriope muscari und Günsel tolerieren sogar trockenen Boden. Einmal angewachsen, brauchen sie kaum Pflege, vor allem, wenn eine Mulchschicht Unkraut unterdrückt und die Bodenfeuchte bewahrt. Gras gedeiht in feuchtem Schatten nicht, für Moos ist er aber perfekt. Moos sollte allerdings nicht zu oft begangen werden. Es passt gut zu früh blühenden Zwiebelblumen wie Schnee- und Maiglöckchen.

Bei Pflastern pflanzt man in sonnige Spalten und Lücken kriechende Minze und Thymian, die Duft verströmen, wenn man über sie läuft.

(oben) **Alpenveilchen** gedeihen auch im Schatten von Bäumen gut. Sie bedecken den Boden und heitern schattige Plätze auf.

(unten) **Moos** wächst oft in feuchtem Schatten, wo Gras nicht gedeiht.

WILDBLUMENWIESEN

Eine Wiese ist ein Bereich, in dem Gräser, einjährige Blumen, Zwiebelpflanzen und Stauden durcheinanderwachsen und sich vermehren. Wiewohl eine Wiese natürlich wirkt, kann es recht schwierig sein, ein Gleichgewicht zwischen den Pflanzen herzustellen, vor allem bei einer Wiese aus heimischen Gräsern und Blumen. Aber man muss für eine Wiese nicht unbedingt heimische Pflanzen verwenden. Vielleicht ist es einfacher, eine Wiese mit einjährigen Arten oder einer Mischung aus heimischen und nicht heimischen ausdauernden Sorten und Gräsern anzulegen. Eine etablierte Wiese ist nicht nur schön, sondern auch ein Paradies für Tiere, das einer ganzen Reihe heimischer Arten Schutz, Nektar und Samen bietet. Selbst eine kleine Wiese fördert die Artenvielfalt, weil sie einen »grünen Korridor« entstehen lässt, den Tiere als Durchgangsstraße benutzen.

EINE WIESE ANLEGEN

Planung ist wichtig, da sich die Pflanzengemeinschaft weitgehend ohne Ihr Zutun weiterentwickeln muss. Dazu sollten Sie am Standort den Bodentyp analysieren und aufgrund des Ergebnisses die Pflanzen auswählen. Tun Sie dies nicht, werden nicht alle Pflanzen in der Wiese gleich gut gedeihen – schwächere Arten werden verschwinden und wüchsigere sich ausbreiten. Wiesen können sowohl auf durchlässigem als auch feuchtem Boden wachsen. Samenspezialisten bieten eine Vielzahl von Mischungen für verschiedene Bedingungen an.

(oben links) **Einjährige Wiese** Die Blütenpracht hängt von Blumen ab, die frisch bearbeiteten Boden mögen und sich üppig aussamen, denn die Wiese muss jedes Jahr umgegraben werden. Hier dominieren roter Mohn, blaue Kornblumen und weiße Margeriten.

(unten links) **Eine traditionelle Wildblumenwiese** wie diese besteht weitgehend aus heimischen Arten. Sie haben kleinere, zartere Blüten als die gezüchteten Sorten, die man üblicherweise in gemischen Rabatten im Garten findet.

• **Traditionelle Wildblumenwiesen** brauchen eine geringe Bodenfruchtbarkeit. Auf relativ fruchtbarem Boden können die Wildblumen nicht mit kräftigen Gräsern konkurrieren und verschwinden. Wählen Sie daher einen Bereich, der länger nicht kultiviert wurde. Säen Sie eine geeignete Saatmischung aus oder pflanzen Sie Wildblumen in eine vorhandene Grasfläche.

• **Einjährige Wiesen** entstehen, wenn Boden, der gestört wurde, sich selbst überlassen bleibt. Rasch keimen in der Erde vorhandene Samen. Zuerst erscheinen einjährige Blumen, die aber in den folgenden Jahren von ausdauernden Gräsern und Blumen verdrängt werden. Wenn eine Wiese jedes Jahr umgegraben wird, können sich ausdauernde Arten nicht ansiedeln und einjährige Arten werden durch Selbstaussaat immer wieder neu keimen. Zum Einsäen einer Wiese kann man eine Fertigmischung kaufen oder Samen einjähriger Blumen selbst mischen. Eine Mischung aus winterharten Arten sät man im Herbst, andernfalls erfolgt die Aussaat im Frühjahr. Im Herbst wird umgegraben.

• **Besonders abwechslungsreiche Wiesen** entstehen, wenn man zarte Wildblumen mit nicht heimischen Pflanzen ergänzt, die meist größere, leuchtendere Blüten haben. So können Sie z. B. Zwiebelblumen wie Krokusse, Narzissen, Tulpen oder Schneeglöckchen verwenden.

VORBEREITUNGEN FÜR DIE AUSSAAT

Sie können ein bis zwei Jahre vor der Aussaat einer Wiese die Fruchtbarkeit des Rasens reduzieren, indem Sie immer wieder mähen und den Schnitt entfernen, damit keine Nährstoffe in den Boden zurückgelangen. Man kann auch die fruchtbarste Erdschicht abtragen, was aber mühsam ist. Tiefgründiger, nährstoffreicher Oberboden lässt sich möglicherweise nicht vollständig entfernen. Versuchen Sie, den Boden einige Wochen im Voraus vorzubereiten *(siehe rechts)*, weil dann im Boden befindliche Samen einjähriger Unkräuter keimen und gehackt werden können.

WILDBLUMENWIESEN EINSÄEN

Säen Sie im Herbst, denn manche der ruhenden Samen keimen nur, wenn sie eine Kältephase durchleben. Andere keimen vielleicht erst im zweiten Jahr. Etwa 15 g Samen pro Quadratmeter verwenden und trockenen Sand hinzufügen.

1 Sand und Samen gut mischen und die Mischung entsprechend der Quadratmeterzahl teilen, damit Sie wissen, wie viel Sie pro Quadratmeter brauchen.

2 Den Boden umgraben oder fräsen, um sicherzustellen, dass er nicht verdichtet ist. Mit einem Rechen ebnen und große Steine entfernen. Noch einmal leicht rechen. Die Fläche in Quadrate teilen und diese nacheinander gleichmäßig einsäen.

3 Die Samen dünn mit Erde bedecken. Die Erde mit einem Rechen festklopfen, walzen oder leicht festtreten.

1

2

3

KIESGÄRTEN

Während Rasen häufig gemäht und zu verschiedenen Zeiten des Jahrs intensiv gepflegt werden muss, erfordert ein Kiesgarten wenig Aufmerksamkeit und sieht das ganze Jahr ordentlich und reizvoll aus. Ein Kiesgarten bietet die ideale Umgebung für Pflanzen aus warmen trockenen Regionen, auch jene mit grauem oder silbrigem Laub wie Beifuß und Lavendel, die die trockenen wärmeren Bedingungen eines Kiesgartens ganz besonders mögen. Kies reflektiert Licht, wodurch vorhandene Sonne optimal ausgenutzt wird. Zudem verbessert er die Dränage an der Basis der Pflanzen und verhindert, dass zarte oder junge Exemplare faulen. Bei Regen sorgt er dafür, dass kein Schlamm auf das Laub spritzt. Dadurch überstehen Pflanzen mit behaarten oder flaumigen Blättern, die ebenfalls faulen können, die nassen Wintermonate besser.

EINEN KIESGARTEN PLANEN

Kiesgärten können formal oder natürlich angelegt werden, je nachdem, wie man den Kies mit anderen landschaftsgestaltenden Materialien und baulichen Elementen kombiniert und ihn bepflanzt. Kies kann einfach zum Ausfüllen der Flächen zwischen normalen Blumenbeeten oder Wegen dienen oder natürlicher eingesetzt werden, indem man ihn im ganzen Garten verteilt und da und dort Pflanzengruppen hineinsetzt. Zudem kann man verschiedene Kiesarten oder gebrochenen Stein wie etwa Schiefer verwenden, um durch Farben und Texturen reizvolle Muster oder Kontraste zu schaffen.

Bei schweren Böden muss man vor Anlage des Kiesgartens zunächst die Dränage verbessern. Nützlich sind hier grober Sand oder Kies, die jedoch in reichlichen Mengen in den Boden eingearbeitet werden müssen. Die Arbeit ist hart, aber sie lohnt sich.

Üppige Pflanzungen sind auch im Kiesgarten möglich. Hier sorgt ein Meer aus purpurner Katzenminze für einen spektakulären Anblick.

Pflaster und Kies lassen auf dieser geschützten Terrasse auch noch Platz für sonnenliebenden Thymian. Er bildet einen duftenden Teppich und harmoniert gut mit dem Storchschnabel und Frauenmantel in der pflegeleichten Rabatte.

PFLANZFLÄCHEN VORBEREITEN

Nehmen Sie sich bei der Vorbereitung für Ihren Kiesgarten Zeit und Sie werden später für seine Pflege nur wenige Stunden im Jahr brauchen. Entfernen Sie zunächst am vorgesehenen Platz alle Unkräuter und anderen Pflanzen. Dann bearbeiten und ebnen Sie den Boden *(s. S. 180–181)*.

In einem Kiesgarten empfiehlt sich stets eine Abdeckung aus Geotextilvlies oder perforierter Folie, die Unkraut unterdrückt. Die Abdeckung bildet eine Barriere gegen Unkräuter, indem sie deren Samen das Licht zum Keimen und Wachsen entzieht. Trotzdem lässt sie für die Wurzeln der Zierpflanzen den Regen durch. Selbst wenn Unkrautsamen auf der Abdeckung keimen, finden ihre Wurzeln keinen Halt und können leicht herausgezogen werden.

Die Abdeckung wird mit einigen Metallklammern festgesteckt. Bahnenränder müssen sich ordentlich überlappen. Stellen Sie die Pflanzen in den Töpfen auf die Abdeckung. Begutachten Sie die Gesamtwirkung und die Abstände. Verzichten Sie auf Pflanzen, die sich durch Wurzeltriebe ausbreiten. Sind Sie mit Ihrer Gestaltung zufrieden, setzen Sie die Pflanzen durch Schlitze im Vlies ein und verteilen dann eine dicke Schicht Kies. Alternativen zu Kies sind Splitt, Flussschiefer, Wacken oder Glasperlen.

Irgendwann wird sich zwischen Abdeckung und Kies eine Schicht aus organischem Material bilden, in der einige Unkräuter keimen, aber da sie nicht tief wurzeln, kann man sie leicht von Hand jäten. Oder Sie ziehen eine flache Hacke zwischen Abdeckung und Kies durch, um die Unkräuter zu entwurzeln. An trockenen Tagen werden sie bald welken.

KIESGARTENPFLANZEN

Trockenheitstolerante Pflanzen haben silbrige, schmale oder mit feinen Haaren bedeckte Blätter. Diese reduzieren den Wasserverlust. Viele frühjahrs- oder herbstblühende Zwiebelblumen ruhen im Sommer und überstehen so Trockenheit.

- Goldgarbe (*Achillea filipendulina* 'Gold Plate')
- Frauenmantel (*Alchemilla mollis*)
- Beifuß (*Artemisia*)
- Elfenbein-Mannstreu (*Eryngium giganteum*)
- Palisaden-Wolfsmilch (*Euphorbia characias*)
- Lavendel (*Lavandula angustifolia*)
- Mohn (Orientale-Hybriden, *unten*)
- Fetthenne (*Sedum spectabile*)

KIESGÄRTEN ANLEGEN

Zwar kann man direkt in den Boden pflanzen, bessere Resultate erzielt man jedoch, wenn man zuerst eine Abdeckung auslegt, die Unkraut unterdrückt. Nachdem sie mit einer dicken Schicht Rundkies oder Splitt bedeckt wurde, ist sie unsichtbar, aber man muss weniger jäten und gießen. Die Abdeckung lässt Regen durch, stoppt die Verdunstung jedoch effizienter als Mulch.

1 Zum Vorbereiten der Fläche die Erde umgraben und Unkräuter entfernen. Reichlich gut verrotteten Kompost oder Mist einarbeiten, bei schwerem Boden mit grobem Sand oder Grus die Dränage verbessern.

2 Ein Stück Geotextilvlies für das Beet zurechtschneiden. Für große Flächen muss man mehrere Bahnen zusammenfügen. Ränder großzügig überlappen lassen und sorgfältig feststecken.

3 Die Pflanzen auf die Abdeckung stellen (Pflanzen in Töpfen vorher mindestens eine Stunde in Wasser stellen). Prüfen Sie, ob jede Pflanze genug Platz hat, um sich voll zu entwickeln. Schneiden Sie das Vlies unter jeder Pflanze mit einer scharfen Schere kreuzförmig ein und klappen Sie es auf. Es muss genügend Platz für ein großzügiges Pflanzloch sein.

4 Die Pflanzen aus den Töpfen nehmen und – in gleicher Höhe wie im Topf – in ihr Pflanzloch setzen. Füllen Sie um den Wurzelballen herum Erde auf und drücken Sie sie mit der Hand an.

5 Die Ecken der Abdeckung um die Pflanze wieder zurückklappen und zum Schließen von Lücken nötigenfalls feststecken. Verletzen Sie dabei nicht den Wurzelballen. Sorgfältig gießen.

6 Eine 5–8 cm dicke Schicht Kies oder anderes geeignetes Material auf der Abdeckung verteilen. Verfahren Sie großzügig, damit die Abdeckung nicht herausschaut. Anschließend die Fläche glatt rechen. Gießen Sie die Pflanzen regelmäßig, bis sie angewachsen sind. Nehmen Sie dazu eine Gießkanne mit Brause, damit keine Mulden im Kies entstehen. Sollten Unkräuter erscheinen, lassen sie sich leicht herausziehen.

1

4

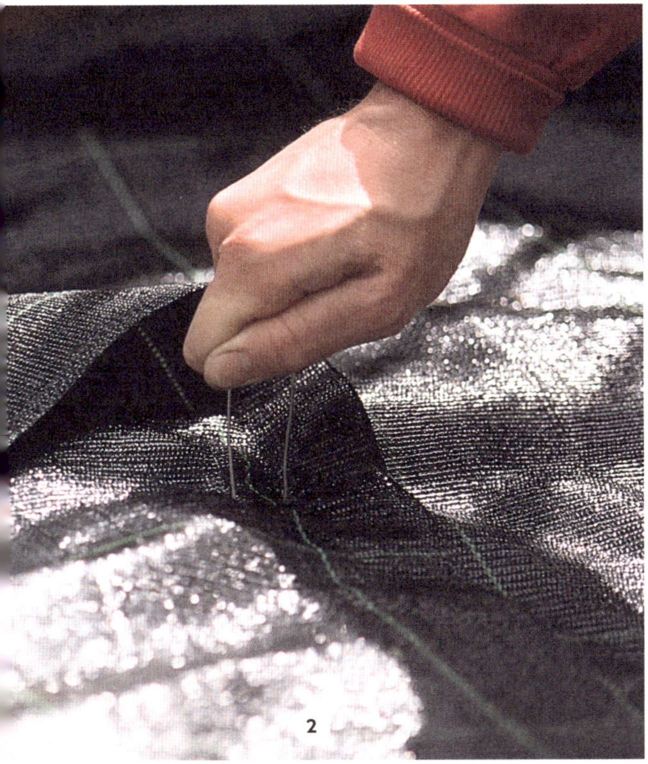
2

3

5

6

PFLANZEN FÜR KIESGÄRTEN

1 *Lavandula angustifolia* 'Twickel Purple'
Lavendel
Mittelgroßer Lavendel, der wie jeder Lavendel gut dränierte Erde und volle Sonne braucht.
H bis 60 cm; B 1 m.

2 *Dierama pulcherrimum*
Trichterschwertel
Sommerblüher, der jedes Jahr neue Zwiebelknollen ausbildet. Einmal angewachsen, gedeiht er meist ohne Probleme.
H 1–1,5 m; B 60 cm.

3 *Deschampsia cespitosa* 'Goldtau'
Rasen-Schmiele
Horstbildendes immergrünes Gras mit silbrig rotbraunen Blütenständen, die den ganzen Sommer hindurch erscheinen.
H bis 75 cm; B bis 75 cm.

4 *Sisyrinchium striatum* 'Aunt May'
Gestreiftes Grasschwertel
Hohe büschelige Pflanze mit gestreiften immergrünen Blättern, die im Früh- und Hochsommer blüht.
H 50 cm; B 25 cm.

5 *Artemisia alba* 'Canescens'
Kampfer-Wermut
Die meisten Wermut-Arten fühlen sich in Kiesgärten wohl. Diese Sorte hat filigranes silbriges Laub.
H 45 cm; B 30 cm.

6 *Iris unguicularis* 'Mary Barnard'
Winter-Iris
Bartlose Iris mit harten, grasartigen Blättern und leuchtend violetten Blüten, die im Winter erscheinen.
H 30 cm.

7 *Pennisetum alopecuroides* 'Hameln'
Japanisches Federborstengras
Kompakte früh blühende Form mit grünlich weißen Blütenständen, die später graubraun werden.
H 0,6–1,5 m; B 0,6–1,2 m.

8 *Cistus × dansereaui* 'Decumbens'
Zistrose
Niedriger, sich ausbreitender Strauch mit zarten papierdünnen weißen Blüten, die nur einen Tag halten.
H 60 cm; B 1 m.

9 *Echinops ritro* 'Veitch's Blue'
Kugeldistel
Trägt wunderhübsche, runde, dunkelblaue Blütenstände und liebt mageren, trockenen Boden und volle Sonne.
H bis 90 cm; B 45 cm.

10 *Hylotelephium spectabile* 'Brilliant'
Schöne Fetthenne
Ihre großen langlebigen Blütenstände erscheinen im Spätsommer und locken Schmetterlinge und Bienen an.
H 45 cm; B 45 cm.

11 *Eryngium giganteum*
Elfenbein-Mannstreu
Hohe kurzlebige Staude, die aber wegen ihrer schönen, haltbaren, distelartigen Blüten lohnt.
H 90 cm; B 45 cm.

12 *Achillea filipendulina* 'Gold Plate'
Goldgarbe
Horstbildende Staude mit flachen gold-gelben Blütenständen, die im Sommer und Herbst erscheinen.
H 1,2 m; B 45 cm.

13 *Allium karataviense*
Blauzungen-Lauch
Kleine Lauch-Art, die im Sommer runde Blütenstände aus winzigen blassrosa Sternblüten trägt.
H 10–25 cm; B 10 cm.

14 *Salvia officinalis* 'Tricolor'
Echter Salbei
Panaschierter Salbei mit duftenden graugrünen und cremefarbenen Blättern, die rosa oder purpurn überhaucht sind.
H bis 60–80 cm; B bis 1 m.

15 *Alchemilla mollis*
Frauenmantel
Trockenheitstolerante Staude mit flaumigen Blättern, auf denen sich Regen und Tau in hübschen Tropfen sammeln.
H bis 60 cm; B 75 cm.

16 *Dianthus* 'Little Jock'
Nelke
Eine von vielen Nelken, die den ganzen Sommer langlebige, mitunter duftende Blüten tragen.
H 20 cm; B 30 cm.

BÄUME

In großen wie in kleinen Gärten sollte man in Betracht ziehen, ein, zwei Bäume zu pflanzen. Bäume haben viele Vorteile: In einem kleinen Garten lenken sie die Aufmerksamkeit auf den weiten, offenen Himmel, in größeren Gärten schaffen sie intime Bereiche. Zudem eignen sie sich ausgezeichnet als Blickfänge, vor allem wenn Sie eine spektakuläre Pflanze mit hängendem Wuchs, reizvoller Rinde, dekorativem Laub oder farbenprächtigen Blüten und Früchten wählen. Eine hübsche Birke mit weißem Stamm, eine mehrstämmige Felsenbirne oder ein fontänenförmiger Japanischer Ahorn ziehen stets das Auge auf sich, wenn man sie an das Ende eines Wegs, in die Mitte eines Rasens oder vor eine Mauer oder eine glatte grüne Hecke pflanzt. In einem lang gezogenen rechteckigen Garten kann ein Baum in der hinteren Hälfte den dahinterliegenden Bereich verbergen und den Blick wieder nach vorn lenken.

Der Zimt-Ahorn (*Acer griseum*) ist ein Zierbaum, der fast ebenso gern wegen seiner abblätternden, orangebraunen Rinde wie wegen seines Laubs gepflanzt wird. Letzteres färbt sich im Herbst orange.

GARTENBÄUME

Bäume sind dauerhafte Gartenelemente und lassen sich, einmal angewachsen, nur schwer wieder umpflanzen. Überlegen Sie deshalb gut, welchen Baum Sie an welchen Platz setzen. Berücksichtigen Sie auch die Endhöhe von Bäumen oder, bei langsam wachsenden Arten, zumindest, wie hoch sie nach acht bis zehn Jahren sind. In einem kleinen Stadtgarten ist selten Platz für einen großen Baum. Er wird nicht nur Ihren eigenen Garten in Schatten tauchen, sondern vielleicht auch den von Nachbarn. Lassen Sie sich nicht von Trauerweiden und blauen Atlaszedern verführen. Sind sie für Ihren Garten zu groß geworden, brauchen Sie eventuell eine Fällgenehmigung und müssen für ihre Entfernung eine hübsche Summe bezahlen. Wählen Sie lieber einen kleinen Baum oder einen, der einen regelmäßigen Rückschnitt erlaubt.

DER RICHTIGE STANDORT

Ein Baum ist wie ein großes Möbelstück. Allein seine Größe schränkt die Möglichkeiten seiner Platzierung ein. Bitten Sie einen Helfer, einen langen Stab an den vorgesehenen Platz zu halten, ehe Sie den Standort endgültig festlegen. Begutachten Sie den Stab von zentralen Stellen im Haus (z. B. Küche und Wohnzimmer) und im Garten (etwa Eingang oder Sitzbereich).

Berücksichtigen Sie auch den Lauf der Sonne in Bezug auf den Baum. Überlegen Sie, wann und wie Sie bestimmte Bereiche nutzen. Möchten Sie einen hellen Platz zum Frühstücken, pflanzen Sie den Baum auf die Westseite des Gartens. Wollen Sie auf der Terrasse die untergehende Sonne genießen, setzen Sie ihn auf die Ost- oder Nordseite. Ein Spielbereich braucht während der wärmsten Zeit des Tags Schatten, Gemüsebeete benötigen ganztägig Sonne.

Bäume mit buntem Laub wie diese panaschierte Form des Pagoden-Hartriegels wirken in einer Rabatte spektakulär. Sie sorgen für Höhe und spenden den unter ihnen wachsenden Waldpflanzen Schatten.

Bäume bilden zudem wunderschöne Elemente im Garten. So bilden z. B. mehrere Hartriegel wie die Frühsommerblüher Pagoden-Hartriegel und Blumen-Hartriegel sowie Sorten des Japanischen Ahorns mit ihren geteilten Blättern und schönen Herbstfarben in einem Rasen, Hofbereich oder Kiesgarten herrliche Blickfänge. Oder Sie wählen eine mehrstämmige Hängebirke, deren weiße Stämme und Äste in den dunklen Wintermonaten eine führende Rolle übernehmen können.

WICHTIGE EIGENSCHAFTEN

Wählen Sie einen Baum, der in Ihrem Garten gut gedeiht. Eine örtliche Gärtnerei kann Sie beraten, was in Ihrer Gegend am besten wächst.

Da Bäume nur kurze Zeit blühen, sollte man die Blüten nicht als Hauptattraktion, sondern als zusätzlichen Bonus betrachten. Früchte und reizvolle Samenstände halten dagegen oft länger als Blüten. Die beständigsten Merkmale jedes Baums sind jedoch Farbe, Textur sowie die Form der Blätter und Triebe. Filigrane Akazien und verschiedene Ahornarten etwa wirken zart und lassen lichten Schatten entstehen. Oder nutzen Sie die waagrechten Zweige des Wechselblättrigen Hartriegels als horizontale Linien bzw. den aufrechten Wuchs einer Kirsche als vertikale Komponente.

Herbstlaub ist zu seiner Zeit reizvoll, doch Bäume, die das ganze Jahr gelbe, rote oder panaschierte Blätter haben, sollte man sparsam verwenden. Die dunkel purpurroten Blätter des Fächer-Ahorns 'Atropurpureum' und der Kirschpflaume 'Nigra' oder der bronzeblättrige Zierapfel 'Profusion' sorgen für Dramatik. Damit sie nicht düster wirken, brauchen sie als Hintergrund jedoch hellere Farben. Auch zu viel Gelb kann erschlagen, obwohl Bäume wie der Japanische Ahorn 'Aureum' oder der Amerikanische Tulpenbaum 'Aureomarginata' dunkle Bereiche oft aufheitern.

(oben) **Die glatte rostrote Borke** der Mahagoni-Kirsche schält sich ab und sieht so das ganze Jahr über reizvoll aus. Im Frühjahr trägt der Baum zudem weiße Blüten, im Herbst färbt er sich wundervoll gelb.

(unten) **Die Weidenbirne** 'Pendula' steht in diesem kleinen Garten in der Mitte eines Wegs und wird dadurch zu einem hübschen Blickfang.

Zwei Stützen geben einem neu gepflanzten Baum an windigen Plätzen besonderen Halt.

Ein Verbissschutz muss mehrere Jahre am Platz bleiben, um junge Bäume vor Schäden zu bewahren.

PFLANZTIPPS

Kleine Bäume wachsen an einem neuen Platz rascher an als große. Die beste Größe hat ein Baum, dessen Topf in eine Einkaufstüte passt. Lagern Sie wurzelnackte Bäume schattig und windgeschützt und am besten mit Folie oder einem Hügel aus Kompost bedeckt, damit die Wurzeln nicht austrocknen. Vor dem Pflanzen entfernen Sie zunächst alle beschädigten Teile der Wurzeln.

Legen Sie über die Mitte des Pflanzlochs einen Stab, um die richtige Pflanzhöhe festzulegen. Containerpflanzen sollten sich in der gleichen Höhe befinden wie in dem Topf, in dem Sie sie gekauft haben. Bei einem Baum mit nackten Wurzeln ist die Tiefe richtig, wenn sich der Wurzelhals, d.h. der Übergang der Wurzeln in den Stamm, nach dem Pflanzen in der gleichen Höhe befindet wie in der Baumschule. Ist das Pflanzloch zu tief, nimmt man den Baum noch einmal heraus und gibt noch etwas Erde in das Loch.

Sofern es sich nicht um sandigen oder mageren Boden handelt, muss die Erde nicht angereichert werden. Dies würde wahrscheinlich sogar das Anwachsen des Baums behindern, weil die Wurzeln in einer nährstoffreichen Zone am Pflanzplatz bleiben, statt sich auf der Suche nach Nährstoffen auszubreiten.

STÜTZEN UND SCHUTZ

Für die meisten jungen Bäume empfiehlt sich ein einzelner niedriger Stab, der es dem Baum erlaubt, sich im Wind zu biegen und kräftig zu werden, ohne dass sich jedoch die Wurzeln lockern. Aber für kopflastige Bäume, allen voran kronenveredelte Bäume (hier wird ein Trieb einer Baumsorte auf den Leitast einer anderen gepfropft) wie die Hängekätzchenweide, sollte man eine höhere Stütze wählen, in windigen Lagen sogar zwei. In Gegenden, in denen Wildverbiss ein Problem ist, können die Stützen gleichzeitig zur Befestigung eines Verbissschutzes dienen.

EINEN CONTAINERBAUM PFLANZEN

Entfernen Sie zur Vorbereitung der Pflanzstelle Unkräuter und arbeiten Sie in sandige oder nährstoffarme Böden organisches Material ein. Heben Sie ein nicht zu tiefes Loch in der zwei- bis dreifachen Breite des Wurzelballens aus und lockern Sie die Erde am Boden mit der Grabegabel. Achtung: 90 Prozent aller Verluste bei Jungbäumen sind auf zu tiefe oder zu enge Pflanzlöcher zurückzuführen.

1 Die Pflanze im Topf für etwa eine Stunde in einen Eimer mit Wasser setzen. Dann nehmen Sie den Baum aus dem Topf und ziehen verfilzte Wurzeln auseinander. Legen Sie vor dem Pflanzen mit einem Stab die korrekte Pflanztiefe fest, um sicherzustellen, dass der Baum in dem Loch genauso tief sitzt wie in seinem Topf.

2 Eine Stütze an der windwärts gelegenen Seite des Wurzelballens tief eintreiben. Drehen Sie den Baum, bis sich der Stamm parallel zur Stütze befindet. Eine niedrige Stütze hat den Vorteil, dass sich der Stamm im Wind biegen kann, wodurch er besonders kräftig wird.

3 Rund um Wurzeln und Stütze die Erde auffüllen und mit der Ferse festtreten. Befestigen Sie den Baum mit einem verstellbaren Pflanzenbinder an der Stütze. Der Binder muss regelmäßig überprüft und gelockert werden. Dann mulchen und wässern Sie wie bei einem Baum mit nackten Wurzeln *(s. S. 198–199)*.

EINEN WURZELNACKTEN BAUM PFLANZEN

Etwa vier Wochen vor dem Pflanzen wird der Boden vorbereitet. Dabei gräbt man zuerst sorgfältig alle Unkräuter und Gras aus. In nährstoffarme oder sandige Böden sollte man gut verrotteten Mist oder Kompost einarbeiten. Direkt vor dem Pflanzen wird noch einmal gejätet. Vor dem Pflanzen wird der Baum eine Stunde in einen Eimer mit Wasser gestellt.

1 Ein rundes Loch ausheben *(s. S. 197)*. Legen Sie einen Stab oder eine Latte über das Loch. Das Ende der dunklen Verfärbung am Stamm muss sich unmittelbar über dem Stab befinden.

2 Den Baum aufrecht halten – oder, besser noch, einen Helfer für diese Arbeit engagieren. Füllen Sie die Erde wieder in das Loch und drücken Sie sie mit den Händen um die Wurzeln fest.

3 Ist das Loch aufgefüllt, treten Sie die Erde vom Rand her mit der Ferse fest, um die Gefahr zu mindern, dass sie einsinkt und das Pflanzniveau zu niedrig wird.

4 Gründlich wässern und noch einmal die Höhe überprüfen. Mulden mit der Gabel auffüllen. Dünger ist nicht erforderlich. Tatsächlich würde er vielleicht Schaden anrichten, indem er die Wurzeln verbrennt, die dann mindestens ein Jahr keine Nährstoffe aufnehmen können.

5 Eine kurze Stütze im Winkel von 45° in den Boden treiben und den Stamm mit einem verstellbaren Binder an der Stütze befestigen. So kann der Stamm dicker werden, ohne dass er eingeschnürt wird. Inspizieren Sie den Stamm wenigstens zweimal in der Wachstumsperiode und lockern Sie den Binder, wenn er zu fest um den Stamm sitzt.

6 Den Baum mulchen, dazu fasriges lockeres Material wie gut verrotteten Kompost verwenden. Bringen Sie eine 5–6 cm dicke Schicht aus, aber halten Sie sie vom Stamm fern, denn dort kann die Feuchtigkeit zu Fäulnis führen.

1

4

2

3

5

6

BÄUME PFLEGEN

Häufigste Ursache für die schlechte Entwicklung und das Eingehen junger Bäume ist Wassermangel. Deshalb ist es wichtig, die Bäume in den ersten zwei bis drei Jahren nach dem Pflanzen während Trockenperioden von Frühjahr bis Herbst zu gießen. Jeder Baum braucht pro Woche mindestens 50 l Wasser, solange er einwächst. Wenn Sie das nicht bewerkstelligen können, besorgen Sie sich einen Bewässerungssack. Er gibt Wasser langsam und stetig an das Erdreich ab, sodass die Baumwurzeln gleichmäßig versorgt werden.

MULCHEN

Damit Gras, andere Gartenpflanzen und Unkräuter weniger mit dem Baum um Wasser und Nährstoffe konkurrieren, hält man rund um den Stamm eine etwa einen Quadratmeter große Fläche frei und verteilt dort jeden Herbst Mulch, der aber den Stamm nicht berühren darf. Junge Bäume profitieren zudem von einer jährlichen Frühjahrsdüngung mit einem Grunddünger. Der Dünger wird vor dem Mulchen oder nach dem Zurückrechen einer bestehenden Mulchschicht um den Baum verteilt und mit der Gabel eingearbeitet. Pro Quadratmeter verwendet man 70 g. Anschließend wird gewässert. Sobald der Baum gut wächst, kann man um den Stamm Gras wachsen lassen bzw. Blumenzwiebeln oder schattenliebende Bodendecker pflanzen, ohne dass das Wachstum des Baums dadurch beeinträchtigt wird.

JUNGE BÄUME SCHNEIDEN

Koniferen und andere immergrüne Pflanzen wie Stechpalmen brauchen nach dem Pflanzen selten einen Schnitt. Einige sommergrüne Bäume wie Birken und Felsenbirnen lässt man am besten ungehindert wachsen. Andere sommergrüne Bäume sollte man aber in den ersten Jahren jährlich schneiden. Untersuchen Sie junge Bäume im Spätsommer und Spätwinter und

Nach dem Pflanzen gießt man den Baum gut an. In den ersten zwei Wachstumsperioden wässert man bei Trockenheit wöchentlich, da junge Bäume auf Austrocknung sehr empfindlich reagieren.

entfernen Sie totes, verletztes und krankes Holz. Auch schwache und quer wachsende Zweige müssen heraus. Lockern Sie Binder und entfernen Sie Unkräuter im Wurzelbereich sowie Wildtriebe *(siehe rechts)*.

Jeder weitere Schnitt hängt von der gewünschten Baumform ab. Die meisten Bäume in Gartencentern sind Hochstämme mit einer Rundkrone. Sie wurden bereits in der Baumschule geschnitten. Hier muss man nur den Stamm frei halten und Triebe zurückschneiden, die die Wuchsform stören.

Aber es gibt auch jüngere Bäume, die als »Sämlinge« bezeichnet werden. Sie besitzen meist nur einen Leittrieb mit Knospen, aus denen sich Seitentriebe entwickeln. Sämlinge sind preiswerter als ältere Bäume und können in einer beliebigen Form erzogen werden. Möchten Sie z. B. einen mehrstämmigen Baum, schneiden Sie den Baum fast bis auf Bodenhöhe zurück oder pflanzen mehrere Sämlinge zusammen.

Entwipfeln hält Bäume (hier ein Trompetenbaum) klein und lässt sie größere Blätter bilden. Hat der Stamm eines neuen Baums 1–2 m Höhe erreicht, schneidet man die Äste bis Ende Februar auf 2–5 cm zurück. Dann schneidet man jedes Jahr nachwachsende junge Triebe zurück und nimmt zu dicht stehende heraus.

Beim Auf-den-Stock-Setzen schneidet man bis Ende Februar alle Stämme direkt vor dem Öffnen der Blattknospen fast bis auf Bodenhöhe zurück, um die Entwicklung neuer Triebe anzuregen. Auf mageren Böden werden Bäume weniger strapaziert, wenn man pro Jahr nur die Hälfte der Triebe zurücknimmt.

WASSERSCHOSSE UND WILDTRIEBE ENTFERNEN

Beide Triebarten sollte man möglichst rasch entfernen, da sie dem Baum Wasser und Nährstoffe entziehen. Wildtriebe müssen möglichst dicht an der Basis abgerissen werden. Wenn nötig, entfernt man dazu die Erde rund um den Wurzelhals und reißt die Wildtriebe dann aus. Lassen sie sich nicht abreißen, schneidet man sie mit der Gartenschere ab.

Wasserschosse, die aus der Rinde und um Wunden wachsen, an der Basis mit einer Gartenschere abschneiden, damit die Rinde nicht einreißt.

Wildtriebe möglichst dicht an der Basis abschneiden. Neue Triebe sofort nach dem Erscheinen entfernen.

WINTERSCHNITT

Die Form eines sommergrünen Baums lässt sich leichter beurteilen, wenn er im Winter unbelaubt ist. Sie ist dann auch am besten zu korrigieren. Ausnahmen bilden Bäume, die bluten, langsam heilen oder krankheitsanfällig sind. Ein Schnitt im Winter fördert die Entwicklung neuer Triebe, von denen unerwünschte entfernt werden müssen.

Diese Arbeit ist sehr lohnend, denken Sie aber daran, dass ein Ast oder Trieb schnell entfernt ist, es jedoch ziemlich lange dauern kann, bis ein neuer nachgewachsen ist, wenn Sie einen Fehler gemacht haben. Nehmen Sie sich also Zeit.

1 Sind die Blätter eines sommergrünen Baums abgefallen, können Sie seine Gesamtform in Augenschein nehmen. Achten Sie auf ungünstig oder zu weit unten am Stamm wachsende Triebe. Dieser Baum hat eine schlechte Form und einen Nebenstamm an der Basis, der abgesägt werden muss. Entfernen Sie zuerst totes oder beschädigtes Holz. Triebe an der Basis des Baums sägen Sie mit einer Astsäge sauber und gerade ab.

2 Dünne Äste schneiden Sie mit der Ast- oder Gartenschere 2 cm über der Verdickung an der Verbindungsstelle zum Stamm, dem sogenannten Astring, sauber ab.

3 Dicke Äste und Äste, die abbrechen können, sägen Sie schrittweise ab. Sägen Sie zunächst in kurzem Abstand zum Stamm von unten. Sägen Sie den Ast von unten zu etwa einem Viertel durch.

4 Einen zweiten Schnitt von oben führen Sie dann so durch, dass sich beide Schnitte treffen. Achtung: Die Werkzeuge müssen scharf sein.

5 Ein dicker Ast kann trotz größter Sorgfalt abbrechen. Dies ist zu diesem Zeitpunkt aber nicht so schlimm, da man dies korrigieren kann.

6 Den Stumpf nach der in Schritt 3 und 4 beschriebenen Methode entfernen. Führen Sie den Schnitt dicht am Astring durch.

2

3

5

6

SOMMERSCHNITT

Bäume, die bluten, wie die auf den Fotos gezeigte Magnolie, werden am besten im Sommer geschnitten. Sie sind dann zwar anfälliger für Krankheiten, erholen sich aber rascher, wenngleich sich ihr Wachstum vielleicht verzögert, weil sie ihre Kraft auf die Heilung ihrer Wunden verwenden. Junge Magnolien kann man im Frühjahr behutsam in Form stutzen. Dabei darf man aber nur Triebe entfernen, die nicht mehr als 2 cm Durchmesser haben. Zu beachten ist auch, dass in Deutschland gemäß Naturschutzgesetz Sträucher und Bäume nur zwischen 1. Oktober und 28. Februar stark geschnitten werden dürfen. In der restlichen Zeit ist nur ein leichtes Stutzen zulässig, um brütende Tiere nicht zu gefährden.

1

4

1 Totes oder krankes Holz ist recht auffällig und wird daher zuerst entfernt. Bei belaubten Bäumen ist die Form schwerer zu erkennen, sobald man jedoch alle kranken Triebe entfernt hat, ist dies einfacher.

2 Dann Äste herausnehmen, die in die Mitte des Baums wachsen. Vorsicht bei großen Ästen, denn die Wunden heilen nur langsam.

3 Sich kreuzende Äste entfernen, damit sie nicht aneinander reiben und Wunden entstehen, die ernsthafte Schäden bewirken können. Dies gilt insbesondere bei Bäumen, die bluten.

4 Schwache Triebe herausnehmen, die nicht geblüht haben oder nur wenige Blätter besitzen. Triebe im unteren Stammbereich entfernen.

5 Zur Erhaltung der Form ungünstig wachsende Seitentriebe kürzen, indem man sie um ein Drittel zurückschneidet.

6 Der geschnittene Baum hat nun eine offenere Krone, die mehr Licht in die Mitte lässt. Dies fördert die Entwicklung kräftiger Triebe.

2

3

5

6

BÄUME FÜR KLEINE GÄRTEN

1 *Acer palmatum* 'Nicholsonii'
Fächer-Ahorn
Wird wie alle Ahornarten und -sorten wegen der zarten Blätter und der Herbstfärbung gepflanzt.
H 2–3 m; B 2–3 m.

2 *Aralia elata* 'Variegata'
Japanische Aralie
Hat große flache Zweige, an denen weiß gerandete grüne Blätter sitzen. Seinen weißen Blüten folgen im Spätsommer schwarze Früchte.
H 10 m; B 10 m.

3 *Cercis canadensis* 'Forest Pansy'
Kanadischer Judasbaum
Ausladender sommergrüner Baum mit herzförmigen, dunkelvioletten Blättern, die im Herbst gelb werden.
H 5 m; B 5 m.

4 *Sorbus aria* 'Lutescens'
Mehlbeere
Mittelgroßer sommergüner Baum, dessen junge Blätter silbergrau sind. Beeren rot mit braunen Flecken.
H 10 m; B 8 m.

5 *Eriobotrya japonica*
Japanische Wollmispel
Immergrüner Baum mit langen, stark geäderten, glänzenden, grünen Blättern und duftenden weißen Herbstblüten. Mitunter folgen im Frühjahr essbare orangefarbene Früchte.
H 8 m; B 8 m.

6 *Amelanchier lamarckii*
Kupfer-Felsenbirne
Kleiner buschiger Baum, der im Frühjahr mit weißen Blütenbüscheln bedeckt ist. Blätter silbrig bronze, dann grün und im Herbst schließlich rot.
H 10 m; B 12 m.

7 *Ficus carica* 'Brown Turkey'
Echte Feige
Trägt große grüne Blätter und essbare purpurne Früchte. Ist sommergrün. Gedeiht nur vor einer warmen sonnigen Wand.
H 3 m; B 4 m.

8 *Arbutus unedo*
Erdbeerbaum
Schwachwüchsiger immergrüner Baum mit kleinen weißen Blüten und erdbeerähnlichen Herbstfrüchten.
H 8 m; B 8 m.

BÄUME FÜR BLICKFÄNGE

1 *Pyrus salicifolia* 'Pendula'
Weiden-Birne
Trägt schmale silbrige Blätter und zahllose weiße Blüten, denen kleine, aber essbare Früchte folgen. H 5 m; B 4 m.

2 *Magnolia denudata*
Yulan-Magnolie
An ihren kahlen Ästen erscheinen im Frühjahr spektakuläre, große, reinweiße Blüten, denen große glänzende Blätter folgen. H 10 m; B 10 m.

3 *Robinia pseudoacacia* 'Frisia'
Scheinakazie, Robinie
Diese goldblättrige Sorte ist kleiner als die eigentliche Art und blüht weiß. H 25 m; B 15 m.

4 *Cornus alternifolia* 'Argentea'
Wechselblättriger Hartriegel
Kleiner sommergrüner Baum oder Strauch mit ausladenden waagrechten Zweigen, an denen weiß gerandete grüne Blätter sitzen. H 3 m; B 2,5 m.

5 *Betula utilis* var. *jacquemontii*
Weiße Himalaya-Birke
Sommergrüner Baum, der zu jeder Jahreszeit anmutig aussieht, meist aber wegen seiner papierartigen weißen Borke gezogen wird. H 15 m; B 8 m.

6 *Stewartia monadelpha*
Hohe Scheinkamelie
Trägt dunkelgrüne Blätter, die sich im Herbst leuchtend orange und rot färben. Seine abblätternde Borke ist rotbraun und grau. H 25 m; B 8 m.

7 *Koelreuteria paniculata*
Rispiger Blasenbaum
Öffnet im Sommer ein Meer aus gelben Blüten, denen lampionartige rosa- oder rotbraune Früchte folgen. Das Laub färbt sich im Herbst gelb. H 10 m; B 10 m.

8 *Taxus baccata* 'Fastigiata'
Säuleneibe
Ungewöhnlich schmale Eibe mit aufrecht wachsenden Zweigen und dunkelgrünem Laub. H 10 m; B 6 m.

FRÜHJAHRSBLÜHENDE BÄUME

1 *Cercis siliquastrum*
Judasbaum
Trägt im Frühjahr an den noch kahlen Zweigen ein Meer aus magentarosa Schmetterlingsblüten.
H 10 m; B 10 m.

2 *Malus* 'Red Devil'
Tafelapfel
Mittelgroßer Baum, an dem im Frühherbst wunderhübsche rote Früchte mit rosa Fruchtfleisch hängen.
H 1,5–6 m (abhängig von der Unterlage); B bis 6 m.

3 *Magnolia × soulangeana* 'Lennei Alba'
Tulpen-Magnolie
Die Blütenknospen an den Enden ihrer Zweige öffnen sich im Frühjahr zu spektakulären reinweißen Blüten mit 10 cm Durchmesser.
H 6 m; B 6 m.

4 *Prunus* 'Spire'
Zierkirsche
Entwickelt Mitte des Frühjahrs parallel zu den Blättern blassrosa Blütenbüschel.
H 10 m; B 6 m.

5 *Laburnum × watereri* 'Vossii'
Hybrid-Goldregen
Präsentiert im Spätfrühjahr spektakuläre, lange, hängende, goldgelbe Blütenstände.
H 6 m; B 6 m.

6 *Cornus kousa* 'Miss Satomi'
Japanischer Blumen-Hartriegel
Sommergrüner Strauch, der im Spätfrühjahr oder Frühsommer ein Meer aus dunkelrosa Hochblättern trägt.
H 7 m; B 5 m.

7 *Crataegus laevigata* 'Paul's Scarlet'
Zweigriffeliger Weißdorn
Dorniger immergrüner Baum, der wegen seiner gefüllten tiefrosa Frühjahrsblüten gezogen wird.
H bis 8 m; B bis 8 m.

8 *Malus × arnoldiana*
Holzapfel
Mitte bis Ende des Frühjahrs öffnen sich seine roten Knospen zu duftenden rosa Blüten, die aber verblassen und weiß werden.
H 5 m; B 8 m.

1

2

3

4

5

6

7

8

BÄUME MIT SCHÖNEN HERBSTFARBEN

1 *Acer palmatum* 'Sango-kaku'
Korallenrindenahorn
Im Frühjahr sind seine Blätter zunächst gelb, dann werden sie grün und im Herbst schließlich flammend goldorange.
H 6 m; B 5 m.

2 *Ginkgo biloba*
Ginkgo
Baum mit ungewöhnlichen fächerförmigen grünen Blättern, die sich im Herbst goldgelb färben.
H bis 30 m; B bis 8 m.

3 *Liquidambar orientalis*
Orientalischer Amberbaum
Kleine Art, deren ahornartige Blätter im Herbst eine feurige karminrote, gelbe und orange Färbung annehmen.
H 6 m; B 4 m.

4 *Sorbus commixta*
Japanische Eberesche
Ordentliche kompakte Eberesche mit weißen Spätfrühjahrsblüten, roten Beeren und schöner Herbstfärbung.
H 10 m; B 7 m.

5 *Sorbus sargentiana*
Sargents Eberesche
Ihren weißen Blüten folgen rote Beeren und leuchtend orangefarbenes und karminrotes Herbstlaub.
H 10 m; B 10 m.

6 *Nyssa sinensis*
Chinesischer Tupelobaum
Jung sind seine Blätter bronzefarben, im Sommer dunkelgrün und im Herbst kunterbunt.
H 10 m; B 10 m.

7 *Parrotia persica*
Parrotie
Ausladender sommergrüner Baum mit dichtem Laub, das sich im Herbst gelb und purpurrot färbt.
H 8 m; B 10 m.

8 *Rhus typhina*
Essigbaum, Kolbensumach
Seine Triebe sind filzig behaart, seine Blätter erstrahlen im Herbst rubinrot, golden und bernsteinfarben.
H 5 m; B 6 m.

HECKEN

Hecken sind im Garten in vielfacher Hinsicht nützlich. Am häufigsten werden sie als Schutz an Grundstücksgrenzen gepflanzt, aber sie können auch innerhalb eines Gartens als Trennelemente oder als niedrige Einfassungen für Beete, Rabatten oder Wege dienen. Sorgfältig gestutzte gleichförmige Hecken wirken gediegen, gemischte Hecken sind Gärten in sich. Zudem bilden Hecken einen ausgezeichneten Windschutz, der wirkungsvoller ist als solide Mauern und Zäune, bei denen an der dem Wind abgewandten Seite Wirbel entstehen. Vor allem sommergrüne Hecken bremsen den Wind. Immergrüne Hecken dämpfen Verkehrslärm und schützen ganzjährig die Privatsphäre, dichte Dornenhecken halten Eindringlinge fern.

Bei Buchshecken ist der Schnitt wichtig, wenn sie gepflegt aussehen sollen. Sie müssen im Durchschnitt mindestens zweimal im Jahr geschnitten werden – einmal im Hochsommer und einmal im Herbst. Zwischen 1. März und Ende September ist jedoch nur ein leichtes Stutzen zulässig.

GARTENHECKEN

Alle Hecken benötigen einige Jahre für ihre Entwicklung, manche Heckenpflanzen wie etwa Wintergrüner Liguster wachsen jedoch relativ rasch. Aber denken Sie daran: Je rascher sie wachsen, desto häufiger müssen sie geschnitten werden. Bis Ihre Hecke groß genug ist, können Sie einen provisorischen Schutz etwa aus Bambusrohren oder einen Maschendrahtzaun errichten. Das Drahtgeflecht muss später nicht entfernt werden, da es von der Hecke verborgen wird. Sollten Sie ungeduldig sein, können Sie Fertighecken (aus Containerpflanzen) als »Meterware« kaufen. Sie sind nicht billig, aber die Lieferfirma bereitet auch den Boden vor und führt die Pflanzung durch.

Hecken bieten sich als Trennelemente an, wenn Gärten unterteilt werden sollen. Hier lassen hohe Hecken einen Raum entstehen, der mit Buchseinfassungen »möbliert« wurde.

WELCHE IST DIE RICHTIGE HECKE?

Immergrüne Hecken bieten ganzjährig Schutz, sommergrüne Hecken erlauben mit Ausnahme von Buche und Hainbuche, die ihre braunen Blätter bis zum Frühjahr behalten, im Winter Einblick in den Garten. An kalten exponierten Standorten wählt man robuste sommergrüne Heckenpflanzen, die Wind vertragen, wie Eingriffeliger Weißdorn oder Hainbuche. In weitgehend frostfreien Küstengärten kann man außer ihnen auch Sanddorn, Tamariske oder immergrüne Griseline, Stechpalme und Gänseblümchenstrauch pflanzen, die alle salzhaltige Luft tolerieren.

Für eine formale, glatte, immergrüne Hecke verwendet man kleinblättrige Sträucher mit dichtem Wuchs, die regelmäßigen Schnitt vertragen. Zwei der besten sind Eibe und Scheinzypresse. Ebenfalls in Betracht kommen Buchs, Wintergrüner Liguster und Immergrüne Strauchheckenkirsche.

Frei wachsende Hecken bestehen oft aus blüten- und beerentragenden immergrünen und sommergrünen Sträuchern, die dicht zusammen gepflanzt wurden. Sie eignen sich gut für ländlichere Situationen oder natürlichere Gärten und brauchen wenig Schnitt, dafür aber etwas mehr Platz als Schnitthecken. Etwas formaler wirken gemischte Hecken aus Pflanzen mit etwa gleicher Größe und Wachstumsrate, aber unterschiedlicher Laubfärbung wie grün- und rotblättrige Buchen oder grün- und goldblättrige Eiben.

EXISTIERENDE HECKEN

Wer bereits eine Hecke besitzt, empfindet sie vielleicht nur als lästig, weil sie eine Menge Arbeit macht. Sollte eine vorhandene Hecke keinerlei Nutzen für den Garten haben, kann sie entfernt werden, was sich dramatischer anhört, als es tatsächlich ist.

Gewiss, Hecken sind langlebig, aber auch ersetzbar, und manche Heckenpflanzen wachsen schneller, als Sie glauben. Wie wäre es, wenn Sie Ihre alte Hecke durch eine pflegeleichte neue ersetzen? Rotbuchen etwa müssen nur einmal im Jahr geschnitten werden. Wo der Platz begrenzt ist, kann man eine ähnliche Wirkung mit Efeu erzielen, den man an Drahtgeflecht oder Spalieren erzieht.

(oben) **Kleine Buchs- und Buchenhecken** sorgen hier für einen aufregenden Texturkontrast, dennoch wirkt der filigrane Farn in der Mitte optisch reizvoller als sein Rahmen aus Laub.

(unten) **Ordentliche Schnitthecken** sind ein schöner Hintergrund für Staudenrabatten und bilden einen großartigen Kontrast zu üppigen farbenfrohen Pflanzungen.

LEYLANDZYPRESSEN PFLANZEN

Denken Sie zweimal darüber nach, bevor Sie Leylandzypressen (× *Cuprocyparis leylandii*) pflanzen, da sie in der Gartenwelt einen schlechten Ruf haben. Ungeschnitten werden sie rasch sehr hoch. Schneidet man sie dann stark zurück, sehen sie hässlich aus, denn die kahlen Triebe werden nicht wieder grün. Im Idealfall stutzt man diese Hecken zweimal pro Jahr leicht in Form.

Darüber hinaus entziehen sie der umliegenden Erde Wasser und Nährstoffe und sollten für kleine Gärten nicht in Betracht gezogen werden, denn sie überragen alle anderen Pflanzen und werfen Schatten. Am besten eignen sie sich als Windschutz für große Gärten oder Gärten in Küstenregionen.

HECKEN FÜR TIERE

Hecken können Vögel und andere Tiere in den Garten locken, da sie ihnen Schutz, Nistplätze und Nahrung wie Beeren bieten. Eine Hecke aus verschiedenen Arten wie Feld-Ahorn (*Acer campestre*), Weißdorn (*Crataegus monogyna*), Stechpalme (*Ilex aquifolium*), Hasel (*Corylus avellana*) und Pfaffenhütchen (*Euonymus europaeus*) zieht ganzjährig Besucher an. Soll die Hecke Blüten und Früchte tragen, darf sie jedoch nicht zu stark geschnitten werden. Ist genügend Platz vorhanden, um da und dort eine Pflanze zu einem kleinen Baum heranwachsen zu lassen - umso besser. Schöne Blüten haben Wildrosen, die im Herbst auch Hagebutten tragen, wie auch Schneeball.

NACHBARSCHAFTSFRAGEN

Hecken können zwischen Nachbarn heftigen Streit auslösen. Denken Sie bei der Planung vor allem daran, dass Hecken viel mehr Platz beanspruchen als Mauern und Zäune und als Grenze zwischen schmalen Gärten ungeeignet sind.

Verscherzen Sie es sich nicht mit Ihren Nachbarn. Unterrichten Sie sie über etwaige Pflanzpläne und lassen Sie Ihre Hecke nicht in den Nachbargarten wuchern. Achten Sie beim Pflanzen darauf, dass die Hecke genug Platz hat, um zu wachsen, und vergessen Sie nicht, dass Sie vielleicht beide Seiten der Hecke schneiden müssen. Zudem darf die Hecke nicht so hoch werden, dass sie Schatten auf das Nachbargrundstück wirft. Grenzhecken dürfen meist nur bis 1,8 m hoch sein, Hecken im Garten höher, aber denken Sie darüber nach, ob Sie eine so hohe Hecke noch schneiden können, ehe sie zu groß geworden ist. Holen Sie in jedem Fall beim örtlichen Ordnungsamt Auskunft über Vorschriften zu Höhen und Grenzabständen ein.

Ballenpflanzen sind teurer als wurzelnackte Pflanzen, aber preiswerter als Containerpflanzen.

Wurzelnackte Pflanzen sollten vorsichtig getrennt und sofort gepflanzt werden, damit ihre Wurzeln nicht austrocknen.

HECKENPFLANZEN KAUFEN

Damit sich eine neue Hecke gut entwickelt, muss der Boden vor dem Kauf der Pflanzen sorgfältig vorbereitet und die Hecke nach dem Pflanzen in den ersten Jahren gut gepflegt werden. Junge Pflanzen sind empfehlenswerter als große, da sie rascher wachsen und ältere Pflanzen bald überholen: Sie bekommen also für weniger Geld eine schönere Hecke.

Auf Hecken spezialisierte Gärtnereien bieten eine große Auswahl an Jungpflanzen an und haben häufig einen Mailorder-Service. Ein guter Lieferant sagt Ihnen, wie die Pflanzen für den Versand verpackt werden, und gibt Ihnen Ratschläge für Pflanzung und Schnitt. Adressen finden Sie im Internet und in Gartenmagazinen.

Angeboten werden wurzelnackte Pflanzen, Ballenpflanzen und Containerpflanzen. Wurzelnackte Pflanzen sind erheblich preiswerter als Containerpflanzen. Am kostengünstigsten ist meist eine gemischte Hecke aus heimischen Arten. Wurzelnackte Pflanzen sind von Herbst bis Frühjahr erhältlich, aber man kann sie zu jeder Jahreszeit bestellen und einen Liefertermin vereinbaren. Denken Sie daran, dass in kalten windigen Gegenden immergrüne Pflanzen oder Koniferen am besten im Frühjahr gepflanzt werden. Immergrüne Arten sind auch als Ballenpflanzen erhältlich.

Kaufen Sie stets mehr Pflanzen, als Sie benötigen, für den Fall, dass die eine oder andere eingeht. Überzählige Exemplare pflanzen Sie in einen ruhigen Bereich des Gartens oder in Kübel, in denen die Wurzeln genug Platz zum Wachsen haben. Gießen Sie diese Pflanzen gut, bis Ihre Hecke gut angewachsen ist und Sie sicher sind, dass keine Pflanzen ersetzt werden müssen.

Wurzelnackte Pflanzen und Ballenpflanzen sind von Herbst bis Frühjahr erhältlich, werden bei schlechtem Wetter meist aber nicht aus dem Boden genommen. In kalten Gegenden pflanzt man Koniferen und immergrüne Arten besser im Frühjahr als im Herbst. Containerpflanzen kann man das ganze Jahr pflanzen, die beste Zeit ist jedoch Herbst oder Frühjahr, wenn es mild und feucht ist. Ist eine Pflanzung nicht sofort möglich, lagert man die Pflanzen in der Verpackung in einem kühlen Schuppen und hält sie feucht.

EINE HECKE PFLANZEN

Für die meisten Hecken reicht eine einzelne Reihe aus Pflanzen aus, für besonders dicke Hecken kann, sofern genug Platz vorhanden ist, eine Doppelreihe gepflanzt werden. Hier wurde eine Einzelreihe neben einen provisorischen Flechtzaun gepflanzt. Die meisten sommergrünen oder immergrünen Heckenpflanzen setzt man mit 45–60 cm Abstand, kleinblättrigen Liguster, Buchs und Immergrüne Strauchheckenkirsche aber nur mit 30 cm Abstand. Bei Zwerghecken aus Buchs oder Lavendel beträgt der Abstand 15 cm.

1 Mindestens sechs Wochen vor dem Pflanzen den Boden vorbereiten. Entfernen Sie zuerst alle ausdauernden Unkräuter. Heben Sie dann einen Graben in Länge der Hecke mit 0,9–1,2 m Breite aus und arbeiten Sie mit der Grabegabel voluminöses organisches Material – Kompost oder gut verrotteten Mist – in die Sohle ein.

2 Mit einer Schnur markieren Sie die Pflanzreihe. Für wurzelnackte Pflanzen hebt man entlang der Schnur einen Graben aus. Für Ballen- oder Containerpflanzen können Sie einzelne Löcher graben. Markieren Sie mit Bambusstäben und einer Latte entlang der Schnur die Pflanzabstände, entweder in einer Reihe oder versetzt, mithilfe von zwei Stäben, die mit 45–60 cm Abstand auf den Boden gelegt werden.

3 Die Pflanzen in der ursprünglichen Pflanztiefe einsetzen. Bei wurzelnackten Pflanzen auf die Verfärbung am Stamm achten.

4 Die Erde auffüllen und mit der Ferse festtreten, sodass eine Mulde um die Pflanze entsteht.

5 Die Pflanzen gründlich wässern. Die Mulde leitet das Wasser zu den Wurzeln, wo es gebraucht wird.

6 Eine dicke Schicht aus gut verrottetem Mist, Kompost oder Rindenmulch um die Pflanzen verteilen, aber vom Stamm fernhalten. Alternativ beiderseits Geotextilvlies legen und mit Rindenmulch bedecken.

2

3

5

6

HECKEN PFLEGEN

Nach dem Pflanzen muss die Hecke gepflegt werden, damit sie gedeiht. Am wichtigsten ist, die Pflanzen während der ersten Jahre in Trockenperioden zu wässern, bis sie gut wachsen. Danach sollte es nur noch nötig sein, bei Trockenheit im Sommer zu gießen. Im Frühjahr bringt man einen Grunddünger aus. Gleichzeitig entfernt man alle Unkräuter am Fuß der Hecke und ergänzt nach Regen oder wenn die Erde feucht ist die Mulchdecke.

HECKEN SCHNEIDEN UND FORMEN

In Deutschland dürfen gemäß Naturschutzgesetz Bäume und Hecken nur zwischen 1. Oktober und 28. Februar stark geschnitten werden.

Die Art des Schnitts hängt davon ab, ob es sich um eine formale oder eine frei wachsende Hecke handelt und wie alt sie ist.

- **Junge frei wachsende Hecken** brauchen keinen Formschnitt, doch das Einkürzen langer Triebe fördert einen buschigen Wuchs.
- **Junge formale Hecken** brauchen einen Formschnitt. Bei immergrünen Hecken müssen in den ersten Jahren nur die Seitentriebe etwas gekürzt werden. Die Haupt- und Leittriebe lässt man bis zur gewünschten Endhöhe der Hecke wachsen. Sommergrüne Hecken, die dicht werden sollen, müssen zeitiger geformt werden. Allgemein schneidet man Haupttriebe und kräftige Seitentriebe nach dem Pflanzen um ein Drittel zurück und wiederholt dies im folgenden Jahr. Wuchsfreudiger Liguster und Weißdorn werden kräftiger gestutzt und auf 30 cm zurückgenommen.
- **Etablierte frei wachsende Hecken** sollten erst geschnitten werden, wenn sie zu groß sind oder sehr unordentlich aussehen. Dann kürzt man alle überlangen und zu hohen Triebe.
- **Etablierte formale Hecken** müssen durch regelmäßigen Schnitt in Form gehalten werden. Dadurch bleiben sie dicht und sehen von Kopf bis Fuß dick und üppig aus. Zudem verhindert man, dass sie im Lauf der Jahre zu groß werden. Die Häufigkeit des Schnitts hängt von den Pflanzen und ihrer Wuchsfreudigkeit ab, ein Schnitt pro Jahr ist jedoch unumgänglich. Bei sommergrünen und kleinblättrigen immergrünen Pflanzen verwendet man eine Heckenschere, deren Schneiden man stets parallel zur Hecke hält. Bei großblättrigen Immergrünen wie Kirschlorbeer schneidet man die Triebe einzeln mit der Gartenschere zurück.

(links) **Als Schnitthilfe** für formale Hecken etwa aus Buchs spannt man eine Schnur zwischen zwei Stäben, die man an den Enden in den Boden gesteckt hat.

(rechts) **Heckenpflanzen** mit großen dicken Blättern wie Kirschlorbeer schneidet man besser mit der Gartenschere als mit der Heckenschere.

(oben) **Bei Benutzung** einer elektrischen Heckenschere stets eine Schutzbrille, Ohrenschützer und feste Handschuhe tragen.

(unten) **Lücken am Fuß** der Hecke schließt man durch Absenken eines tief sitzenden langen Triebs, den man auf dem Boden feststeckt, damit er sich bewurzelt.

LÜCKEN IN EINER HECKE SCHLIESSEN

Wenn in einer jungen Hecke eine Pflanze eingeht, wird sie ausgegraben und ersetzt. Vorsichtshalber sollte man auch einen Teil der Erde gegen frische Erde aus einem anderen Gartenbereich austauschen, die man mit gut verrottetem Mist oder Kompost anreichert. Bei älteren Hecken entfernt man die Pflanze und schließt die Lücke, indem man Seitentriebe der Nachbarpflanzen an Schnüren oder Drähten, die an Stäbe gespannt wurden, erzieht.

Wo ein Ast durch Schnee oder Wind aus der Position geraten, aber unbeschädigt ist, kann er mit weicher Schnur wieder an seinen Platz gebracht werden. Um diesem Problem vorzubeugen, schneidet man die Hecke in Trapezform *(siehe rechts)*. Braunes Laub sollte man, vor allem bei Koniferen, herausschneiden. Entsteht dabei eine Lücke, bindet man Nachbarzweige mit Schnur zusammen. Färben sich aber weitere Blätter braun, ist die Pflanze vielleicht krank.

VERWILDERTE HECKEN VERJÜNGEN

Wo eine Hecke vernachlässigt wurde, nimmt man totes Holz heraus und schneidet die Hecke zurück. Außer bei Koniferen wiederholt man dies im zweiten Jahr. Im ersten Jahr schneidet man die Hecke oben und an einer Seite, im zweiten auf der anderen Seite.

Buche, Hainbuche und Weißdorn können im Frühjahr hart zurückgeschnitten werden. Ist der Austrieb in der ersten Wachstumsperiode schlecht, verschiebt man die zweite Hälfte der Arbeit um ein Jahr. Bei alten Forsythienhecken schneidet man sofort nach der Blüte einen Teil des ältesten Holzes heraus. Bei den Immergrünen können Eibe, Buchs, Kirschlorbeer, Liguster, Heckenkirsche, Stechpalme, Escallonie, Berberitze und Feuerdorn Mitte bis Ende des Frühjahrs kräftig geschnitten werden. Danach gut düngen, wässern und mulchen.

HECKEN FORMEN

Schneiden Sie formale Hecken aus Buchs oder Eibe vom Zeitpunkt des Pflanzens an so, dass sie eine Keilform oder Trapezform erhalten. Dadurch gelangt Licht an alle Teile der Hecke und fördert ein gleichmäßiges Wachstum.

In Gegenden mit starkem Schneefall schneidet man Hecken oben spitz zulaufend oder sehr schmal, damit der Schnee nicht auf ihnen liegen bleiben und sie durch sein Gewicht schädigen kann.

Für eine schmale Hecke stutzt man die Seiten von Beginn an regelmäßig. Dabei schneidet man sie jedes Mal bis auf die Höhe des letzten Schnitts zurück.

Eine spitz zulaufende Form verhindert Schneehauben.

Eibenhecke, trapezförmig geschnitten.

PFLANZEN FÜR HECKEN

1 *Carpinus betulus*
Hainbuche
Sommergrüner Baum oder Strauch, der sich für exponierte Lagen besser als die Rotbuche eignet und über Winter die toten Jugendblätter behält. Im Hoch- oder Spätsommer zurückschneiden.
H bis 9 m.

2 *Lonicera nitida* 'Baggesen's Gold'
Strauch-Heckenkirsche
Immergrüner Strauch, der am besten für formale Hecken verwendet wird. Wächst rasch und muss vielleicht mehrmals im Jahr geschnitten werden.
H bis 1,5 m.

3 *Prunus lusitanica*
Portugiesische Lorbeerkirsche
Dichte immergrüne Lorbeerkirsche mit glänzenden dunkelgrünen Blättern für halb formale Hecken. Im Spätsommer mit der Gartenschere schneiden.
H bis 20 m.

4 *Ilex aquifolium* 'Golden Milkboy'
Stechpalme
Schwachwüchsige, dichte, immergrüne Pflanze, die als formale Hecke im Spätsommer mit der Gartenschere geschnitten wird. Diese Sorte hat unregelmäßig gefleckte Blätter.
H 6 m.

5 *Lavandula angustifolia* 'Hidcote'
Lavendel
Am besten als niedrige halb formale Einfassung geeignet. Für einen kompakten Wuchs Pflanzen im Frühjahr und nach der Blüte mit der Heckenschere schneiden.
H bis 60 cm.

6 *Berberis darwinii* 'Barberry'
Darwins Berberitze
Wüchsige immergrüne Pflanze, die im Frühjahr unter einem Meer dunkelorangefarbener Blüten versinkt. Nach der Blüte zurückschneiden, um eine zweite Blüte im Herbst anzuregen.
H bis 3 m.

7 *Taxus baccata*
Europäische Eibe
Schwachwüchsiger, immergrüner Strauch, der vielleicht nur einmal im Jahr (Sommer oder Herbst) geschnitten werden muss.
H bis 10 m.

8 *Ligustrum ovalifolium*
Wintergrüner Liguster
Wuchsfreudiger Strauch, der am besten drei- oder viermal während der Wachstumsperiode zu einer formalen Hecke gestutzt wird. Meist immergrün, kann in kalten Wintern aber die Blätter verlieren.
H bis 4 m.

9 *Chamaecyparis lawsoniana* 'Pembury Blue'
Scheinzypresse
Recht rasch wachsender Baum mit blaugrauem Laub. Im Frühjahr und Frühherbst schneiden.
H bis 9 m.

10 *Fagus sylvatica*
Rotbuche
Sommergrüner Baum, der im Winter seine abgestorbenen braunen Jugendblätter behält. Am besten kombiniert man ihn mit Sorten, die grünes, kupferfarbenes oder purpurnes Laub haben. Im Spätsommer schneiden.
H bis 9 m.

11 *Buxus sempervirens* 'Latifolia Maculata'
Buchsbaum
Dichter, kleinblättriger immergrüner Strauch, der für formale Hecken in der Wachstumsperiode zwei- oder dreimal zurückgeschnitten werden muss. Dies ist eine panaschierte Sorte.
H bis 5 m.

12 *Rosa rugosa* 'Rubra'
Kartoffelrose
Wüchsige dichte Rose und die beste Rose für eine hohe frei wachsende Hecke. Besitzt viele Stacheln und trägt im Herbst große rote Hagebutten.
H 1–2,5 m.

PFLANZGEFÄSSE

Bepflanzte Gefäße sorgen im Garten für Farbe und Blickfänge und vergrößern die Palette der Pflanzen, die gezogen werden können. Zudem verschönern sie Bereiche, wo man nicht direkt in den Boden pflanzen kann, wie Pflaster-, Klinker- und Betonflächen, und heitern mit leuchtenden Blüten und Blättern dunkle Ecken auf. Passend bepflanzte Gefäße können den Gestaltungsstil eines Gartens unterstreichen. Ein Olivenbaum, eine Yucca oder eine Palme in einem Gefäß verleiht Ihrem Garten vielleicht ein mediterranes Flair, während farbenfrohe Gewächse in lebhaften, ungewöhnlichen Töpfen viel Schwung in Gärten bringen.

Gemischte Pflanzungen sind meist am schönsten, wenn man die Farben nicht kunterbunt kombiniert. Hier lassen die Fiederblättrige Kosmee 'Sonata Pink', das Mauer-Gipskraut 'Gypsy Pink' und ein panaschierter Efeu eine schlichte Farbkomposition in Rosa und Grün entstehen.

PFLANZEN IN GEFÄSSEN

Gefäße ermöglichen auch die Kultur von Pflanzen, die im Gartenboden nicht gedeihen würden. Wer z. B. alkalischen Boden hat, aber Kalkflieher wie Azaleen ziehen will, kann sie in Töpfe mit Moorbeeterde setzen. Wo der Boden trocken ist, können Funkien in Kübeln feucht gehalten werden. Frostempfindliche Pflanzen wie Agaven, die trockene Standorte vorziehen und in den meisten Gegenden nicht winterhart sind, können in Kübeln selbst in Gärten mit nassem Boden wachsen und im Winter ins Haus gebracht werden. Auch Pflanzen mit unterschiedlichen Ansprüchen können in getrennten Töpfen Pflanzgruppen bilden.

PFLANZGEFÄSSE PLATZIEREN

Da Pflanzen in Gefäßen am besten geschützt stehen, sind Terrassen für sie ideal. An exponierten Plätzen trocknen Töpfe rasch aus und können umgeweht werden. Wie bei Freilandpflanzen ist es auch bei Topfpflanzen wichtig, dass sie am richtigen Platz wachsen und Arten mit ähnlichen Ansprüchen zusammenstehen.

Pflanzen mit kräftigen Formen wie die Keulenlilie werden sofort zum Blickfang. In mobilen Pflanzgefäßen bieten sie die Möglichkeit, schnell und einfach Schwerpunkte zu verändern.

Topfpflanzungen sind vielseitig einsetzbar. Große imposante Kübel können als Blickfang dienen, zwei identische Töpfe mit der gleichen Bepflanzung eignen sich ideal, um sie zu beiden Seiten eines Wegs aufzustellen oder mit ihnen architektonische Besonderheiten eines Eingangs zu betonen. Aber Pflanzgefäße können auch Schandflecken wie Gullideckel verbergen.

Lücken in der Rabatte lassen sich mit Töpfen voller Lilien oder Tulpen schließen, die spektakulär, aber nur für begrenzte Zeit blühen. Sobald sie welken, entfernt man sie einfach wieder. Topfgruppen mit Farnen, Funkien und anderen schattentoleranten Pflanzen überleben unter großen Bäumen, wo die Erde trocken, mager, durchwurzelt und schwer zu bearbeiten ist.

Für gepflasterte Außenbereiche sind Pflanzgefäße ideal. Einige Kletterpflanzen wie Jasmin gedeihen in Kübeln gut und können selbst auf Betonflächen an Mauern erzogen werden. Selbst wo gar kein Garten vorhanden ist, kann man Blumenkästen auf Fenstersimse stellen oder an Mauern befestigen. Ampeln hängt man an einen geschützten Platz, an dem sie leicht erreichbar sind und man sie gut pflegen und wässern kann. An kahlen Wänden montierte Töpfe heitern diese auf, sie müssen aber häufig gewässert werden. In allen Fällen ist eine solide Befestigung wichtig.

PFLANZGEFÄSSE AUSWÄHLEN

1 Ton und Keramik Vielseitiges Material, aus dem Gefäße in vielen Formen hergestellt werden wie Urnen, Vasen, Töpfe, Schalen und Krüge. Pflanzen in Krügen lassen sich aber kaum umtopfen, wenn der Wurzelballen größer als der Gefäßhals ist.
Pro: Poröse Tontöpfe lassen Wurzeln atmen und reduzieren Staunässe. In einer riesigen Palette an Farben und Designs erhältlich. Oft recht preiswert.
Kontra: In porösen Tontöpfen müssen Pflanzen öfter gegossen werden. Zerbrechen leicht, wenn sie umfallen oder Frost ausgesetzt sind.

2 Kunststoff Gefäße aus Plastik, Fiberglas und Kunstharz sind günstige und überall erhältliche Alternativen zu Gefäßen aus traditionellen Materialien. Sie sind leicht, frostbeständig und praktisch unzerbrechlich. Große Kübel lassen sich leicht umstellen und sind ideal für empfindliche Pflanzen, die im Haus überwintert werden müssen, sowie für dekorative Blattpflanzen, mit denen man welke Blumen verbergen kann.
Pro: Frostbeständig, leicht, preiswert und in vielen Farben und Designs erhältlich.
Kontra: Lassen Kälte durch, fallen leicht um.

3 Metall In vielen Formen, Farben und Designs erhältlich, die meist gut in moderne Umgebungen passen. Kann galvanisiert, lackiert oder beschichtet sein. Manchmal läuft es mit der Zeit an. Ein Einsatz schützt Wurzeln vor Frost.
Pro: Breite Palette an Designs, robust, hübsch.
Kontra: Gute Qualität ist teuer. Bleigefäße sind schwer. Glänzende Oberflächen machen Schmutz sichtbar und werden matt.

4 Holz Holzkübel sind dezent und ein perfekter Hintergrund für Pflanzen. Holz ist leicht zu handhaben, muss aber behandelt werden, damit es nicht fault. Großartig sind Bottiche.
Pro: Recht stabil und, wenn behandelt, auch langlebig. Ist leicht und schützt gut vor Kälte.
Kontra: Muss regelmäßig behandelt werden.

5 Stein Gehört zu den schönsten und haltbarsten Materialien. In traditionellen Umgebungen sehen vor allem Urnen mit »Patina« großartig aus und sind dort ideale Blickfänge. Auch in modernem Design im Angebot. Kunststein ist preiswerter und leichter erhältlich.
Pro: Beanspruchbar, langlebig und standfest. Schützt vor Kälte. In vielen Designs erhältlich.
Kontra: Schwer und teuer.

WIE MAN EINEN TOPF BEPFLANZT

Damit Pflanzen gut wachsen und schön aussehen, müssen sie richtig gepflanzt werden. Welche Erde man verwendet, hängt davon ab, was man pflanzt:

- **Pflanzerde mit Tonanteil** eignet sich für Dauerpflanzungen besser, da sie Nährstoffe länger hält und durchlässiger ist. Dies ist vor allem für Pflanzen wichtig, die im Freien überwintern.
- **Blumenerde ohne Tonanteil** eignet sich meist am besten für Kurzzeitpflanzungen, etwa Beetpflanzen in Gefäßen. Sie ist leicht und sauber und enthält Nährstoffe für Jungpflanzen. Später muss möglicherweise Dünger ergänzt werden.

Ein großes oder schweres Pflanzgefäß stellt man zuerst an den vorgesehenen Platz und bepflanzt es anschließend. Prüfen Sie, ob die Abzugslöcher groß genug sind. Dann füllen Sie Dränagematerial wie Styropor oder Scherben in den Topf und bedecken es mit 2,5–5 cm Erde.

1 Die Pflanze eine Stunde vor dem Einsetzen gründlich wässern und dann – noch im Originaltopf – an ihren Platz im neuen Gefäß setzen.

2 So viel Substrat ergänzen, dass der Wurzelhals 2,5 cm unter dem Gefäßrand sitzt. So bleibt Platz zum Wässern. Weiteres Substrat auffüllen.

3 Das Substrat andrücken. Die Pflanze im Topf herausheben, sodass ein Loch im Substrat bleibt. Die Pflanze aus dem Originaltopf nehmen.

4 Wurzeln, die ein dichtes Geflecht bilden, vorsichtig auseinanderzupfen. Die Pflanze zurück in das Loch setzen und gut andrücken.

5 Prüfen, ob die Pflanze genauso tief wie im alten Topf sitzt. Noch etwas Erde im Topf verteilen und gut gießen.

6 Zum Schluss dekorativen Mulch verteilen. Er hält die Bodenfeuchte, unterdrückt Unkräuter und gibt dem Topf mehr Standfestigkeit.

1

4

2

3

5

6

TOPFPFLANZEN PFLEGEN

Pflanzen in Gefäßen sind pflegeleicht, denn man kann die Wasser- und Düngerzufuhr steuern und problemlos welke Blüten entfernen. Und wenn sie ihre schönste Zeit hinter sich haben, ersetzt man sie einfach. Pflanzen, die im Gartenboden zu stark wachsen, wie bestimmte Bambus-Arten, werden in Kübeln gebändigt, während man langsamer wachsende Arten, die in Rabatten leicht ersticken, in Töpfen aufpäppeln kann. Schädlinge und Krankheiten lassen sich leicht bekämpfen und Schnecken stellen ein geringeres Problem dar. Aber im Gegensatz zu Freilandpflanzen sind Topfpflanzen ganz auf ihren Besitzer angewiesen, um Nährstoffe, Wasser und Pflege zu erhalten.

WÄSSERN

Pflanzgefäße trocknen vor allem durch Wärme und Wind rasch aus. Bei einigen Pflanzen wie Rhododendren beeinträchtigt Wassermangel die Bildung von Blütenknospen, und da sie immergrün sind, müssen sie ganzjährig gegossen werden. Töpfe, die dicht an Wänden oder Zäunen und unter Bäumen stehen, erhalten wenig Regen. Folgende Symptome zeigen Wassermangel an: Die Blätter welken, vergilben und fallen im Extremfall ab. Verwenden Sie eine Gießkanne oder einen Schlauch mit einer Gießlanze oder Gießpistole, um den Wasserstrahl regulieren zu können. Genug gegossen wurde, wenn Wasser aus den Abzugslöchern des Topfs austritt. Ist die Erde verdichtet, kann das Wasser nicht eindringen. Lockern Sie dann die Erde behutsam mit einer Handgabel. Am zuverlässigsten ist ein Bewässerungssystem mit Rohren oder Schläuchen und einer Zeitschaltuhr.

(ganz links) **Eine Tonscherbe** ist hilfreich, wenn man keine Gießlanze besitzt. Man legt sie auf die Erde und gießt das Wasser darauf, wodurch es sich gleichmäßiger verteilt.

(links) **Wenn Erde austrocknet,** löst sie sich von den Topfwänden und das Gießwasser rinnt durch den entstandenen Spalt. Dann stellt man die Pflanze samt Topf bis zu einer Stunde in ein Wasserbad.

(ganz links) **Aquaperlen (Hydroperlen, Aqualinos)** sind für Gärtner nützlich, die gelegentlich das Gießen vergessen, und ausgezeichnet für Ampeln geeignet, die rasch austrocknen. Sie speichern Wasser um den Wurzelballen, das der Pflanze in Trockenzeiten zur Verfügung steht. Die Perlen mischt man beim Pflanzen unter die Erde.

(links) **Mit wasserlöslichem Dünger** im Gießwasser lassen sich Pflanzen am einfachsten düngen. Beachten Sie stets die Gebrauchsanweisung, denn zu viel Dünger kann schädlich sein.

DÜNGEN

Topfpflanzungen müssen vom Spätfrühjahr bis Herbstmitte gedüngt werden, damit sie gesund bleiben und gut blühen. Meist düngt man alle zwei Wochen, hungrige Pflanzen wie Tomaten und Engelstrompeten brauchen aber wöchentlich eine Düngergabe.

Am einfachsten ist es, einen wasserlöslichen Dünger ins Gießwasser zu geben. Langzeitdünger erübrigen regelmäßiges Düngen, da sie über mehrere Monate wirken. Sie sind als Pellets, Stäbchen und Kegel erhältlich, die man in die Erde drückt. Oder man mischt vor dem Pflanzen Granulat unter die Erde. Alle Langzeitdünger erleichtern die Pflege und sind die beste Wahl für Gefäße, in denen die Pflanzen sehr dicht wachsen, wie etwa Ampeln. Aber beachten Sie stets die Gebrauchsanweisung, denn zu viel Dünger kann für Pflanzen fatale Folgen haben.

Biologische Alternativen: Geben Sie beim Pflanzen gut verrotteten Mist auf den Topfboden oder streuen Sie im Frühjahr Hühnermist-Pellets in die Gefäße.

UMTOPFEN

Setzen Sie Pflanzen im Frühjahr regelmäßig in etwas größere Töpfe um. Pflanzen in zu kleinen Töpfen sind oft kopflastig und schwer zu wässern, da das Wasser sich kaum auf der Erde sammeln und versickern kann. Dann können Pflanzen gelb werden oder kümmern. Möchten Sie eine große Pflanze in ihrem alten Topf lassen, kann sie zurückgeschnitten oder geteilt und mit neuer Erde wieder eingepflanzt werden *(s. S. 304–305)*. Bei Bäumen und Sträuchern in Pflanzgefäßen ersetzt man im Frühjahr (ohne die Wurzeln zu beschädigen) das obere Drittel des Substrats durch frische Erde.

Schwere Kübel lassen sich selbst leer schlecht bewegen. Für Pflanzen, die regelmäßig umgestellt werden, sollte man deshalb leichte Gefäße und erdloses Substrat verwenden. Für schwere Gefäße sind Topfroller mit Feststellbremse nützlich.

TOPFBLUMEN UND KLETTERPFLANZEN

1 *Brachyscome iberidifolia* 'White Splendour'
Blaues Gänseblümchen
Einjährige Pflanze mit weißen, rosa oder zartvioletten Blüten. Ideal für Ampeln geeignet.
H bis 45 cm; B 35 cm.

2 *Thunbergia alata*
Schwarzäugige Susanne
Bedingt winterharte Kletterpflanze mit orangen oder gelben Blüten. Den Topf im Winter wenn nötig schützen.
H bis 2,5 m.

3 *Tropaeolum peregrinum*
Kanaren-Kapuzinerkresse
Wüchsige einjährige Kletterpflanze mit gefransten gelben Blüten, die sich im Sommer und Herbst öffnen.
H 2,5–4 m.

4 *Hyacinthus orientalis* 'Blue Jacket'
Hyazinthe
Bei Herbstpflanzung der Zwiebeln öffnen sich die duftenden Blüten Mitte bis Ende des Frühjahrs.
H 20 cm; B 30 cm.

5 *Dahlia* 'Yellow Hammer'
Dahlie
Für Pflanzgefäße geeignete kleine Beetdahlie mit gelben Blüten und bronzefarbenem Laub.
H 60 cm; B 45 cm.

6 *Pelargonium* 'Lemon Fancy'
Pelargonie
Trägt violette Blüten und Blätter mit Zitrusduft. Muss vor Frost geschützt werden.
H 40–45 cm; B 15–20 cm.

7 *Plumbago auriculata*
Kap-Bleiwurz
Immergrüne Kletterpflanze für sonnige Plätze. Pflanzgefäße im Winter ins Haus bringen.
H 3–6 m; B 1–3 m.

8 *Cobaea scandens*
Glockenrebe
Frostempfindliche mehrjährige Kletterpflanze mit duftenden weißen Blüten, die sich später purpurn färben. Wird meist einjährig gezogen.
H 15 m.

BÄUME UND STRÄUCHER FÜR GEFÄSSE

1 *Choisya ternata* 'Lich'
Mexikanische Orangenblume
Immergrüner Strauch mit wunderhübschem Laub, das jung gelb ist und sich später grün färbt.
H 2,5 m; B 2,5 m.

2 *Fuchsia* 'Thalia'
Fuchsie
Kompakte Sorte mit kleinen scharlachroten Blüten, die ungewöhnlich lange Kelchröhren haben. Im Haus überwintern.
H bis 75 cm; B bis 75 cm.

3 *Rhododendron* 'Irohayama'
Azalee
Zwergazalee mit blassrosa oder lavendelfarbenen Blüten. Benötigt spezielle (saure) Erde.
H 60 cm; B 60 cm.

4 *Fatsia japonica*
Zimmeraralie
Pflanze mit architektonischem Charakter und glänzenden grünen Blättern. Braucht ein großes Gefäß.
H 1,5–4 m; B 1,5–4 m.

5 *Trachycarpus fortunei*
Chinesische Hanfpalme
Große immergrüne Palme, die recht niedrigen Temperaturen standhält, aber besser im Haus überwintert wird.
H 3 m oder mehr; B 2,5 m.

6 *Hydrangea macrophylla* 'Nikko Blue'
Garten-Hortensie
Sorte mit kugeligen. blauen Blüten.
H bis 1,5 m; B bis 2 m.

7 *Camellia japonica* 'Ace of Hearts'
Kamelie
Zu Frühjahrsbeginn blühende immergrüne Pflanze. Braucht einen großen Topf, saure Erde und einen geschützten Platz.
H bis 3 m; B 2 m.

8 *Salix caprea* 'Kilmarnock'
Sal-Weide
Trauerweide, die aufgrund ihrer geringen Größe auch in Kübeln wachsen kann. Die Kätzchen erscheinen im Frühjahr vor den Blättern.
H 1,5–2 m; B 2 m.

GEMÜSE, OBST UND KRÄUTER IN GEFÄSSEN

Töpfe und Kästen können einen kleinen Garten, eine Terrasse oder einen Hinterhof in einen Miniküchengarten verwandeln. Tatsächlich hat diese Art der Obst- und Gemüsekultur zahlreiche Vorteile. Pflanzgefäße lassen sich umstellen, wodurch man das Mikroklima ausnutzen kann, d. h., sie können im Sommer an einen offenen sonnigen Platz gesetzt und bei kaltem oder windigem Wetter wieder an einen geschützten Standort gebracht werden. Zudem hat man die Kontrolle über die Qualität des verwendeten Pflanzsubstrats.

PFLANZGEFÄSSE AUSWÄHLEN

Fast jedes Pflanzgefäß kann für die Obst- und Gemüsekultur rekrutiert werden – schöne alte Terrakottakübel ebenso wie ausgemusterte Holzkisten oder Kunststoffwannen. Wichtig ist in erster Linie, dass sie Abzugslöcher besitzen, damit Wasser abfließen kann und keine Staunässe entsteht.

Tongefäße sind die traditionelle Wahl und werden mit der Zeit immer schöner. Zudem kippen sie nicht so leicht um, wenn Pflanzen wie Stangenbohnen oder Tomaten kopflastig werden. Aber bei starkem Frost können sie bersten oder Stücke von ihnen abplatzen. Kunststoffgefäße sind preiswerter und überdies leichter, sodass man sie besser umstellen kann. Und sie sind undurchlässig, weshalb die Erde in ihnen nicht so rasch austrocknet. Da Einwegtöpfe aus Kunststoff aber keine gute Umweltbilanz haben, sollten sie so oft wie möglich verwendet und zum Schluss, wenn sie nicht mehr brauchbar sind, recycelt werden. Holzgefäße können bei Kontakt mit nasser Erde faulen. Daher muss man sie entweder mit Holzschutzmittel behandeln oder innen mit Folie auskleiden.

Hochbeete können in gewissem Sinn als Pflanzgefäße betrachtet werden. Sie lassen sich zwar nicht bewegen, aber man kann Einfluss auf Qualität und Zusammensetzung ihrer Erde nehmen *(s. S. 244–245)*.

In dem Minikräutergarten aus grünem Salbei, violettem Salbei, Lavendel und Petersilie haben Altreifen einen neuen Verwendungszweck gefunden.

Erdbeeren gedeihen in Töpfen ohne Probleme (und ihre Früchte bleiben sauberer), solange sie sorgfältig gewässert werden. Kleine Obstbäume benötigen große Kübel.

Ampeln an den Ästen eines Olivenbaums dienen als hängende Kräuter- und Salatgärten. Sie müssen aber regelmäßig gegossen werden.

GEMÜSE

Die Gemüse, die in Pflanzgefäßen am besten gedeihen, wurzeln meist recht flach. Dazu gehören Fruchtgemüse *(s. S. 258–260)*, aber auch Bohnen an Stützen *(s. S. 256–257)*. Salate eignen sich besonders gut, allen voran Kopfsalat, Endivien, Pflücksalat und Feldsalat, ferner Frühlingszwiebeln und Radieschen. In tiefen Pflanzgefäßen können sogar Kartoffeln gezogen werden. Viele Gartencenter bieten besonders kleine Gemüsesorten an, die sich ideal eignen. Am wenigsten wohl fühlen sich vermutlich ausdauernde Gemüse wie Spargel und Kohlsorten wie Brokkoli und Blumenkohl.

OBST UND KRÄUTER

Die Kultur von Obstbäumen in Pflanzgefäßen ist stets eine Herausforderung, denn man braucht dazu sehr große Gefäße und viel Platz. Aber unmöglich ist sie nicht. Mittlerweile sind zahlreiche Apfel-, Birnen- und Kirschsorten und selbst Pfirsich- und Aprikosensorten erhältlich, die für Kübel gezüchtet wurden und daher recht klein bleiben. Zitrusfrüchte wie Zitronen, Limetten und Orangen wurden früher schon in großen Töpfen gezogen und vor dem Winter in Glashäuser oder »Orangerien« gebracht. Feigen fruchten in Kübeln sogar besser, Heidelbeeren können dort in saure Spezialerde (Moorbeeterde) gepflanzt werden, und Erdbeeren sind in Töpfen besser vor Schnecken geschützt.

Auch Kräuter eignen sich perfekt für die Topfkultur *(s. S. 261–263)*. Rosmarin, Basilikum, Thymian, Majoran, Oregano und Petersilie gedeihen bei ausreichender Wässerung gut und sind, wenn sie in Töpfen bei der Küchentür oder auf einem Fenstersims wachsen, vielleicht bequemer erreichbar als in Gartenbeeten. Besonders geeignet ist Minze. Überlässt man sie im Garten sich selbst, wuchert sie und breitet sich unkontrolliert aus. In einem Topf hingegen kann man sie bequem in Schach halten.

EINE DRAHTAMPEL BEPFLANZEN

Sommerampeln werden gewöhnlich im Frühjahr bepflanzt, aber da die meisten Pflanzen, die in ihnen wachsen können, nicht winterhart sind, brauchen sie bis zum letzten Frost Schutz. Kaufen Sie Material, das sich zum Auskleiden der Ampel eignet und die richtige Größe hat.

1 Die Ampel auf einen Topf oder Eimer stellen. Setzen Sie die Auskleidung (hier Kokosfaser) hinein und schneiden Sie sie passgenau zu. Ein auf den Boden gelegtes kreisrundes Stück Folie verhindert, dass Gießwasser sofort wieder aus der Ampel herausläuft.

2 Mehrere Schlitze für Hängepflanzen in die Seiten schneiden. Verteilen Sie eine 5 cm dicke Schicht erdloses Substrat, unter das Sie zuvor Langzeitdünger und wasserspeichernde Kristalle gemischt haben.

3 Die Hängepflanzen aus ihren Töpfen nehmen und durch die Schlitze fädeln. Dabei empfiehlt es sich, Triebe und Blätter in ausgemusterte Plastikbeutel oder -taschen zu stecken, damit sie keinen Schaden nehmen.

4 In die Mitte der Ampel einen Topf setzen, der als Wasserreservoir dient. Um ihn herum pflanzen Sie in die Mitte aufrecht wachsende Arten, an den Rand Hängepflanzen. Weiteres Substrat einfüllen und Pflanzen einsetzen, bis sich das Substrat 5 cm unter dem Rand befindet.

5 Die Erde andrücken und die Ampel gut wässern. Verwenden Sie dazu am besten eine Gießlanze, damit sich das Wasser nicht an einer Stelle konzentriert.

6 Die Ampel an einem geschützten Platz so aufhängen, dass sie zum Wässern leicht erreichbar bleibt. Die Halterung muss stabil genug sein, um das Gewicht der nassen Erde zu tragen.

2

3

5

6

PFLANZEN FÜR AMPELN

1 *Lobelia erinus* 'Colour Cascade'
Lobelie
Einjährige Hängelobelie, die den ganzen Sommer hindurch ein Meer aus kleinen blauen, weißen, rosa, roten und violetten Blüten öffnet.
H 15 cm; B 10–15 cm.

2 *Hedera helix* 'Little Diamond'
Panaschierter Efeu
Kleiner Efeu mit graugrünen Blättern, die cremeweiße Ränder haben.
H 30 cm.

3 *Diascia barberae* 'Blackthorn Apricot'
Doppelhörnchen
Trägt den ganzen Sommer und bis weit in den Herbst hinein aprikosenfarbene Blüten.
H 25 cm; B bis 50 cm.

4 *Glandularia* 'Diamond Merci'
Verbene, Eisenkraut
Entwickelt vom Hochsommer an bis in den Herbst runde Blütenstände aus kleinen burgunderroten Blüten. H 30 cm; B 30–50 cm.

5 *Felicia amelloides* 'Read's White'
Kapaster
Weiße Sorte der bekannteren Blauen Kapaster, die meist den ganzen Sommer blüht.
H 60 cm; B 60 cm.

6 *Lotus berthelotii*
Hornklee
Kriechende immergrüne Pflanze mit paarig angeordneten, auffälligen orangeroten Blüten, die an Krebsscheren erinnern.
H 20 cm; B unbegrenzt.

7 *Campanula isophylla* 'Stella Blue'
Stern-Glockenblume
Kompakte Hängeglockenblume mit leuchtend violettblauen Blüten, die vom Hochsommer an bis in den Herbst erscheinen.
H 15–20 cm; B bis 30 cm.

8 *Osteospermum* 'Buttermilk'
Kapkörbchen
Trägt Korbblüten, die oberseits primelgelb und unterseits goldgelb sind. H 60 cm; B 60 cm.

9 *Glechoma hederacea* 'Variegata'
Gundermann
Kriechende Staude mit kleinen, gezähnten, weiß gerandeten Blättern, die sie für Ampeln reizvoll machen.
H 15 cm; B bis 2 m.

10 *Viola* 'Jackanapes'
Hornveilchen
Fast alle Veilchen und Stiefmütterchen sind für Ampeln geeignet. Diese zweifarbige Sorte blüht vom Spätfrühjahr an.
H bis 12 cm; B bis 30 cm.

11 *Chlorophytum comosum* 'Vittatum'
Grünlilie
Panaschierte Form dieser ausladenden Staude, deren grasartige Blätter sich herabbiegen.
H 15–20 cm; B 15–30 cm.

12 *Scaevola aemula*
Blaue Fächerblume
Wird diese Pflanze einmal im Monat gedüngt, blüht sie den ganzen Sommer lang.
H bis 50 cm; B bis 50 cm.

13 *Convolvulus sabatius*
Kriechende Winde
Kriechende Pflanze, deren Trichterblüten sich den ganzen Sommer über die Ränder von Ampeln ergießen.
H bis 15 cm; B 50 cm.

14 *Helichrysum petiolare* 'Limelight'
Lakritz-Strohblume
Hängender immergrüner Strauch mit lindgrünem Laub, der zwischen Blühpflanzen gesetzt werden kann.
H 40 cm; B 1,5 m.

15 *Fuchsia* 'Corallina'
Fuchsie
Der ausladende Wuchs ihrer weichen Triebe macht sie für Ampeln ideal. Ihre Blüten sind scharlachrot, violett und rosa.
H 45–60 cm; B 60–75 cm.

16 *Nemesia caerulea*
Nemesie
Trägt dunkelgrünes Laub und zart duftende, kleine, meist blauviolette Blüten.
H bis 60 cm; B 30 cm.

PFLANZEN FÜR HAUS UND GARTEN

Mit zunehmend milderen Wintern erweitert sich die Palette an Pflanzen, die wir ziehen können. Pflanzen, die früher nicht als winterhart galten, überleben heute den Winter vor allem in Stadtgärten oder an anderen Plätzen mit warmem Mikroklima. Andernorts können die Pflanzen draußen bleiben, bis die Temperaturen fallen, dann bringt man sie in einen kühlen Wintergarten oder ein Glashaus. Die Überwinterung gelingt, wenn man die Pflanzen kühl und trocken hält. Nach den letzten schweren Frösten im Frühjahr stellt man sie wieder nach draußen und gewöhnt sie langsam ans Freie. Man schützt die Pflanzen vor Wind und Regen und bringt sie in kalten Nächten hinein.

1 *Pelargonium* 'Mr. Henry Cox'
Geranie
Blattgeranie, deren goldgelbe Blätter eine grüne, purpurne und rosa Zeichnung haben. Fast alle Geranien müssen im Haus überwintert werden.
Min. 2 °C.
H 25–30 cm; B 10–12 cm.

2 *Lantana camara* 'Radiation'
Wandelröschen
Pflanze mit großen grünen Blättern und dichten runden Blütenständen, die leuchtend orange und rot sind. Muss im Winter vor Kälte geschützt werden.
Min. 10 °C.
H 1–2 m; B 1–2 m.

3 *Cordyline australis* 'Variegata'
Keulenlilie
Palmenartiger Baum mit langen ausladenden Blättern, die am Rand weiße Streifen tragen. Bei älteren Exemplaren entwickeln sich winzige cremeweiße Blüten.
Min. 5 °C.
H 3–10 m; B 1–4 m.

4 *Pericallis × hybrida*
Gärtner-Zinerarie
Auf den Kanarischen Inseln, auf Madeira und auf den Azoren heimische frostempfindliche Staude mit vielen verschiedenen Blütenfarben von Rot und Rosa über Weiß bis Blau.
Min. 7 °C.
H 45–60 cm; B 25–60 cm.

5 *Ensete ventricosum*
Zierbanane
Entwickelt riesige überhängende Blätter mit mehr als 3 m Länge. Möglicherweise trägt die Pflanze Früchte – aber keine echten Bananen.
Min. 7 °C.
H 6 m oder mehr; B bis 5 m.

6 *Cycas revoluta*
Japanischer Sagopalmfarn
Trägt lange, gebogene, fiedrige Wedel mit bis zu 1,5 m Länge. Er kann blühen und sogar Früchte tragen, bei Kübelpflanzen kommt dies aber selten vor.
Min. 7 °C.
H 1–2 m oder mehr; B 1–2 m oder mehr.

7 *Crassula arborescens*
Geldbaum
In Südafrika beheimatete Sukkulente mit fleischigen graugrünen Blättern und rosa Sternblüten, die im Herbst und Winter erscheinen.
Min. 5 °C.
H 4 m; B 2 m.

8 *Echeveria pulvinata*
Echeverie
Kleine mexikanische Sukkulente mit Rosetten aus fleischigen, leicht behaarten, graugrünen Blättern, die rote Spitzen und Ränder haben.
Min. 7 °C.
H 30 cm; B 50 cm.

9 *Sansevieria trifasciata* 'Golden Hahnii'
Schwiegermutterzunge
Kleine ausdauernde Pflanze mit Rosetten aus spitzen, gelb und grün gestreiften Blättern. Im Sommer nach draußen an einen sonnigen Platz stellen, ihre Erde darf aber nicht staunass werden.
Min. 13 °C.
H 12 cm; B 12 cm.

OBST, GEMÜSE & KRÄUTER

Nutzpflanzen selbst anzubauen, ist eine äußerst lohnende Gartenaktivität. Sie tun der Umwelt Gutes, weil Ihr Obst und Gemüse nicht kilometerweit über Straßen transportiert werden muss, bis es auf dem Teller landet. Und Sie sparen Geld. Ein Gemüsebeet ist zudem eine hervorragende Gelegenheit, Kindern zu zeigen, woher das Essen kommt. So einförmig wie Handelsware sieht Ihre Ernte nicht aus. Das hat Gründe: Gewerblich angebautes Obst und Gemüse wird auf perfektes Aussehen getrimmt. Was nicht die höchste Handelsklasse hat, wird entsorgt – eine unsägliche Verschwendung. Selbstgezogenes ist vielleicht nicht so makellos, aber im Handel bekommen Sie nie auch nur etwas annähernd so Frisches und Schmackhaftes!

In den Garten zu spazieren und eine perfekt reife Tomate zu pflücken oder die erste Möhre aus der Erde zu holen, ist wundervoll. Umso mehr, wenn das Geerntete auch noch vorzüglich schmeckt.

STANDORTWAHL

Wer daran denkt, selbst Obst und Gemüse selbst anzubauen, assoziiert damit oft Beete mit mehreren, langen Reihen und ausgedehnte Nutzgärten. Doch so muss es nicht unbedingt sein. Es ist durchaus möglich, Obst und Gemüse anzubauen, wenn man nur wenig Platz hat. Das klappt vor allem mit Hochbeeten gut. Sie brauchen nicht einmal einen separaten Nutzgarten anzulegen, denn die meisten Obst- und Gemüsepflanzen sehen dekorativ aus und lassen sich bestens neben Zierpflanzen kultivieren. Ein Wow-Effekt ist Ihnen dann sicher.

GEMÜSE AUF ENGEM RAUM

Wer im Garten nur wenig Platz für den Anbau von Gemüse hat, braucht nicht zu verzweifeln: Es gibt viele Tricks, um Nutzpflanzen auf engstem Raum unterzubringen. Bei der Mischkultur etwa wird rasch reifendes Gemüse zwischen Arten gesetzt, die länger brauchen, bis sie erntereif sind, also etwa Blattsalat zwischen Rosenkohlreihen. Auf diese Weise kann man auf einem vergleichsweise kleinen Fleckchen Erde verschiedenes Gemüse kultivieren.

Und falls Sie nicht genügend Platz für einen separaten Gemüsegarten haben, setzen Sie Ihre Nutzpflanzen einfach zwischen die Ziergewächse in Ihren Rabatten. Vieles, was gut schmeckt, sieht auch gut aus. Mangold etwa ist mit seinen auffallenden, tief geäderten, roten Blättern eine Bereicherung für jedes Zierbeet, während das feingliedrige, farnartige Laub von Möhren einen ausgezeichneten Kontrapunkt zu Pflanzen mit flächigeren Blättern bildet wie beispielsweise Funkien.

Außerdem gibt es von vielen Gemüsearten inzwischen Zwergsorten, mit denen man auch in kleinen Gärten gut arbeiten kann, weil sie wenig Raum beanspruchen. So lassen sich der Kopfsalat 'Tom Thumb' oder der Blumenkohl 'Igloo' auch gut in Balkonkästen oder in Töpfen ziehen *(s. S. 232–333)*.

Roter Mangold hat auffällige, rote Blattstiele und rot geäderte Blätter, die im Garten sehr hübsch aussehen und auch noch gut schmecken.

Wenn Sie Schnittgemüse wie Pflücksalat, Spinat und Kräuter mischen, können Sie immer wieder frische Blätter aus Ihrem Garten ernten.

Selbst ein schmales Fensterbrett lässt sich nutzen. Blattsalat und auch Tomaten eignen sich besonders für sonnige Standorte.

DER KLASSISCHE GEMÜSEGARTEN

Beim traditionellen Gemüseanbau werden schnurgerade Beete angelegt, wie man sie etwa aus Schrebergärten kennt *(siehe rechts)*. Diese Form der Kultur sieht sehr gut aus. Manche sind der Meinung, dass gut bepflanzte Gemüsegärten mit gestreckten Beeten und exakten Pflanzreihen durchaus genausoschön aussehen können wie Blumenbeete.

Gemüse können Sie in einem einfachen Flachbeet direkt auf dem Boden anbauen oder auch in einem Hochbeet, das Sie mit hochwertigem Oberboden *(s. S 244)* füllen. In beiden Fällen sollte das Beet aber nicht breiter als 1,20 m sein, damit sich die Fläche bequem bearbeiten lässt und Sie jede Stelle erreichen können, ohne auf die Erde treten zu müssen, was sie zu stark verdichtet. Wer trotzdem breitere Beete hat, legt darauf Holzbretter aus. Sie können sie betreten, da sie das Gewicht gleichmäßig verteilen.

Einen separaten Gemüsegarten anzulegen, hat den Vorteil, dass Sie Fruchtwechsel vornehmen können *(s. S. 247)*. Damit lässt sich verhindern, dass dem Boden im Verlauf der Jahre zu viele Nährstoffe entzogen werden. Lassen Sie auch Platz für essbare Blüten. Ringelblume, Kapuzinerkresse und dergleichen sehen gut aus und locken Nützlinge in Ihren Garten. Sie ermöglichen auf diese Weise eine natürliche Form der Schädlingsbekämpfung *(s. S. 325)*.

Wenn man etwas Zeit investiert und einen Gemüsegarten gut plant, kann man das ganze Jahr über frisches Gemüse ernten.

SCHREBERGARTEN

Mit einem Schrebergarten tun sich ganz neue Möglichkeiten der Gemüsekultur auf. Wer das Glück hat, eine Parzelle zu ergattern, verfügt plötzlich über viel Platz für den Anbau von Nutzpflanzen, von Gemüse bis zu Obststräuchern und -bäumen *(s. S. 264–275)*.

Muten Sie sich aber nicht zu viel auf einmal zu, sonst wird der Garten schnell zur Vollzeitbeschäftigung. Einsteiger sollten überlegen, ob sie nicht zuerst eine halbe Parzelle pachten, um zu probieren, wie sie zurechtkommen. Falls das nicht möglich ist, kann man auf der anderen Hälfte Rasen oder eine Wildblumenwiese aussäen *(s. S. 180–185)*, um sich Arbeit zu sparen. Sobald Sie sich überfordert fühlen, zögern Sie nicht, andere um Rat zu fragen. Wenn Sie Zeit im Schrebergarten verbringen, werden Sie bald merken, dass eine Gemeinschaft erfahrener Hobbygärtner nur darauf wartet, ihr Wissen weiterzugeben.

GEMÜSE ANBAUEN

Wer zum ersten Mal das Abenteuer Gemüseanbau wagt, sollte sich mit ein paar grundlegenden Methoden und Techniken vertraut machen. Sie erleichtern nicht nur die Arbeit, sondern erhöhen auch die Erfolgschancen. Gute Planung ist im Gemüsegarten besonders wichtig. Berücksichtigen Sie, wie hoch und wie breit Ihre Pflanzen später werden und wann ein Fruchtwechsel *(s. S. 247)* nötig ist. Gurken und Feuerbohnen etwa brauchen reichlich Platz, um sich ausbreiten zu können.

Hochbeete sind besonders bei schweren Böden mit schlechter Dränage von Vorteil. Die Erde im Hochbeet ist wesentlich durchlässiger und erwärmt sich im Frühjahr schneller.

DEN BODEN VORBEREITEN

Umgraben kann sehr lästig sein, vor allem an kalten Tagen. Doch es hat Vorteile, denn es dezimiert einjährige Unkräuter und lässt sich nutzen, um organische Substanz ins Erdreich einzuarbeiten. Wann Sie umgraben sollten, hängt aber vom Bodentyp ab.

- **Schwere Tonböden** gräbt man am besten im Herbst oder Frühwinter um, damit Regen, Schnee und Eis die Erde bis zum Frühjahr aufbrechen. So ist der Boden rechtzeitig zum Saisonstart für die Anlage von Saatbeeten *(siehe gegenüber)* bereit.
- **Leichte Sandböden** werden idealerweise im Januar und Februar umgegraben, denn sie können unter dem Gewicht winterlicher Niederschläge zusammenfallen und sich verdichten. Im Sommer ist umfangreiches Umgraben nicht ratsam, denn bei Trockenheit verliert der Boden dadurch viel Feuchtigkeit.

Einfaches Umgraben *(s. S. 294)* genügt. Sie bereiten den Boden damit auf die Aussaat im Frühjahr vor.

Hat man flachgründige oder verdichtete Böden, lohnt sich ein Hochbeet. Es sollte mindestens 15 cm oder besser 30 cm hoch sein. 50 cm breite Wege dazwischen bieten genug Platz für eine kleine Schubkarre. Füllen Sie die Beete mit Gartenboden, in den Sie Stallmist oder Kompost eingearbeitet haben. Hochbeete müssen nicht umgegraben werden, da man nicht auf ihnen herumtrampelt. Stattdessen reicht jährliches Mulchen mit reifem Stallmist oder Kompost. Pflanzen in Hochbeeten bekommen mehr Licht und können 30 Prozent dichter gepflanzt werden als im Flachbeet. So lässt sich der Platz kompensieren, den die breiteren Wege einnehmen.

Saatbeete harkt man vor dem Aussäen, damit der Boden feinkrümelig wird.

Nährstoffbedarf

Gemüse lässt sich aus gärtnerischer Sicht in mehrere Kategorien mit unterschiedlichem Nährstoffbedarf einteilen. Um die Ansprüche dieser Gruppen zu erfüllen und den Befall mit Wurzelschädlingen und Krankheiten gering zu halten, wird oft mit Fruchtwechsel gearbeitet. Wer einen neuen Gemüsegarten anlegt, kann den Boden auch verbessern, falls das nötig sein sollte *(siehe rechts)*.

Kohlgemüse *(s. S. 255)* etwa braucht leicht alkalische Böden und profitiert von etwas Kalk, falls der pH-Wert des Bodens unter 7 liegt. Kalk hat auch dann Vorteile, wenn man schwere Tonböden besät, da er die winzigen Tonpartikel zu größeren Klumpen zusammenklebt und das Erdreich sich dadurch leichter bearbeiten lässt. Halten Sie sich beim Ausbringen von Kalk an die Gebrauchsanweisungen der Hersteller und tragen Sie Handschuhe und eine Maske.

Saatbeete vorbereiten

Nach dem Umgraben im Vorjahr bricht Frost den Boden bis zum Frühjahr zu kleinen Klumpen auf. Wenn es wärmer wird, lockert man den Boden noch einmal durch Harken und jätet dabei Unkrautsämlinge. Noch vorhandene Brocken zerteilen Sie mit der Harke und treten sie dann fest. Auch restliche Steine holen Sie heraus. Danach ist das Beet für die Aussaat vorbereitet. Je feinkrümeliger es geharkt ist, desto besser lässt sich das Saatgut in passender Tiefe einbringen.

ORGANISCHER DÜNGER

Es gibt verschiedene organische Substanzen, mit denen sich Böden verbessern lassen. Mist versorgt Nutzpflanzen mit reichlich Nährstoffen, muss allerdings vor dem Einarbeiten ein paar Monate verrotten, vor allem wenn er Holzschnipsel bzw. Sägespäne enthält.

Pferdemist enthält noch Stroh und ist ausgesprochen nährstoffreich. Falls man in der Nähe eines Reiterhofs oder Gestüts wohnt, kann man fragen, ob man dort Mist bekommt. Meist sind die Besitzer froh, ihn loszuwerden.

Rindermist ist in der Regel feuchter als Pferdemist und damit besser für Sandböden geeignet.

Hühnermist ist ein guter Stickstofflieferant. Er wird oft getrocknet in Form von Pellets verkauft.

GEMÜSE AUSSÄEN

Gemüse wird nicht viel anders ausgesät als andere Pflanzen. Wie und wo man sät, hängt davon ab, ob die jeweilige Sorte winterhart ist und welches Mikroklima im Garten herrscht.

- **Aussaat im Freien** Um Gemüse draußen auszusäen, brauchen Sie keine besondere Ausrüstung. Die Samen kommen in flache Saatrillen. Sind sie klein, wie etwa bei Möhren, sät man sie dünn in die Rillen, indem man die Körnchen wie eine Prise Salz in die Vertiefung streut. Größere Körner, etwa von Dicken Bohnen und Erbsen, werden einzeln mit etwa 15 cm Abstand zueinander in breite, flache, 2–3 cm tiefe Rillen gesät, die in Doppel- oder Dreifachreihen angelegt sind. Sobald die Samen keimen, nimmt man sie mit einer Handschaufel auf und pflanzt sie um.
- **Aussaat im Haus** Bei nicht winterhartem Gemüse wie Paprika und Tomaten ist es ratsam, sie in der Wohnung oder in einem Gewächshaus auszusäen *(s. S. 258–259)*. Ideal ist ein Gewächshaus, aber auch ein kleiner Anzuchtkasten auf einer Fensterbank erfüllt seinen Zweck. Auf den Samenpäckchen stehen in der Regel die idealen Aussaattemperaturen – alles darüber oder darunter hemmt die Keimung.

Man kann Saatgut auch in eine Schale auf einem Regal aussäen, sollte das Gefäß aber sofort an einen helleren Ort stellen, wenn sich die ersten Keimlinge zeigen. Im Grunde ist es völlig egal, welches Gefäß Sie für die Aussaat verwenden, solange es Abflusslöcher hat. Als Substrat für die Aussaat im Haus ist Aussaat- bzw. Anzuchterde ideal. Kaufen Sie sie nach Möglichkeit frisch!

(oben) **Ein Anzuchtkasten** eignet sich für die Aussaat von Gemüse im Haus auf einer Fensterbank.

(unten) **Kleine Samen** sät man prisenweise. Größere steckt man zu mehreren in die Erde und dünnt die Pflanzen später aus.

PFLANZSÄCKE

Ideal für Einsteiger sind Pflanzsäcke, – Plastiksäcke mit frischer Erde, in die Sie Pflanzen direkt setzen können. Sie kommen oft bei der Tomatenkultur zum Einsatz, doch kann man sie auch für anderes Gemüse verwenden, etwa für Salate, Zwergbohnen und -erbsen, Kopfkohl oder Wurzelgemüse sowie Schalotten und Kartoffeln. Säcke sind bei Platzmangel besonders hilfreich: Platz für ein, zwei Säcke ist selbst auf einem kleinen Balkon. Außerdem kann man mit Pflanzsäcken Kinder für das Gärtnern begeistern.

Sie können Pflanzsäcke kaufen oder Sie nehmen einfach einen 50- oder 60-Liter-Erdsack, stechen ein paar Abflusslöcher hinein, drehen ihn um und schneiden dann ein paar Löcher hinein, um Ihre Samen zu platzieren.

Pflanzsäcke sind eine geniale Lösung, wenn man Gemüse und Kräuter anbauen will, aber wenig Platz hat.

FRUCHTWECHSEL

Wer Gemüse ertragreich anbauen möchte, sollte ihm ein Fleckchen Erde bieten, auf dem mindestens ein Jahr lang, besser noch drei, eine andere Gemüsesorte gewachsen ist als die, die man anbauen möchte. So lässt sich verhindern, dass Schädlinge und Krankheiten überhandnehmen und der Boden einseitig ausgelaugt wird. Wer mehrere Beete hat, »rotiert« ihre Bepflanzung nach einem festen Fruchtwechselplan *(siehe rechts)*. Ist nur ein einziges Beet vorhanden, teilt man es in mehrere Abschnitte und praktiziert Fruchtwechsel auf einer kleineren Fläche.

- **Beet 1** Gemüsegruppe: Rote Bete, Möhren, Sellerie, Zucchini und Kürbisse, Speisezwiebeln, Porree, Kartoffeln und Tomaten. Arbeiten Sie Kompost oder Stallmist ein.
- **Beet 2** Gemüsegruppe: Bohnen, Chicorée, Mangold, Artischocken, Kopfsalat, Erbsen und Spinat. Düngen Sie den Boden bei der Bepflanzung oder Aussaat.
- **Beet 3** Gemüsegruppe: Brokkoli, Rosenkohl, Kopfkohl, Grünkohl, Blumenkohl, Chinakohl, Kohlrabi, Rettiche und Radieschen, Speise- und Steckrüben. Bringen Sie vor dem Bepflanzen Dünger aus. Bei Bedarf verbessern Sie den Boden mit Kalk – sein pH-Wert sollte zwischen 6,5 und 7 liegen.

JAHR 1

Beet 1	Beet 2	Beet 3

JAHR 2

Beet 2	Beet 3	Beet 1

JAHR 3

Beet 3	Beet 1	Beet 2

Arbeiten Sie nach Bedarf jedes Jahr Stallmist in den Boden ein. Im Winter hilft Kalk, wenn der pH-Wert unter 6,5 sinkt.

Ein Fruchtwechsel verzögert und begrenzt das verstärkte Auftreten von Schädlingen und Krankheiten im Boden.

WURZELGEMÜSE

Wie der Name schon sagt, wird Wurzelgemüse wegen seiner verdickten, unterirdischen Speicherorgane angebaut. Die hier beschriebenen Gartenköstlichkeiten eignen sich hervorragend für Einsteiger, weil sie sich leicht kultivieren lassen. Wir geben Ihnen grundsätzliche Tipps. Beachten Sie zudem die Infos zu Aussaat, Pflege und Ernte auf jedem Samenpäckchen.

MÖHREN

Kaufen Sie frühe Sorten mit langen, dünnen Wurzeln. Sie sind für Einsteiger ideal, da sie wenig Platz brauchen und bis zum Hochsommer erntereif sind.

• **Aussaat im Haus** Säen Sie runde Sorten wie 'Pariser Markt' im zeitigen Frühjahr im Haus in Topfpaletten aus. In jedes Modul kommen 5–6 Samen. Sobald die Sämlinge einen festen Wurzelballen haben, pflanzt man sie mit 15 cm Abstand unter Folienabdeckungen ins Freie.

• **Aussaat im Freien** Sie ist von Ende März bis zum Hochsommer in nährstoffreichen, durchlässigen Böden in der Sonne oder im lichten Schatten möglich. Die Samen sollten mit einem Fingerbreit Abstand zueinander in Reihen mit 30 cm Abstand gesät werden. Später wird auf 7 cm Abstand ausgedünnt.

• **Ernte** Holen Sie frühe Sorten im Hochsommer aus der Erde. Späte Sorten lässt man bis zum Herbst im Boden. Sie werden bei Bedarf mit Stroh vor Frost geschützt oder geerntet und im Haus gelagert.

ROTE BETEN

Rote Beten sind unkompliziert und reifen schnell. Ihre Farbpalette reicht von Rot über Gelb bis Cremeweiß.

• **Aussaat im Haus** Im Haus säen Sie im zeitigen Frühjahr in Topfpaletten mit einem Samen pro Modul. Jedes Saatkorn treibt mehrere Sämlinge aus. Sie werden mit 30 cm Abstand unter Abdeckungen nach draußen gepflanzt, sobald ihre Wurzeln einen Erdballen zusammenhalten.

• **Aussaat im Freien** Sie können von Ende März bis zum Hochsommer an einem vollsonnigen Ort säen. Die Samen kommen in Zweier- oder Dreiergruppen maximal 2–3 cm tief mit 8 cm Abstand in Saatrillen. Wenn Sie die Sämlinge an ihren Blättern festhalten können, dünnen Sie sie auf einen Sämling pro Gruppe aus.

• **Ernten können** Sie vom Herbst bis in den Winter. Leichter Frost verbessert den Geschmack der Knollen.

PASTINAKEN

Pastinaken sind ein ausgezeichnetes Wintergemüse. Sie sind leicht zu kultivieren, brauchen aber lange, bis sie reif sind, und keimen nicht sehr zuverlässig.

• **Aussaat** Sie erfolgt im Freiland in flache Saatrillen an sonnigen Standorten mit nährstoffreicher, durchlässiger Erde. Man sät sie in Zweier- oder Dreiergruppen, wobei zwischen den Gruppen 30 cm Abstand bleiben sollten. Kleinere Arten kann man auch mit 10 cm Abstand säen. Dünnen Sie sie bis auf einen Sämling pro Gruppe aus, sobald sich die Sämlinge an den Blättern halten lassen. Umpflanzen ist nicht möglich.

• **Ernten können** Sie im Herbst und Winter. Frost verbessert den Geschmack der Pastinakenwurzeln.

RADIESCHEN

Radieschen sind schnell erntereif und eignen sich daher als Zwischenkultur *(s. S. 242)* zwischen anderem Gemüse, das mehr Zeit braucht. Sie sind auch ideal, um Kinder für das Gärtnern zu begeistern.

• **Aussaat im Haus** Säen Sie im Februar oder März in große Töpfe. Zwischen den Samen bleibt ein Fingerbreit Abstand. Bedecken Sie die Aussaat dünn mit gesiebter Erde und wässern Sie anschließend. Später wird auf 5 cm Abstand ausgedünnt. Sobald Sämlinge erscheinen, stellen Sie die Töpfe in ein Gewächshaus oder an einen geschützten Ort nach draußen.

• **Aussaat im Freien** Jederzeit zwischen Frühjahr und Herbst. Man sät in Reihen und dünnt auf 5 cm Abstand aus. Radieschen vertragen kein Umpflanzen.

• **Ernten Sie** Radieschen jung und regelmäßig. Um kontinuierlich ernten zu können, säen Sie alle zehn Tage neu aus. Der Reihenabstand beträgt 15 cm.

(gegenüber, im Uhrzeigersinn von oben links) **Möhren, Rote Beten, Pastinaken, Radieschen**

GEMÜSE LAGERN

Möhren, Rote Beten, Pastinaken, Speisezwiebeln, Kartoffeln und anderes Wurzelgemüse kann im Winter an einem kühlen, trockenen, frostfreien Ort gelagert werden. Prüfen Sie das gelagerte Gemüse regelmäßig. Was fault, wird entsorgt, bevor der Rest sich angesteckt hat.

Wer ein geschütztes Stück Garten mit durchlässiger Erde hat, das er im Winter nicht braucht, kann auch eine Miete anlegen, etwa für Kartoffeln. Legen Sie dazu zunächst eine kleine Fläche 20 cm dick mit Stroh aus und stapeln Sie darauf die Kartoffeln zu einer Pyramide. Dieser Haufen wird ebenfalls mit einer 20 cm dicken Lage Stroh bedeckt. Anschließend kommt eine 15 cm dicke Schicht Erde darüber, die festgeklopft wird. Seitlich sollte allerdings ein armdicker »Kamin« aus Stroh aus der Erddecke herausragen. So kann Feuchtigkeit aus der Miete entweichen. Auch Möhren und Rote Beten lassen sich in Mieten lagern, doch kann man bei ihnen auf Stroh verzichten.

(oben) **Das Lagern** von Kartoffeln in Strohmieten ist eine ungewöhnliche, aber hervorragende Form der Lagerung.

(unten) **Schichten Sie** Möhren in Kisten und bedecken Sie jede Lage mit Erde. So bringen Sie sie durch den Winter.

Genießen Sie die Knollen, aber lassen Sie die Blätter nicht ungenutzt: Sie sind eine Bereicherung für Sommersalate.

KOHLRABI

Kohlrabi ist zwar ein Wurzelgemüse, gehört aber zur Kohlgattung *(s. S. 255)*. Beim Fruchtwechsel können Sie es mit anderem Kohlgemüse pflanzen.

• **Aussaat** Säen Sie von Frühjahr bis zum Hochsommer in sonnige Saatbeete ins Freiland. Sobald die Sämlinge so groß sind, dass man sie gefahrlos aufnehmen kann, siedelt man sie an ihren endgültigen Standort um. Lassen Sie rund 25 cm Abstand zwischen den Pflanzen und 30 cm zwischen den Reihen.

• **Ernte** Ernten Sie Kohlrabi, sobald die Wurzeln so groß wie ein Tennisball sind. Sie lassen sich gekühlt 1–2 Wochen lagern.

(oben links) **Topfpaletten** eignen sich gut für die Aussaat von Zwiebeln im Haus. Ab der Frühjahrsmitte kann man sie in Gruppen nach draußen setzen.

(oben rechts) **Lassen Sie** Zwiebeln vor dem Einlagern zwei Wochen lang an einem luftigen Ort trocknen.

SPEISEZWIEBELN

Kaum ein Gemüse ist vielseitiger als die Speisezwiebel. Man kann sie aussäen, aber Einsteiger fangen am besten mit Steckzwiebeln an, winzigen, unreifen Zwiebeln, die es in Gartencentern oder im Versandhandel gibt.

- **Aussaat im Haus** Wenn Sie früh ernten möchten, säen Sie im Hochwinter in Topfpaletten im Haus. In jedes Modul kommen 4–5 Samen. Sie werden im Frühjahr wie Steckzwiebeln ins Freie gepflanzt *(siehe unten)*.
- **Steckzwiebeln** Sie stecken Sie im Frühjahr an einem sonnigen Ort mit durchlässigem Boden ins Erdreich. Der Abstand zwischen den Zwiebeln sollte etwa 15 cm, der zwischen den Reihen 30 cm betragen. Drücken Sie jede Steckzwiebel so in den Boden, dass nur noch die Spitze herausragt.
- **Ernten Sie** im Haus vorgetriebene Zwiebeln im Hochsommer und als Steckzwiebeln gepflanzte Zwiebeln im Spätsommer oder Frühherbst, sobald sie verwertbar sind. Wenn das Laub umfällt, nimmt man die Zwiebeln auf und trocknet sie zwei Wochen in der Sonne auf einem Gestell oder in einem gut durchlüfteten Gewächshaus bzw. Schuppen oder unter Folie, bis das Laub trocken und strohig ist. Dann halten sich die Zwiebeln kühl und trocken gelagert monatelang.

LAUCHGEWÄCHSE

Zwiebeln sind die bekanntesten Vertreter der Gattung *Allium*, zu der einige der beliebtesten Gemüsepflanzen zählen.

Schalotten werden wie Zwiebeln kultiviert, sind aber robuster. In milden Regionen kann man sie schon im Herbst stecken, ansonsten im März. Man kann sie im Frühjahr aussäen, doch die Vermehrung mit Steckzwiebeln ist einfacher.

Frühlingszwiebeln werden schnell reif und eignen sich daher gut als Zwischenfrüchte. Man sät den ganzen Sommer alle 2 Wochen einen Satz in flache Rillen: 1 cm tief mit 2 cm Abstand zueinander und 15 cm Reihenabstand. So muss später nicht ausgedünnt werden. Sät man sie nicht zu dicht, kann man sich das Ausdünnen sparen. In der Regel kann nach 4–6 Wochen geerntet werden.

Knoblauch ist in der Küche unverzichtbar. Er lässt sich erstaunlich leicht anbauen. Teilen Sie im Frühjahr eine Zwiebel in Zehen und stecken Sie sie in durchlässige Erde an einem sonnigen Ort 5 cm tief mit 15 cm Abstand. Geerntet wird im Frühherbst, bei Herbstaussaat im Spätwinter.

Schalotten aus Steckzwiebeln bilden zuerst Horste und später Bündel aus trockenen Zwiebeln.

KARTOFFELN

Die Kartoffel ist die Königin des Wurzelgemüses. Die ersten frühen Kartoffeln der Saison als cremeweiße Knollen aus der Erde schimmern zu sehen und auszugraben ist jedes Mal ein Erlebnis. Sie lassen sich mit verschiedenen Methoden kultivieren, in der Regel aber arbeitet man mit kleinen Saatkartoffeln, die es in den meisten Gartencentern zu kaufen gibt und die man vor Saisonbeginn vorkeimt *(siehe rechts)*.

• **Frühe Kartoffeln** Sie werden im März und April 8–15 cm tief ausgesät. Der Abstand zwischen den Kartoffeln beträgt 30–40 cm, der Reihenabstand 40–50 cm. Sobald die Triebe erscheinen, informiert man sich täglich über das Wetter von morgen, denn wenn Spätfröste vorhergesagt sind, müssen die empfindlichen Kulturen mit Gartenvlies geschützt werden. Möglich ist ferner ein Anhäufeln, also das Einpacken der Pflänzchen in Erde – diese Maßnahme reicht als Schutz in frostigen Nächten aus. Auch später, wenn die Pflanze höher wird, häufelt man noch auf, nun aber gilt es damit zu verhindern, dass junge Kartoffeln knapp unter der Oberfläche grün werden.

• **Späte Kartoffeln** Man sät sie in der zweiten Frühjahrshälfte 8–15 cm tief mit 40 cm Abstand und 75 cm Reihenabstand aus. Späte Sorten brauchen mehr Platz als frühe. Während der gesamten Saison müssen Kartoffeln gut gewässert werden.

• **Ernte** Frühe Sorten werden im Sommer geerntet, sobald sie zu blühen beginnen. Man genießt sie am besten frisch, denn lagern lassen sie sich nur kurz. Späte Sorten nimmt man an trockenen Herbsttagen aus der Erde. Dabei geht man behutsam vor, um die Knollen nicht zu verletzen. Gelagert werden sie in Kartoffelsäcken an einem dunklen, frostfreien Ort oder in Mieten *(s. S. 250)*. Werden die Knollen grün, sind sie nicht mehr genießbar.

(gegenüber, im Uhrzeigersinn von links)
Späte Sorten brauchen viel Platz. Planen Sie schon beim Aussäen ihre späteren Dimensionen im Beet mit ein.

Schützen Sie junge Kartoffelpflänzchen mit einem Vlies.

In der Sonne werden die Knollen grün. Deshalb müssen sie stets mit Erde oder Mulch bedeckt sein.

Späte Sorten werden zum Einlagern ausgegraben, sobald der oberirdische Wuchs im Spätsommer zu welken beginnt.

KARTOFFELN VORKEIMEN

Kartoffeln werden durch Vorkeimen auf die Saison vorbereitet. Dazu legt man kleine Saatkartoffeln im Spätwinter in Eierkartons oder Aussaatschalen. Das Ende mit den meisten Augen bzw. Knospen muss dabei nach oben zeigen. Die Behälter stellen Sie an einen hellen, frostfreien Platz drinnen. Dort bleiben sie ein paar Wochen, bis sich Sprossen gebildet haben. Im Frühjahr pflanzen Sie Ihre Kartoffen ins Freie.

(oben) **Kleine Knollen** eignen sich gut zum Vorkeimen.

(unten) **Stecken Sie** kleine Kartoffeln in Eierkartons. Die Augen müssen nach oben zeigen.

BLATTGEMÜSE

Nichts geht über den Geschmack frisch gezupfter Salatblätter, die Schwung in ein leichtes Sommergericht bringen. Zieht man Blattsalate selbst, ist eine wochenlange Versorgung mit dem knackigen Gemüse garantiert. Und wenn die Saison zu Ende ist, lässt sich die Zeit bis zum Frühjahr mit blattreichem Kohlgemüse überbrücken.

RUCOLA

Die würzigen Blätter schmecken hervorragend in gemischten Salaten. Verwenden Sie die hier beschriebenen Blattgemüse. Beim Fruchtwechsel ordnet man Rucola der Kohlgruppe zu *(s. S. 247)*.

• **Aussaat im Freien** Rucola wird zwischen der Frühjahrsmitte und dem Hochsommer gestaffelt alle vier Wochen ins Freiland gesät. Sobald die Sämlinge groß genug sind, um unbeschädigt aus der Erde genommen zu werden, dünnt man sie auf rund 25 cm Abstand in Reihen mit ebenfalls 25 cm Abstand zueinander aus.

• **Ernte** Rucola wird geerntet, sobald die Blätter reif sind, was etwa zwei Wochen nach dem Umpflanzen der Fall sein sollte. Nehmen Sie sich bei der Ernte aber Zeit, um Einbußen zu vermeiden. Wer im Herbst oder Winter ernten möchte, muss Rucola im Gewächshaus oder unter Folie anbauen.

SPINAT

Spinat ist im Nu erntereif und für seine nahrhaften Blätter mit hohem Eisengehalt bekannt.

• **Aussaat im Freien** Säen Sie im Frühherbst oder vom zeitigen Frühjahr bis zum Hochsommer in flachen Rillen mit 30 cm Rillenabstand und 15 cm Abstand zwischen den Samen.

• **Ernte** Sobald die Blätter verwertbar sind, können Sie mit der Spinaternte beginnen. Nach dem Blühen entsorgt man die gesamte Pflanze. Wer regelmäßig Nachschub haben möchte, sät bis zum Hochsommer in dreiwöchigen Intervallen neuen Spinat aus.

SALATZICHORIEN

Das bittere Blattgemüse gibt es in mehreren Varianten, darunter weißgelber Chicorée, roter Radicchio und spitzer, grüner Zuckerhut.

• **Aussaat im Freien** Salatzichorien werden im Sommer in flache Rillen mit 30 cm Reihenabstand gesät. Sobald sich die Sämlinge schadlos aufnehmen lassen, pflanzt man sie mit 25 cm Abstand zueinander.

• **Bleichen** Chicorée wird im November gebleicht. Dazu nimmt man die Wurzeln auf, schneidet die Blätter bis auf 2–3 cm über dem Wurzelhals zurück und setzt je fünf Wurzeln senkrecht in einen Topf mit 25 cm Durchmesser. Verwenden Sie als Substrat feuchten Sand oder Topferde. Das obere Wurzelende muss aus der Erde herausragen. Dann stülpen Sie einen Topf oder eine schwarze, mit Stäben gestützte Folie darüber, damit die Pflanzen es komplett dunkel haben. Zum Schluss werden sie 10 °C kühl gestellt.

• **Ernte** Chicorée und Radicchio erntet man vom Herbst bis zum Frühwinter, gebleichten Chicorée ab dem Frühwinter, sobald er 15 cm hoch ist.

KOPFSALAT

Kopfsalat eignet sich vorzüglich als Zwischenkultur *(s. S. 242)* und als Pflücksalat.

• **Aussaat im Freien** Sie können von April bis in den September hinein aussäen. Säen Sie alle drei Wochen neu, um eine lückenlose Versorgung zu garantieren.

• **Ernte** Kopfsalat wird je nach Sorte 90–120 Tage nach der Aussaat geerntet. Bei Pflücksorten säen Sie alle zwei Wochen einen Satz aus und zupfen nur ab, was Sie gerade brauchen.

KOHLGEMÜSE

Das meiste Blattgemüse gehört zur Kohlgattung und lässt sich bei der Fruchtfolge entsprechend einordnen.

1 Rosenkohl wird im April in Töpfe oder Topfpaletten gesät. Wenn die Sämlinge etwa 8 cm hoch sind, pflanzt man sie mit 75–100 cm Abstand zueinander an ihren endgültigen Standort. Sie brauchen reichlich Wasser und an windigen Standorten eine Stütze. Ernten können Sie ab dem Spätherbst von unten nach oben.

2 Blumenkohl Sommersorten werden im April oder Mai in Töpfe oder Topfpaletten gesät. Ins Freie kommen sie, sobald sie groß genug dafür sind. Als Abstand sind 25 cm ratsam. Wässern Sie Blumenkohl gut. Ernten Sie je nach Sorte 16–40 Wochen nach der Aussaat.

3 Sprossenbrokkoli Säen Sie ihn im Mai in eine Saatschale und decken Sie ihn mit Vlies ab. Sobald die Sämlinge etwa 8 cm hoch sind, siedeln Sie sie mit 75 cm Abstand an ihren endgültigen Platz um. Regelmäßiges Ernten ab dem Spätwinter verspricht eine lückenlose Versorgung. An windigen Standorten müssen die Pflanzen gestützt und angehäufelt werden, damit sie stabil stehen. Nach 8–12 Monaten kann die Ernte beginnen.

4 Rotkohl Frühe Sorten werden im März drinnen ausgesät. Sobald sie etwa 5 cm hoch sind, pflanzt man sie mit etwa 50 cm Abstand unter Abdeckungen um. Spätere Sorten können in regelmäßigen Abständen draußen unter Vlies ausgesät und wie oben umgepflanzt werden. Bei frühen Sorten wird im Sommer, bei späten bis in den Spätwinter hinein geerntet.

5 Grünkohl Säen Sie Grünkohl ab April unter Abdeckungen wie Folientunnel und Vlies aus. Später kann bis Juni in regelmäßigen Abständen direkt ins Freiland gesät werden. Ein Auspflanzen ist möglich, sobald die Sämlinge rund 8 cm hoch sind; als Abstand sind knapp 50 cm ideal. Manche Sorten werden bis zu 90 cm hoch und müssen in windigen Gärten gestützt werden. Ernten können Sie etwa 7 Wochen nach der Aussaat.

6 Pak Choi und Chinakohl Sie werden im Juli und August in Zweier- oder Dreiergruppen in flache Saatrillen mit 25 cm Rillenabstand gesät. Später dünnt man auf einen einzigen Sämling aus. Geerntet wird nach 8–10 Wochen.

ERBSEN UND BOHNEN

Der Geschmack frisch geernteter, im eigenen Garten gezogener Erbsen und Bohnen schlägt den von Supermarktware um Längen. Hülsenfrüchtler nehmen oft viel Platz weg, vor allem kletternde Formen. Deshalb brauchen ihre kletternden Triebe und Ranken eine große Stütze *(siehe gegenüber)*. Für Kleingärten sind eventuell Zwergsorten die bessere Wahl.

ERBSEN

Es gibt viele Erbsensorten, darunter die klassischen Pal- und Markerbsen und Zuckererbsen, die man mit der Hülse isst. Alle benötigen eine Stütze *(siehe gegenüber)*.

- **Aussaat im Haus** Zum Aussäen im zeitigen Frühjahr verwendet man am besten ausgemusterte Dachrinnen mit Abflusslöchern und setzt die Samen mit etwa 5 cm Abstand in Doppelreihen hinein. Pflanzen Sie sie nach draußen, sobald sich der Wurzelballen gebildet hat. Lassen Sie sie aus der Rinne behutsam in eine vorher angelegte, flache Rille gleiten.
- **Aussaat im Freien** Draußen aussäen können Sie ab April nach dem letzten Frost. Stecken Sie die Samen mit etwa 5 cm Abstand in eine 5 cm tiefe und 100 cm lange Rille. Aber Vorsicht: Decken Sie die Reihen bis zur Keimung mit feinmaschigen Drahtnetzen ab, denn für Mäuse sind die Samen leckere Happen.
- **Ernte** Frühe Sorten können Sie 11–12 Wochen nach dem Aussäen ernten, späte 13–14 Wochen danach.

GARTENBOHNEN

Garten- bzw. Grüne Bohnen haben eine zartere Konsistenz als Feuerbohnen. Es gibt Sorten in Busch- oder Kletterform. Sie werden zwar ähnlich kultiviert, aber Gartenbohnen können über 2 m hoch werden und brauchen eine gute Stütze *(siehe gegenüber)*. Zwergformen können Sie in Pflanzgefäßen anbauen.

- **Aussaat im Haus** In kühleren Gegenden sät man im April in Topfpaletten oder Einzeltöpfen pro Modul bzw. Topf ein Samenkorn. Nach dem letzten Frost kommen die Sämlinge nach draußen.
- **Aussaat im Freien** In wärmeren Gegenden kann ab Mai ins Freie gesät werden. Setzen Sie 3 Samen (oder im Haus vorgezogene Sämlinge) neben jede Stange eines Stangenzelts. Falls einer mal nicht aufgeht, haben Sie dann noch zwei. Wichtig ist gutes Wässern.
- **Ernte** Erntereif sind die Hülsen, sobald sie ab dem Hochsommer etwa 10–15 cm lang sind.

Zwergsorten der Gartenbohnen sind dort von Vorteil, wo Platz knapp ist. Eine reiche Ernte ist garantiert, wenn man mit 15 cm Abstand zwischen den Samen und 30 cm Rillenabstand pflanzt.

Feuerbohnen können Sie in großen Pflanzgefäßen kultivieren. Reichliches Gießen während der Saison sorgt für gute Erträge.

FEUERBOHNEN

Wie Gartenbohnen gibt es auch Feuerbohnen in Busch- oder Kletterform. Sie sind zwar mehrjährig, werden bei uns aber als Einjährige behandelt. Die hübschen Blüten sind je nach Sorte rot, rosa oder weiß gefärbt.

• **Aussaat im Haus** Im April wird je ein Samen in Topfpaletten oder Einzeltöpfe in die Erde gesteckt. Das Ganze stellt man auf eine Fensterbank oder in einen Anzuchtkasten, bis draußen nicht mehr mit Frost zu rechnen ist.

• **Aussaat im Freien** Nach dem letzten Frost ist auch eine Aussaat direkt ins Freilandbeet möglich. Sie erfolgt wie bei Gartenbohnen *(siehe gegenüber)*. Als Stütze empfehlen sich bis zu 2,5 m hohe Stangen.

• **Ernte** Zupfen Sie die Hülsen ab, solange sie noch jung und zart sind, was bis etwa 15 cm Länge der Fall ist. Zu lange Hülsen sind fädig und hart.

KLETTERGEMÜSE STÜTZEN

Einige Gemüsepflanzen brauchen ein Klettergerüst, an dem sich ihre Triebe festhalten können. Man unterscheidet je nach Höhe und Gewicht der Pflanzen verschiedene Stütztechniken.

Erbsen Für Erbsen reichen ein paar 60–100 cm hohe, dünne Stäbe oder Zweige aus, die Sie in Reihen in die Erde stecken. Alternativ können Sie zwischen zwei stabile Stützen ein Netz spannen, an dem sich die Ranken festhalten können.

Kletterbohnen Sie wachsen oft an Stangenzelten aus bis zu 8 Stangen, die oben zusammengebunden werden (*siehe unten*). Möglich ist aber auch eine Doppelreihe aus 1,8 m hohen Stangen, die ebenfalls oben zusammengebunden, aber zusätzlich mit einer dritten, horizontal fixierten Stange als »Firstbalken« stabilisiert werden. Manchmal müssen die Triebe um die Stangen geflochten werden.

Fruchtgemüse Dazu zählen Sommerkürbisse und Gurken (*s. S. 258–260*). Fruchtgemüse braucht eine stabilere, tragfähigere Stütze. Ein Zelt aus dicken Stangen reicht meist. Soll das Ganze aber schöner aussehen, kann man auch eine kleine Laube oder eine Pergola als Rankgerüst verwenden.

Wenig Platz Viele Obst- und Gemüsepflanzen lassen sich an einem Rankgitter an einer Wand ziehen. Hier wachsen sie geschützter und lassen sich leichter ernten.

FRUCHTGEMÜSE

Botanisch gesehen gehört Fruchtgemüse, das sehr nach Sommer schmeckt, eigentlich zum Obst. Es ist in der Regel nicht winterhart und sollte daher im April im Haus ausgesät werden. In Gegenden mit milderen Temperaturen kann es aber auch schon unter Folie draußen bestehen. Wer in kühlen Regionen optimal versorgt sein möchte, legt sich am besten ein Gewächshaus zu.

Seitentriebe von Stabtomaten werden entfernt, sobald sie sich bilden, damit die Pflanze so viel Energie wie möglich in die Fruchtbildung stecken kann.

TOMATEN

Sie sind das Sommergemüse schlechthin! Tomaten lassen sich leicht durch Aussäen im Haus ziehen, in milden Gegenden auch draußen. Man unterscheidet Stabtomaten, die gestützt werden müssen *(s. S. 255)*, und kompaktere Buschtomaten.

- **Aussaat im Haus** Sie erfolgt im März in Saatschalen mit frischer Aussaaterde, doch kann man im April auch Setzlinge kaufen. Sie können sie ins Freie pflanzen, sobald kein Frost mehr zu erwarten ist.
- **Aussaat im Freien** Nach dem letzten Frost im April oder Mai können Sie Tomaten unter Folie und anderen Abdeckungen im Freien aussäen. Wässern Sie den ganzen Sommer hindurch gut und düngen Sie mit einem Tomatendünger entsprechend den Herstellerangaben. Stabtomaten brauchen eine Stütze.
- **Ernte** Sobald die Tomaten rot sind, können Sie sie ernten. Hängen am Saisonende noch grüne Früchte an der Pflanze, kann man sie für Chutney verwenden.

AUBERGINEN

Die Aubergine, auch Eierpflanze genannt, setzt je nach Sorte dekorative schwarze, weiße oder rote Früchte an.

- **Aussaat im Haus** Säen Sie im März in Saatschalen mit frischer Aussaaterde. Sobald nicht mehr mit Frost zu rechnen ist, kommen die Sämlinge in nährstoffreiche, durchlässige Erde nach draußen. Sie sollten die ganze Saison über unter Abdeckungen bleiben und gut gegossen werden. Sobald sich die Früchte bilden, versorgen Sie sie mit Kalidünger. Dünnen Sie jede Pflanze so aus, dass nur 3–4 Auberginen übrig bleiben, damit sich große Früchte bilden.
- **Ernte** Ernten Sie ab dem Hochsommer, sobald die Auberginen ihre volle Größe erreicht haben.

PAPRIKA

Reife Paprika haben je nach Sorte eine rote oder gelbe Farbe. Sind sie grün, hat man sie vor der Vollreife geerntet.

• **Aussaat im Haus** Säen Sie Paprika im März in Saatschalen mit frischer Aussaaterde. Sobald es nicht mehr friert, kommen sie ins Freie, doch sollte man sie dort möglichst unter Abdeckungen weiterziehen. Sie werden wie Tomaten regelmäßig gewässert und gedüngt.

• **Ernte** Ab etwa 20 Wochen nach dem Aussäen können Sie ernten. Man erntet Paprika je nach Vorliebe grün oder in ihren jeweiligen Reifefarben.

ZUCCHINI

Zucchini kann man klein und zart ernten, aber auch ausreifen lassen. Sie werden dann groß und bilden eine harte Schale, die ihre Kürbisherkunft verrät. Auch die Blüten sind essbar.

• **Aussaat im Haus** Säen Sie im April je 2 Samen in kleine Töpfe 2–3 cm tief aus. Dort bleiben sie ein paar Wochen. Falls der Ballen zu stark durchwurzelt, können Sie sie in größere Töpfe umpflanzen.

• **Abhärten** Nach dem letzten Frost kommen die Pflänzchen nach draußen. Zucchini sind recht wüchsig und brauchen daher einen Pflanzabstand von 90 cm zueinander. Wichtig ist, sie den ganzen Sommer und Herbst hindurch gut zu gießen.

• **Ernte** Sobald die Früchte 10 cm lang sind, können sie geerntet werden. Ernten Sie oft, aber immer nur wenig, das regt die Pflanze zur Bildung weiterer Früchte an. Wer Riesen- oder Winterzucchini bevorzugt, erntet erst, wenn die Schale hart geworden ist.

GURKEN

Salatgurken werden im Gewächshaus kultiviert, Freilandgurken, darunter auch die Einlegegurken, baut man eher draußen an.

• **Aussaat im Haus** Säen Sie die Samen im April in Saatschalen oder Töpfe mit Saaterde. In Töpfe kommen je 3 Samen, die vor dem Auspflanzen ins Freie im Frühsommer auf einen einzigen Setzling ausgedünnt werden. Stützen Sie die Pflanzen, beispielsweise mit einem 1,2 m hohen Stangenzelt. Man wässert und düngt sie wie Tomaten. Männliche Blüten bleiben an der Pflanze, da sie für die Bestäubung gebraucht werden.

• **Ernte** Rund 12 Wochen nach der Aussaat, wenn die Gurken etwa 15 cm lang sind, beginnt die Ernte.

Zucchiniblüten sind eine kulinarische Bereicherung. Sie können sie gefüllt, paniert und gebraten oder als Zutat in Sommergerichten genießen.

In Gewächshäusern wachsen nur weibliche Gurken. Manche Sorten bilden männliche Blüten, doch man entfernt sie, da die Früchte sonst ungenießbar sind.

WINTERKÜRBISSE

Winterkürbisse brauchen lange, bis sie reif sind, und beanspruchen viel Platz.

- **Aussaat im Haus** Ausgesät wird drinnen im April. In jeden Topf kommen 2 Samen 2–3 cm tief. Der schwächere Sämling wird später ausgezupft.
- **Abhärten** Nach dem letzten Frost können die Setzlinge abgehärtet und ins Freie umgesiedelt werden. Man pflanzt sie mit 1–1,5 m Abstand an einen schattigen Ort in nährstoffreiche Erde, in die viel organische Substanz eingearbeitet wurde. Ist in Ihrem Garten nicht viel Platz, können Sie auch einen Setzling auf einen Komposthaufen pflanzen - die warmen, feuchten Bedingungen dort behagen ihm. Den ganzen Sommer über gut wässern und alle 10–14 Tage mit Kalium düngen.
- **Ernte** Um Kürbisse zu essen, sollte man sie ernten, bevor sie zu groß werden. Möchte man sie aber für Halloween haben, lässt man sie bis Anfang Oktober am Trieb, damit sie schön orangegolden werden.

SOMMERKÜRBISSE

Sie schmecken ähnlich wie Zucchini, wachsen buschig, kletternd oder kriechend und sind in vielerlei Größen, Formen und Farben erhältlich. Kletternde wie kriechende Formen zieht man horizontal an einer Stütze *(s. S. 257)*, da sie sonst zu viel Platz beanspruchen.

- **Aussaat im Haus** Sommerkürbisse werden wie Winterkürbisse *(siehe links)* im April drinnen unter Abdeckungen ausgesät. In milden Gegenden können Sie sie ab April draußen unter Abdeckungen aussäen.
- **Abhärten** Die Sämlinge werden nach dem letzten Frost abgehärtet und draußen in feuchte, gute Böden gesetzt. Für buschige Sorten wählt man etwa 50 cm, bei kriechenden 90 cm Abstand. Während der gesamten Saison gut wässern und regelmäßig mit einem kaliumhaltigen Präparat düngen!
- **Ernte** Schneiden Sie die Kürbisse ab, solange sie noch jung sind. Dazu kappt man den Stängel knapp über dem Ansatz. Vorsicht: Manche ältere Triebe haben tückische Borsten.

Riesenkürbisse sind ein Hingucker. Sie entstehen aus Samen extra gezüchteter, großer Sorten.

Sommerkürbisse schmecken mit Füllungen oder gebacken besonders gut.

KRÄUTER PFLANZEN

Kräuter sind eine Bereicherung für jeden Garten. Sie leisten als Küchen- und Heilkräuter wertvolle Dienste, sehen im Garten aber auch sehr schön aus. Ihre herrlichen Blätter wachsen in allen erdenklichen Formen, Größen und Texturen und ihre vielfältigen Düfte sind für Gartenbesitzer eine wahre Freude. Pflanzen Sie sie, wenn möglich, neben Wege, damit ihr Duft Sie betört, wenn Sie vorbeigehen oder sie streifen. Hohe Ansprüche stellen Kräuter in der Regel nicht.

DER RICHTIGE ORT

Wenn Sie genug Platz haben, denken Sie darüber nach, ob es sich für Sie lohnt, einen separaten Kräutergarten anzulegen. Er braucht nicht in einem formal-geometrischen Stil gehalten zu sein. Werden Sie kreativ und gestalten Sie den Kräutergarten nach Ihrem eigenem Geschmack als Schmuckstück Ihres Gartens. Ideal ist ein Standort in Hausnähe, damit Sie ihn schnell erreichen, um ein paar Kräuter zum Kochen zu pflücken.

Haben Sie nicht genug Platz für einen eigenen Kräutergarten oder ein Kräuterbeet, können Sie ein paar Ihrer Lieblingskräuter auch in Töpfen mit durchlässigem Substrat pflanzen und stil- und effektvoll arrangieren. Oder Sie weisen ein paar Favoriten wie Petersilie und Basilikum einen Platz in einem Balkonkasten oder auf dem Fensterbrett zu.

Kräuter eignen sich auch hervorragend, um Ziergärten zu ergänzen. Violette und panaschierte Salbeisorten sehen zum Beispiel in Kombination mit der dunkellaubigen Blasenspiere (*Physocarpus*) traumhaft aus. Schnittlauch wiederum ist eine ideale Randbepflanzung für Wege und kann darüber hinaus in vielen Gerichten als Zutat verwendet werden.

Pflanzen Sie Kräuter neben Wege und stark frequentierte Flächen, um ihren Duft im Vorbeigehen zu genießen.

KÜCHENKRÄUTER

1 *Angelica archangelica* **Arznei-Engelwurz**
Das riesige Kraut, eine kurzlebige Staude, wird im Frühherbst direkt an seinen endgültigen Platz gesät. Sie können es auch in Töpfe säen und auspflanzen, sobald die Sämlinge groß genug sind. Engelwurz braucht einen geschützten Standort und muss den Sommer über gut gewässert werden. Die Blütenstände bilden sich nach einigen Jahren.

2 *Melissa officinalis* 'Aurea' **Zitronenmelisse**
Zitronenmelisse verträgt trockene Böden. Ihre Blätter duften beim Zerreiben angenehm zitrusartig. Das Kraut gedeiht in Töpfen, doch Sie können es ab April auch draußen aussäen. Schneiden Sie es immer mal wieder zurück, damit es frisch nachwächst.

3 *Ocimum basilicum* **Basilikum**
Der nicht winterharte Basilikum wird drinnen vorkultiviert und nach dem letzten Frost nach draußen gepflanzt. Die Aussaat im Haus erfolgt im April. Das Abzwicken der Triebspitzen regt das Wachstum an.

4 *Laurus nobilis* **Echter Lorbeer**
Die Blätter dieses beliebten, immergrünen Strauchs finden in Soßen und Fischgerichten Verwendung. Lorbeer wird oft in Kübeln kultiviert und in Form geschnitten. Man kauft ihn als Topfpflanze und stellt ihn dorthin, wo ihn keine kalten Winde plagen können.

5 *Borago officinalis* **Borretsch**
Essbar sind bei diesem bienenfreundlichen, etwa 1m hohen Kraut die Blätter, Stängel und blauen Blüten, die sich im Sommer öffnen. Es wird im Frühjahr oder Sommer draußen in Töpfe oder in die Erde gesät. Später dünnt man die Kulturen aus. Borretsch bildet lange Pfahlwurzeln und verträgt kein Umpflanzen.

6 *Allium schoenoprasum* **Schnittlauch**
Diese Lauchpflanze *(s. S. 251)* hat Blätter mit mildem Geschmack. Sie kommen geschnitten in der Küche zum Einsatz. Auch die Blüten sind essbar. Säen Sie Schnittlauch im Frühjahr aus oder kaufen Sie Horste im Topf, die Sie mit 25cm Abstand pflanzen. Sie sollten alle 3–4 Jahre geteilt werden. Schneiden Sie die Blätter bis 2–3cm über dem Boden zurück.

7 *Foeniculum vulgare* **Fenchel**
Die ansehnliche Staude mit fein gefiedertem Laub wird am besten im hinteren Bereich einer Rabatte statt im Kräutergarten kultiviert. Sie braucht einen sonnigen Platz mit durchlässigem Boden. Man sät sie entweder im Frühjahr aus oder kauft Setzlinge.

8 *Mentha* **Minze**
Die Zahl der Minzearten und -sorten ist groß. Dieses Kraut kann wuchern und sollte daher in Töpfen gezo-

gen werden, die man so in der Erde versenkt, dass der Rand übersteht und ein Entkommen verhindert.

9 *Origanum onites* **Majoran**
Majoran ist in Mitteleuropa nur in den mildesten Lagen winterhart. Säen Sie ihn im Frühjahr drinnen aus und setzen Sie ihn nach dem letzten Frost nach draußen. Pflanzen Sie Majoran mit 25 cm Abstand zueinander in durchlässige Böden an einen sonnigen Standort. Wer im Winter versorgt werden will, sät Majoran im Herbst aus und zieht ihn drinnen im Topf.

10 *Petroselinum crispum* **Petersilie**
Petersilie gibt es in mehreren Varianten, die alle gut schmecken. Will man das Küchenkraut im Sommer ernten, sät man es im April zunächst im Haus aus. Bis die Samen keimen, kann es dauern. Im Herbst sichert eine weitere Aussaat im Haus die Versorgung. Im Winter gedeiht Petersilie drinnen in Töpfen.

11 *Salvia rosmarinus* **Rosmarin**
Früher hieß die Art *Rosmarinus officinalis*. Rosmarin wirkt in jedem Beet dekorativ. Kaufen Sie ihn am besten im März im Topf und pflanzen Sie ihn später an einen geschützten Platz nach draußen. Schneiden Sie regelmäßig zarte Triebe für die Küche. Rosmarin lässt sich auch leicht durch Stecklinge vermehren.

12 *Salvia officinalis* **Echter Salbei**
Mit seinen aromatischen, graugrünen Blättern und den blauen Blüten bereichert Salbei jeden Garten. Eine Pflanze reicht für gewöhnlich. Topfpflanzen werden im Frühjahr nach draußen gestellt. Die Triebe sollten häufiger gestutzt oder geerntet werden, damit die Pflanze buschig bleibt.

13 *Rumex acetosa* **Großer Sauerampfer**
Das Kraut kann bis zu 50 cm hoch werden. Sein Verwandter, der Römische Ampfer (*R. scutatus*), hat kleinere Blätter. Pflanzen oder säen Sie Sauerampfer im Herbst nach draußen. Er bevorzugt Halbschatten und feuchte Böden mit viel organischer Substanz.

14 *Artemisia dracunculus* **Estragon**
Estragon breitet sich wie Minze stark aus. Pflanzen Sie ihn im Frühjahr aus Töpfen an eine geschützte Stelle mit durchlässiger Erde. Vom Frühherbst bis zum Sommer können Sie die Blätter ernten.

15 *Coriandrum sativum* **Koriander**
Verwertbar sind sowohl die Blätter als auch die Samen dieses einjährigen Krauts mit gefiedertem Laub und kleinen, weißen bis rosa Blüten.

16 *Thymus pulegioides* 'Aureus' **Arznei-Thymian**
Er ist nicht so scharf wie normaler Thymian und hat eine Zitrusnote. Setzlinge kommen im Frühjahr mit 30 cm Abstand in durchlässige Böden. Das Kraut wächst auch in Töpfen. Alle 3–4 Jahre teilt man es.

OBST ANBAUEN

Zu den größten Freuden des Gärtnerns gehört der Anbau von eigenem Obst. Was könnte schöner sein, als nach einem langen Arbeitstag unter einem Apfelbaum zu sitzen? Dank der Fortschritte bei der Zucht von Unterlagen können inzwischen selbst Besitzer kleiner Gärten einen Apfelbaum pflanzen, die nie gedacht hätten, dass sie dafür genügend Platz haben. In kleinen Gärten können Sie aber auch Strauchobst pflanzen und in Beeten oder Töpfen auch Erdbeeren züchten. Viele Obstgewächse brauchen allerdings eine Pflanze zum Befruchten in ihrer Nähe. Da es auch selbstbefruchtende Sorten gibt, sollten Sie vor dem Kauf stets prüfen, ob Sie eine oder zwei Pflanzen mit nach Hause nehmen müssen.

Eine Streuobstwiese war für viele lange Zeit ein ferner Traum. Aber dank moderner Zwergsorten passen auch in kleine Gärten mehrere Bäume.

DIE PASSENDE AUSWAHL

Dank der Entwicklung moderner, schwachwüchsiger Unterlagen und der Verfügbarkeit selbstbestäubender Sorten ist es inzwischen auch auf kleinem Raum möglich, Obstbäume zu pflanzen. Viele Obstbaumarten blühen im Frühling attraktiv und können somit in Zierpflanzenbeeten eine optische und ertragreiche Ergänzung sein.

Wer sich noch nicht ganz zutraut, ein oder sogar zwei Obstbäume zu kultivieren, kann es auch mit Obststräuchern probieren. Sie sind eine preiswerte, kleinere Alternative. Beerenobst wie Rote, Weiße und Schwarze Johannisbeeren oder Stachelbeeren eignet sich für Zierrabatten. Erdbeeren lassen sich sogar in Töpfen kultivieren.

Zum Teil bestimmt allerdings die Region, in der Sie wohnen, welche Obstbäume oder -sträucher Sie anbauen können. So ist es in Mittelgebirgslagen beispielsweise schwierig, Pfirsiche durchzubringen, die in rauen, nassen Klimazonen besser in Gewächshäusern gedeihen. Auch in kühlen Talsenken entwickeln sich Obstbäume in der Regel nicht gut, da ihnen Spätfröste drohen, die ihre Blüten erfrieren lassen. Wenn sich Ihr Garten an einem Hang befindet, pflanzen Sie Obstbäume und -sträucher am besten im oberen Bereich, denn im unteren Teil des Gartens sammelt sich kalte Luft.

OBSTSTRÄUCHER PFLANZEN

Fehlt der Platz für Bäume, sind Sträucher eine ausgezeichnete Alternative. Der Geschmack frisch gepflückter Beeren übertrifft alles, was es im Supermarkt zu kaufen gibt.

Obstbüsche pflegt man zwar etwas anders als Bäume, doch gepflanzt werden sie im Grunde genauso. Bereiten Sie zunächst den Boden weit im Voraus vor, indem Sie reichlich organische Substanz einarbeiten, die bereits gut verrottet ist. Topfpflanzen wässern Sie vor dem Pflanzen ausgiebig. Dann heben Sie ein Pflanzloch aus, das etwas größer ist als der Wurzelballen der gekauften Pflanze. Setzen Sie den Ballen so in das Loch, dass sein oberes Ende leicht über den Rand hinausragt. Füllen Sie um den Ballen Erde ein, die sie gut andrücken. Gießen Sie anschließend gut. Wurzelnackte Obststräucher werden während der Vegetationsruhe zwischen November und März gesetzt. Dazu heben Sie ein Pflanzloch aus, das groß genug für die Wurzeln ist, stellen den Strauch hinein, füllen Erde auf, drücken sie an und wässern ordentlich.

Eine Ausnahme bilden Schwarze Johannisbeeren *(s. S. 275)*: Sie werden so gepflanzt, dass ihr Stamm 5–8 cm tief im Erdreich versenkt ist, damit er sich mehrtriebig etabliert.

OBSTSTRÄUCHER PFLEGEN

Frisch gepflanzte Obststräucher müssen bei länger ausbleibendem Regen regelmäßig gewässert werden, vor allem im ersten Jahr, da sich in dieser Zeit das Wurzelsystem bildet. Unkräuter über dem Wurzelraum sollte man gut jäten, denn sie konkurrieren mit den Obstpflanzen nicht nur um Bodenfeuchtigkeit, sondern beherbergen auch oft Schädlinge und Krankheiten, die die Entwicklung der Büsche beeinträchtigen können.

Himbeeren sowie Rote und Weiße Johannisbeeren sollten Sie zurückschneiden, damit sie ordentlich Früchte ansetzen und damit Luft zwischen den Trieben zirkuliert, was das Krankheitsrisiko senkt.

(oben rechts) **Schon eine kleine Gartenecke** kann viel Obst liefern. Hier wachsen Beerensträucher und ein Zwergapfelbaum in zweckentfremdeten Behältern, in die Abflusslöcher gebohrt wurden.

(unten rechts) **Viele Beerensträucher** müssen jedes Jahr etwas zurückgeschnitten werden, damit der Ertrag für das nächste Jahr gesichert ist.

OBSTBÄUME PFLANZEN

Obstbäume werden im Prinzip genauso gepflanzt und gepflegt wie Zierbäume. Man kann sie wurzelnackt oder als Topf- bzw. Ballenware kaufen und entsprechend einpflanzen *(s. S. 197–199)*. Wurzelnackte Gehölze setzt man zwischen November und März, während Ballenware zu jeder Jahreszeit gepflanzt werden kann, am besten aber im Herbst oder Winter.

Arbeiten Sie reichlich organische Substanz in den Boden ein, in den Sie den Baum pflanzen möchten. Das verbessert den Boden und erhöht seine Fähigkeit, Wasser zu speichern. Wenn Sie einen veredelten Baum pflanzen, sollte sich die Veredelungsstelle, erkennbar an der verdickten Stelle am Stamm, ein Stück über dem Boden befinden, da sonst der obere, aufgepfropfte Teil Wurzeln bildet und die Vorzüge der Unterlage verlorengehen.

Pflanzt man einen Baum in eine Rasenfläche, lässt man einen 1–2 m großen Bereich um den Ansatz grasfrei, damit die Gräser dem Gehölz weder Nährstoffe noch Wasser wegnehmen. Ist der Baum nach 3–4 Jahren eingewachsen, kann man wieder Gras säen.

Baumobst kann geerntet werden, sobald sich die Früchte durch vorsichtiges Drehen leicht vom Ast lösen lassen.

Einjährige Bäume brauchen etwa 3–4 Jahre, bis sie zum ersten Mal tragen, ältere dagegen können schon im ersten Jahr nach dem Pflanzen fruchten. Allerdings beeinflusst auch die Veredelung die Wüchsigkeit und den Zeitpunkt, an dem zum ersten Mal mit einer Ernte zu rechnen ist. Manchmal tragen ältere Bäume im Topf schon beim Kauf Früchte.

SCHNITT UND PFLEGE

Es liegt nahe, sich zu fragen, ob der ganze Aufwand für den Schnitt und die Pflege von Obstbäumen überhaupt nötig ist. Zudem tragen ungeschnittene Bäume, ähnliche Bedingungen vorausgesetzt, oft wesentlich mehr Früchte als geschnittene. Allerdings hängen an ungeschnittenen Bäumen meist kleinere Früchte, und zwar so dicht nebeneinander, dass sie wesentlich anfälliger sind und viele faulen. Selbst wenn ein geschnittenes Gehölz also insgesamt weniger trägt, bildet es regelmäßiger Früchte, die auch größer und besser sind.

Beim Schnitt von Obstbäumen unterscheidet man zwei Techniken:

- **Der Sommerschnitt** fördert die Fruchtbildung. Schneiden Sie im Hochsommer alle Seitentriebe bis auf 4–5 Knospen oberhalb des Ansatzes zurück. Bei Hochstämmen *(s. S. 201–205)* wird der diesjährige Wuchs auf 3–4 Knospen zurückgeschnitten und die Mitte der Krone licht gehalten. Das regt den Baum zur Bildung von Fruchtspießen an. Das sind die Kurztriebe, an denen sich Früchte bilden.
- **Der Winterschnitt** regt den Baum zu kräftigem Neuaustrieb an. Je stärker man schneidet, desto mehr frischen Wuchs setzt ein Gehölz in der Regel an. In den ersten Jahren wird jeden Winter geschnitten, um den Baum in die gewünschte Form zu bringen. Danach ist ein Winterschnitt nur noch notwendig, wenn das Astwerk zu dicht wird, Zweige aneinander reiben oder kranke und abgestorbene Triebe entfernt werden müssen.

Früchte ausdünnen

Beim Ausdünnen entfernt man überschüssige oder schwache Früchte bereits früh, damit der Baum seine Energie in die Bildung gesunder Früchte steckt. Apfelbäume erledigen das gleich selbst: Sie werfen kleine Äpfel früh ab, was man »Junifall« nennt. Wer größere Früchte haben möchte, kann aber auch selbst Hand anlegen. Meist reicht es schon, die Hauptfrucht in der

Schneiden Sie Obstbäume im Winter wie andere Gehölze. Entfernen Sie abgestorbene, kranke und überkreuzte Äste.

Mitte eines Bündels zu entfernen, damit der Baum sich ganz auf die Reifung der restlichen Früchte konzentriert. Man kann aber auch noch stärker ausdünnen und nur eine Frucht alle 5–8 cm stehen lassen.

Zu frischem Wuchs anregen

Mit den Jahren bemerken Sie vielleicht ein paar kahle Äste, die kaum noch tragen. Um ihre schlafenden Knospen zu wecken, können Sie die Technik des »Kerbens« anwenden. Dazu ritzt man das Holz knapp über einem Auge an und entfernt ein halbmondförmiges Stück Borke. Das regt den Hormonfluss in der Pflanze an und weckt die Knospe, lässt sie also austreiben. Klappt das nicht, bleibt nicht mehr viel übrig, als den Ast zu entfernen. Auch das kann den Baum zur Bildung frischer Äste anregen.

ERNTE

Obst hat eine empfindliche Schale, die leicht Druckstellen bekommt, was es rasch faulen lässt. Gehen Sie deshalb bei der Ernte sehr vorsichtig vor und lagern Sie keine verletzten Früchte ein. Äpfel und Birnen werden gepflückt, indem man sie behutsam anhebt und dreht – sie sollten sich leicht vom Ast lösen lassen.

BAUM- UND STRÄUCHERPFLEGE

Um möglichst hohe Erträge zu erzielen, müssen Sie Ihre Obstbäume und -sträucher jedes Jahr gut pflegen.

- **Wässern Sie** Obstbäume und -sträucher gut, vor allem während der Fruchtbildung oder wenn sie noch jung sind und einwachsen. Weichen Sie den Wurzelraum wöchentlich ordentlich ein, statt wenig und oft zu gießen. Ein nur leichtes Benetzen des Erdreichs lässt die Wurzeln Richtung Oberfläche wachsen, was sie anfälliger für Trockenheit macht.
- **Düngen Sie** Obstbäume und -sträucher mindestens einmal im Jahr. Ideal ist organischer Dünger mit hohem Kaliumgehalt, aber man kann man auch handelsüblichen Rosendünger verwenden. Düngen Sie im Februar oder März. Außerdem sollten Sie im Wurzelbereich mulchen *(s. S. 200)*.
- **Jäten Sie** im Wurzelbereich gründlich, vor allem unter frisch gepflanzten Bäumen und Sträuchern. Unkräuter nehmen Gehölzen Wasser und Nährstoffe weg und können zudem Schädlinge und Krankheiten verbreiten. Man wird sie los, indem man ganz klassisch mit der Hacke jätet oder eine Folie um den Baum herum auslegt, die man mit etwas Erdreich oder einer anderen organischen Substanz beschwert.
- **Spritzen Sie** Obstbäume nur im Notfall und auch nur bei starkem Befall. Inzwischen sind für Hobbygärtner nur noch wenige, relativ umweltfreundliche Mittel zugelassen. Auch bei ihnen aber muss man sich an die Gebrauchsanweisungen halten. Behandeln Sie Ihr Obst zudem nur abends, wenn Bienen und andere Bestäuber weg sind. Es gibt allerlei Hausmittel, um Schädlinge zu dezimieren. Mischkulturen und Begleitpflanzen sowie eine große Biodiversität im Garten locken natürliche Schädlingsvertilger an *(s. S. 327)*.

Bäume in Töpfen brauchen viel Wasser, vor allem wenn sich die ersten Fruchtknospen zeigen.

OBSTBÄUME

Man braucht keinen ausgedehnten Obstbaumbestand, um Baumfrüchte zu ernten. Mit nur wenigen Gehölzen, ja sogar mit Bäumchen in Töpfen, kann man sich Jahr für Jahr selbst versorgen. Viele Obstgehölze werden auf Unterlagen veredelt, die ihre spätere Größe und Breite bestimmen. Im Folgenden bekommen Sie einige grundsätzliche Informationen zu Unterlagen. Alles Weitere erfahren Sie in Baumschulen oder bei spezialisierten Anbietern.

ÄPFEL

Die Zahl der Apfelsorten ist unüberschaubar groß. Man kann aus etlichen Geschmacksrichtungen und Erntezeiten auswählen. Erkundigen Sie sich am besten bei lokalen Apfelbauern, Hobbygärtnern oder in Gärtnereien, welche Sorten in Ihrer Gegend üblich sind. So bekommen Sie eine Vorstellung davon, was in Ihrem Garten gedeihen könnte. Für einen guten Ertrag muss ein Apfelbaum aber durch ein weiteres, kompatibles Exemplar bestäubt werden. Gartenbauvereine oder Züchter können Ihnen Tipps geben, welche »Ehepartner« zu Ihrem Baum passen.

Unterlagen

Hobbygärtnern steht eine beachtliche Palette an Unterlagen für Apfelbäume zur Verfügung. Drei sind besonders empfehlenswert. M27 liefert die kleinsten Bäume – sie werden rund 1,5–2 m hoch. Mit M9 erreichen sie rund 2–2,5 m Höhe. Beide Unterlagen eignen sich für die Topfkultur, aber wer guten, nährstoffreichen Boden hat, kann die so gezogenen Bäume auch nach draußen pflanzen. Bäume mit M27 und M9 müssen jedoch vermutlich zeit ihres Lebens gestützt werden. Ist Ihr Gartenboden magerer, sind Sie mit MM106 gut bedient. Diese Unterlage ist wüchsiger als M27 und M9 und liefert rund 3–4 m hohe Gehölze. Bringen Sie vor dem Kauf immer die spätere Höhe und Breite der Unterlage in Erfahrung, und vergessen Sie nicht, dass sich auch die Bodenqualität und der Standort auf das Baumwachstum auswirken.

Ernte und Lagerung

Frühe Sorten werden am besten gleich nach der Ernte im Spätsommer gegessen. Gekühlt halten sie ein paar Wochen. Spätere Sorten sind bei korrekter Lagerung bis zum Winter und ins nächste Jahr hinein haltbar. Kleinere Mengen können Sie in verschlossenen Plastikbeuteln aufheben. Mischen Sie dabei aber keinesfalls verschiedene Sorten. Stechen Sie Löcher in die Beutel, um Luftaustausch zu ermöglichen, und lagern Sie sie kühl, aber frostfrei. Nur unversehrtes Obst ist lagerfähig. Schauen Sie Ihr Lager ab und zu durch, um gefaultes Obst zu entfernen.

Äpfel, die am Baum ausgereift sind, isst man am besten so erntefrisch wie möglich.

BIRNEN

Birnen stellen etwas höhere Ansprüche als Äpfel, denn sie blühen meist früher und sind daher auch anfälliger für Frostschäden, die sich wiederum nachteilig auf die spätere Ernte auswirken. Deshalb weist man ihnen am besten einen geschützten Standort zu, etwa vor einer Mauer oder einer anderen Begrenzung. Drohen die Blüten trotzdem zu erfrieren, kann man sie mit Gartenvlies vor der Kälte schützen.

Das Sortenangebot ist nicht ganz so groß wie bei Äpfeln, bei der Bestäubung aber gelten die gleichen Regeln *(siehe gegenüber)*. Die Sorte 'Conference' ist bis zu einem gewissen Grad selbstbefruchtend und liefert auch ohne Bestäuberbaum eine passable Ernte. Dennoch fällt der Ertrag höher aus, wenn eine weitere Sorte in der Nähe steht.

(oben) **Reifende Birnen** kündigen den nahen Herbst an.

(links) **Eine Spalierbirne** vor einer Mauer sieht nicht nur gut aus, sondern spart auch viel Platz im Garten.

Unterlagen

Das Angebot an Birnenunterlagen ist überschaubar. Die kleinste heißt Quitte C. Sie braucht sehr nährstoffreiche Böden. Quitte A liefert wüchsigere Bäume und ist eine gute Allrounderin. Sie empfiehlt sich vor allem, wenn der Boden nicht unbedingt Topqualität hat.

Ernte und Lagerung

Behandeln Sie Birnen bei der Ernte wie rohe Eier, denn sie bekommen leicht Druckstellen. Nehmen Sie sie beim Pflücken in die Hand und biegen Sie sie durch Drehen vorsichtig nach oben. Wenn sie sich leicht vom Ast lösen, sind sie erntereif, ansonsten lässt man sie noch ein, zwei Tage hängen. Gelagert werden sie einige Wochen in offenen Schalen an einem kühlen Ort. Danach bringt man sie ins Haus in die Wärme, damit sie voll ausreifen. Bei optimaler Lagerung halten Birnen je nach Sorte bis Februar.

PFLAUMEN

Pflaumenbäume sind zwar recht unkompliziert, blühen jedoch früh und fallen daher leicht Spätfrösten zum Opfer *(s. S. 269)*.

Schneiden Sie sie aber nicht im Winter, da Schnitte in der kalten Jahreszeit viel langsamer heilen und der Baum daher anfällig für Bleiglanz ist *(s. S. 323)*. Stattdessen schneidet man Pflaumen entweder im März oder kurz nach der Ernte. Allerdings sollte man sie generell möglichst wenig schneiden und nur totes, verletztes und überkreuztes Holz oder Zweige entfernen, die die Form beeinträchtigen.

Die Zweige von Pflaumenbäumen brechen leicht ab, vor allem wenn sie schwer mit Früchten beladen sind. In guten Jahren sollten Sie die Früchte daher bis auf 8 cm Abstand ausdünnen. Wer das nicht übers Herz bringt, kann die Äste auch mit Pflöcken stützen.

Wer keinen Platz für mehrere Pflaumenbäume hat, die sich gegenseitig befruchten, sollte sich eine selbstbestäubende Sorte zulegen. 'Königin Viktoria' ist eine gute, selbstbestäubende Allrounderin, die wenig Ansprüche stellt, allerdings keine Spätfröste mag.

Hängen Pflaumen sehr dicht, dünnt man sie aus oder stützt die Äste, damit sie nicht unter der Last brechen.

Unterlagen

Pflaumenbäume können recht wüchsig sein und werden daher am besten auf schwachwüchsigen oder mittelstarken Unterlagen veredelt. St. Julien A ist eine mittelstarke Unterlage. Sie liefert Bäume, deren Höhe und Breite etwa 3,5–5 m beträgt. Für kleinere Gärten ist die schwachwüchsige Pixy für 2–3,5 m hohe und breite Bäume empfehlenswert.

Ernte und Lagerung

Pflaumen halten sich nicht lange. Am besten isst man sie bald nach der Ernte. Man kann sie ein paar Tage im Kühlschrank lagern oder einkochen.

KIRSCHEN

Viele schätzen Kirschen vor allem wegen ihrer schneeweißen Frühlingsblüten, doch im Sommer liefern sie auch Unmengen von Früchten, sofern die Vögel sie Ihnen nicht vorher wegschnappen. Es gibt zwei essbare Kirschenarten: Süß- und Sauerkirschen.

Süßkirschen setzen an diesjährigem und älterem Wuchs Früchte an, während Sauerkirschen an vorjährigem Wuchs fruchten. Deshalb kann man bei Sauerkirschen gelegentlich Äste entfernen, die Früchte getragen haben, um Platz für neues Holz zu schaffen, das im darauffolgenden Jahr Kirschen ansetzt.

Wie Pflaumen sind allerdings auch Kirschen anfällig für Bleiglanz *(s. S. 323)* und sollten daher so wenig wie möglich geschnitten werden. Die meisten Sauerkirschen und einige Sorten der süßen Fraktion sind selbstbestäubend und brauchen keinen zweiten Baum in der Nähe, um zu tragen.

Kirschen müssen kaum ausgelichtet werden. Bei vielen größeren Bäumen ist das auch gar nicht möglich.

Unterlagen

Kirschbäume können mit den Jahren recht stattliche Ausmaße annehmen. Es gibt aber inzwischen kleinkronigere Unterlagen wie Gisela 5, die mit 3–4 m Höhe relativ überschaubar bleibt.

Ernte und Lagerung

Süßkirschen werden geerntet, sobald sie vollreif sind. Wer sie nicht innerhalb weniger Tage aufisst, kann sie einfrieren. Frische Sauerkirschen sind, wie der Name schon sagt, ein eher herbes Vergnügen, eignen sich aber vorzüglich zum Einmachen.

Süßkirschen kann man vom Baum weg naschen, während man Sauerkirschen am besten zu Kompott oder Marmelade verarbeitet.

PFIRSICHE UND NEKTARINEN

Frisch gepflückte Pfirsiche und Nektarinen sind im Geschmack nur schwer zu toppen. Sie sind eng verwandt und unterscheiden sich in erster Linie durch ihre Schale. Bei Nektarinen ist die glatt, bei Pfirsichen etwas rauer. Beide schmecken gleich gut. Sie haben dieselben Kulturansprüche und was den Boden angeht, sind sie nicht wählerisch, brauchen aber ein durchlässiges Erdreich.

Pfirsiche und Nektarinen sind selbstbestäubend. Sie blühen recht früh, wenn noch wenig Bestäuber unterwegs sind, weshalb man sie mitunter von Hand befruchten muss. Möglich ist das mit einem kleinen Malpinsel, mit dem man Pollen von einer Blüte zur anderen überträgt, am besten gleich mehrmals.

Zu den größten Gefahren für Pfirsiche und Nektarinen gehört die Kräuselkrankheit. Sie verbreitet sich über Wassertröpfchen und den Wind. Die Blätter kräuseln sich und werden rot oder violett; gleichzeitig bildet sich ein weißer, pulveriger Sporenrasen auf der Blattoberfläche. Verhindern kann man einen Befall, indem man die Bäume vom Hochwinter bis zum späten Frühjahr mit einer Folienabdeckung schützt. Wer eine Zwergsorte im Kübel hat, kann sie in dieser Zeit auch an einen geschützten Platz stellen.

Ein Ausdünnen von Pfirsichen und Nektarinen ist mitunter ratsam. Denn die Früchte wachsen oft dicht gedrängt und verletzen sich gegenseitig, wenn sie größer werden.

Unterlagen

Es gibt schwachwüchsige Unterlagen, die sich bestens für die Topfkultur an einem warmen, geschützten Ort eignen, etwa auf einer Terrasse. Moderne Zwergsorten müssen kaum geschnitten werden, man nimmt höchstens überkreuzte oder tote Äste heraus.

Ernte und Lagerung

Pfirsiche und Nektarinen werden vollreif oder fast reif geerntet. Ob sie erntereif sind, lässt sich testen, indem man sie in die Hand nimmt und die Festigkeit des Fruchtfleischs knapp unter dem Stielansatz prüft. Ist das Fleisch dort weich, sollte sich die Frucht leicht vom Ast lösen lassen. Legen Sie die Früchte so auf ein Tablett, dass sie sich nicht berühren und ihre Schale unversehrt bleibt. Vollreifes Obst kann man sofort nach dem Pflücken essen, fast reifes lässt man noch 2–3 Tage nachreifen.

BEEREN ANBAUEN

Platz für ein paar Beerensträucher oder Stauden ist in fast jedem Garten. Brombeeren und ihresgleichen beanspruchen zwar normalerweise recht viel Raum, doch gibt es inzwischen moderne Züchtungen, die kompakter bleiben. Einige Erdbeer- und Himbeersorten sind so klein, dass man sie ganz einfach in Töpfen oder auf einem Balkon anbauen kann. Viele Beerensträucher fügen sich ausgezeichnet in Rabattenpflanzungen ein. Ihre leuchtenden Früchte setzen originelle Kontrapunkte zu den Blüten und Blättern von Zierpflanzen.

ERDBEEREN

Der Sommer wäre ohne Erdbeeren kein Sommer. Sie brauchen nicht viel Platz und gehören zu den unkompliziertesten Früchten überhaupt.

Pflanzen können Sie sie, sobald sie erhältlich sind, also etwa vom Frühsommer bis in den Winter hinein. Sie brauchen nährstoffreiche, durchlässige Böden, volle Sonne und 50–60 cm Abstand zueinander. Ihr Wurzelhals, also die Stelle zwischen unterirdischem und oberirdischem Wuchs, sollte sich exakt auf Bodenniveau befinden, um das Risiko eines Befalls mit der Wurzelhalsfäule oder anderen Krankheiten wie Grauschimmel *(s. S. 323)* zu senken. Möglich ist auch eine Kultur in Töpfen mit vielen Abflusslöchern.

Wer ein Gewächshaus oder eine helle Fensterbank hat, kann Erdbeeren dort vortreiben. Sie müssen sie dann aber per Hand mit einem Malpinsel befruchten, denn Bestäuber sind drinnen naturgemäß rar.

Die meisten Erdbeersorten sind selbstbestäubend. Wer lückenlos versorgt werden möchte, pflanzt mehrere Sorten mit verschiedenen Reifezeiten, um die Saison möglichst weit in die Länge zu ziehen. Nach etwa drei Jahren lassen die Pflanzen nach und sollten ersetzt werden.

(oben links) **Mulchen Sie** Erdbeeren im Sommer mit Stroh. Das verhindert, dass Bodenfeuchtigkeit verdunstet und die Beeren durch den Kontakt mit der Erde faulen.

(unten links) **Erdbeeren** sind bei Vögeln beliebt. Netze schützen sie vor hungrigen Schnäbeln. Befestigen Sie sie rundum gut, damit die Tiere nicht hindurchschlüpfen können.

Um die Erntesaison voll auszuschöpfen, können Sie eine Mischung aus frühen, mittelfrühen und späten Himbeersorten pflanzen. Sie tragen jeweils drei Wochen lang.

HIMBEEREN

Der Geschmack frisch gezupfter Himbeeren ist einzigartig. Die Sträucher sind pflegeleicht und tragen reichlich. Damit sind sie ein ideales Einsteigerobst. Außerdem bestäuben sie sich selbst, sodass ein Exemplar reicht.

Es gibt zwei Himbeertypen: Sommerhimbeeren und Herbsthimbeeren. Sie werden unterschiedlich geschnitten. Beide benötigen jedoch gute, fruchtbare Böden und einen offenen, sonnigen Standort. Regnet es im Sommer längere Zeit nicht, sollte man sie gut wässern.

- **Sommerhimbeeren** tragen am vorjährigen Wuchs. Sind sie abgeerntet, schneidet man die Fruchtruten bis zum Boden zurück. Die Fruchtruten lassen sich unschwer vom frischen Wuchs unterscheiden, der sich im Sommer gebildet hat und noch sehr biegsam ist. Er muss an Drähte gebunden werden, die man zwischen zwei Pflöcke spannt.
- **Herbsthimbeeren** fruchten an diesjährigem Wuchs. Im Februar oder März schneidet man sämtliche Ruten radikal bis zum Boden zurück. Das regt die Pflanze zur Bildung vieler neuer Triebe an, die sich im Frühjahr und Sommer bilden und im kommenden Herbst für eine reiche Ernte sorgen.

Besonders gut tragen neuere Züchtungen wie die im Sommer blühende 'Glen Ample' und die Herbstsorte 'Joan J.'. Wer verschiedene Sorten clever kombiniert, kann vom Hochsommer bis zu den ersten Herbstfrösten eine beachtliche Himbeerernte einfahren. Für die Topfkultur gibt es Zwergsorten.

BROMBEEREN

Früher war das Abernten der stacheligen Ruten eine oft recht schmerzhafte Angelegenheit, inzwischen aber gibt es stachellose Brombeersorten, an denen man sich nicht mehr verletzen kann.

Brombeersträucher sind wüchsig und brauchen 2,5–3,5 m Abstand zueinander. Wie Sommerhimbeeren *(s. S. 273)* tragen sie an Ruten, die sich im Vorjahr gebildet haben. Schneiden Sie daher nach dem Abernten das alte Holz heraus und binden Sie frischen Wuchs als Ersatz für die abgeernteten Triebe an.

Brombeeren müssen laufend gebunden und gestützt werden, sonst verkommen sie zu undurchdringlichem Gestrüpp. Ideal ist eine fächerförmige Ausrichtung. Dazu führt man ihre Ruten an einer Wand oder einem Rankgitter von einem zentralen Punkt aus in Strahlen nach oben. Frische Triebe bindet man lose in der Mitte zusammen. Nach dem Fruchten der alten Ruten schneidet man sie heraus und fächert anschließend den frischen Wuchs als Ersatz für das alte Holz auf.

ROTE UND WEISSE JOHANNISBEEREN

Diese Beeren schmecken lecker und sehen auch ausgesprochen dekorativ aus. Rote und Weiße Johannisbeeren sind selbstbestäubend. Sie brauchen also nur eine einzige Pflanze, um sich mit Beeren zu versorgen.

Rot und Weiß wird exakt gleich kultiviert. Beide bevorzugen durchlässige Böden und viel Sonne, vertragen aber auch Halbschatten. Durch einen pflegenden Schnitt im Winter verleihen Sie dem Strauch seine dauerhafte Form. Im Frühsommer frisch nachgewachsene Seitentriebe kürzt man im Spätsommer auf 3–4 Knospen über dem Ansatz zurück. Das regt die Pflanzen zur Bildung von Fruchttrieben an, die im nächsten Jahr Beeren tragen.

Die Erntezeit erstreckt sich vom Sommer bis zum Frühherbst. Geerntet wird, sobald die Beeren Farbe haben. Das Abzupfen einzelner Beeren ist ziemlich mühsam. Sie können auch mit einer Schere ganze Rispen abschneiden. Rote und Weiße Johannisbeeren können Sie direkt nach dem Pflücken essen.

Brombeeren sind wüchsige Sträucher, die viel Platz einnehmen. Das sollten Sie beim Pflanzen berücksichtigen.

Rote Johannisbeeren machen optisch viel her. Auch in Blumenrabatten kommen sie gut zur Geltung.

Weiße Johannisbeeren sehen zwar unscheinbarer aus als ihre roten Verwandten, schmecken dafür aber meist etwas süßer.

SCHWARZE JOHANNISBEEREN

Schwarze Johannisbeeren bilden direkt unter der Erde bereits eine Strauchbasis mit mehreren Trieben. Deshalb pflanzt man Neuerwerbungen mit dem Haupttrieb etwa 5 cm tief im Boden versenkt. Es gibt aber auch Stämmchenformen zu kaufen.

Nach dem Einpflanzen schneidet man die Triebe bis fast zum Boden zurück. Dadurch bildet der Strauch zwar im ersten Jahr keine Beeren, bekommt dafür aber ein kräftiges Gerüst aus Ästen, die im nächsten Jahr tragen. Nach dem Anfangsschnitt werden jährlich nur noch 2–3 ältere Triebe bis zum Boden zurückgeschnitten, um den Strauch zum frischen Austrieb aus dem Ansatz anzuregen.

Schwarze Johannisbeeren sind recht raumgreifend. Wer nicht viel Platz hat, wählt daher am besten eine kompakte Sorte wie 'Ben Sarek', die im Spätsommer reichlich wohlschmeckende Beeren trägt. Für sie reicht ein Pflanzabstand von 1 m anstelle der 1,2–1,5 m, die bei wüchsigeren Sorten wie 'Ben Nevis' angebracht sind.

Schwarze Johannisbeeren enthalten viel Vitamin C. Sie werden in der zweiten Sommerhälfte reif.

GERÄTE & ARBEITSMETHODEN

Braucht man wirklich einen Gartenschuppen voller teurer Spezialgeräte wie Hacken, Elektro-Kultivatoren, Gartenfräsen und all die anderen Sachen? Die Antwort ist ein klares »Nein«. Die meisten Gärtner – das gilt für Neulinge ebenso wie für alte Hasen – kommen tatsächlich mit ein paar einfachen, bekannten, sorgfältig ausgewählten Geräten aus. Und auch bei den Arbeitsmethoden ist weniger mehr. Natürlich müssen Sie sich zunächst Wissen aneignen und Erfahrungen sammeln, doch Gärtnern ist bei Weitem nicht so kompliziert, wie es erscheinen mag. Im Wesentlichen besteht es aus ein wenig harter Arbeit, etwas regelmäßiger Pflege und einfach gesundem Menschenverstand.

Gute Geräte machen das Gärtnern einfacher und vergnüglicher. Und bei richtiger Pflege halten sie wahrscheinlich ein Leben lang.

DIE GRUNDAUSSTATTUNG

Jeder Gärtner hat einige Lieblingsgeräte, auf die er nicht verzichten möchte. Beim Kauf von Gartengeräten sollten Sie auf gute Qualität achten, aber Sie müssen nicht die teuersten nehmen. Meist sind Geräte mittlerer Preislage ausreichend. Kaufen Sie aber keine billigen Angebote, denn sie halten vielleicht nicht lange. Mit einer Grundausstattung lassen sich die meisten Arbeiten im Garten erledigen. Lassen Sie sich nicht von dem riesigen Angebot an Gartengeräten verführen. Sie werden mit der Zeit feststellen, welche nützlich sind.

GERÄTE AUSWÄHLEN

Gute Firmen geben gewöhnlich abhängig vom Gerät einige Jahre Garantie. Zudem werden Sie feststellen, dass ein Haushaltsgegenstand oder ein selbst gemachtes Werkzeug für die Gartenarbeit manchmal ebenso gut geeignet ist. So kann man Pflanzlöcher statt mit einem Pflanzer mit einem stumpfen Stift machen. Achten Sie darauf, dass die Werkzeuge, die Sie kaufen, gut in der Hand liegen und Ihrer Körpergröße angemessen sind. Sollten Sie nicht so viel Kraft haben, sind Sie mit einem kleinen Spaten vielleicht besser bedient, da größere Geräte mehr Hebelkraft erfordern. Größere Gärtner arbeiten fast immer bequemer mit Spaten und Gabeln, deren Stiele mehr als die üblichen 70–75 cm Länge haben. Der Handel bietet bis zu 1 m lange Stiele an.

Eine Astsäge ist für kleine Äste nützlich. Manche Modelle sind zusammenklappbar, bei vielen Sträuchern empfiehlt sich eine Säge mit festem Blatt.

Eine Heckenschere ist für langes Gras und kleine Hecken nützlich oder um Stauden abzuschneiden. Sie sollte so leicht sein, dass man sie länger benutzen kann.

Ein Rechen eignet sich zum Ebnen und Säubern des Bodens. Zum Entfernen von Laub auf Rasen dient ein Drahtbesen.

Handspaten und Handgabel sind unverzichtbar für das Pflanzen von Jungpflanzen und Blumenzwiebeln, zum Jäten und für kleinere Grabearbeiten. Handgabeln eignen sich ideal für schwere Tonböden. Da kleine Geräte leicht verlegt werden, wählen Sie am besten Modelle mit bunten Griffen, um sie im Garten leichter wiederzufinden.

Eine Gartenschere ist für viele Schnittarbeiten unverzichtbar. Wählen Sie eine Bypass-Schere mit Arretierung, die gut in der Hand liegt.

Eine Ziehhacke ist für das Jäten großer Flächen von unschätzbarem Wert. Ein langer Stiel verhindert Rückenschmerzen, die beim Jäten häufig auftreten.

Gabeln und Spaten werden in verschiedenen Längen und Materialien angeboten. Metall ist stabiler als Holz und kann kunststoffummantelt sein.

Damenspaten und -gabeln sind etwas kleiner und einfacher zu handhaben. Sie eignen sich für leichte Arbeiten in Rasen und Beeten.

GERÄTE AUFBEWAHREN

Lagern Sie Ihre Geräte in einem Schuppen. Entfernen Sie von Grabewerkzeugen die Erde, bevor Sie sie wegräumen, und säubern Sie Klingen mit einem geölten Tuch. Dies verlängert das Leben der Geräte. Investieren Sie in Haken und Regale. Letztere können Sie aus Altholz selber bauen. Gewöhnen Sie sich an, Geräte nach Gebrauch aufzuhängen und Stromkabel ordentlich aufzurollen. Säubern und stapeln Sie zudem unbenutzte Pflanzgefäße und bündeln Sie Bambusstäbe. In einem aufgeräumten Schuppen haben mehr Dinge Platz, man findet sie leichter und man vermeidet unnötige Gefahren.

BODENBEARBEITUNGSGERÄTE PFLEGEN

Die Mehrzahl der Geräte zum Graben besteht aus Karbonstahl oder Edelstahl. Damit Karbonstahl nicht rostet, muss er regelmäßig gesäubert und geölt werden. Ziehhacken und Spaten aus Karbonstahl dringen leichter in den Boden, wenn man sie ab und zu schärft. Einige Geräte haben eine Antihaftbeschichtung, die sich irgendwann abnutzen kann. Edelstahlgeräte sind teurer, aber haltbarer, rosten nicht und erleichtern das Graben, da sie gut in die Erde eindringen und diese nicht am Blatt kleben bleibt.

(oben) **Metallgeräte** wie Spaten, Gabeln, Handspaten und Rechen müssen vor dem Wegräumen gesäubert werden. Nach dem Abbürsten der Erde waschen und sorgfältig trocken reiben.

(Mitte) **Holzstiele und -griffe** von Spaten und Gabeln müssen regelmäßig überprüft werden. Raue Stellen abschmirgeln und das Holz mit Leinöl einreiben, um es zu nähren und zu schützen.

(unten) **Geräte aus Karbonstahl** werden mit einem ölgetränkten Lappen abgerieben, damit sie nicht rosten. Sie dringen leichter in die Erde, wenn man sie mit einer Feile schärft.

GARTENSCHEREN PFLEGEN

Gartenscheren muss man regelmäßig schleifen, da sie beim Schneiden stumpf werden. Gute Modelle lassen sich zerlegen, was das Säubern und Schleifen erleichtert und das Ersetzen einer beschädigten Klinge erlaubt. Für knifflige Arbeiten sind Messer oft geeigneter als Scheren. Sie werden auf die gleiche Weise gesäubert, geölt und geschliffen. Halten Sie bei der Arbeit einen kleinen Wetzstahl zum Schleifen bereit. Für die Heckenschere verwendet man ein handelsübliches Werkzeug oder eine Metallfeile, wobei man nur die schräge Schneide schleift. Dann zieht man die Schraube, die beide Klingen zusammenhält, an.

1 Zum Säubern der Gartenschere etwas Öl oder Haushaltsreiniger auftragen, um den Schmutz zu entfernen. Dann die Schere mit Küchenpapier abwischen. Eingetrockneten Pflanzensaft mit Reinigungspads oder feiner Stahlwolle und Metallpolitur abwischen.

2 Etwas Öl auf die abgeschrägte Schneide geben und sie mit einem Reinigungspad aus Nylon oder feiner Stahlwolle behutsam abreiben. Dies verhindert, dass Rost entsteht, und hält die Schneide außerdem glatt.

3 Die Schneide mit einem Ölstein oder Diamantschleifstein schärfen. Man hält ihn im gleichen Winkel wie die abgeschrägte Schneide und zieht ihn über die Schneide. Die flache Seite der Schneide von Schmutz säubern und die Schneiden ölen.

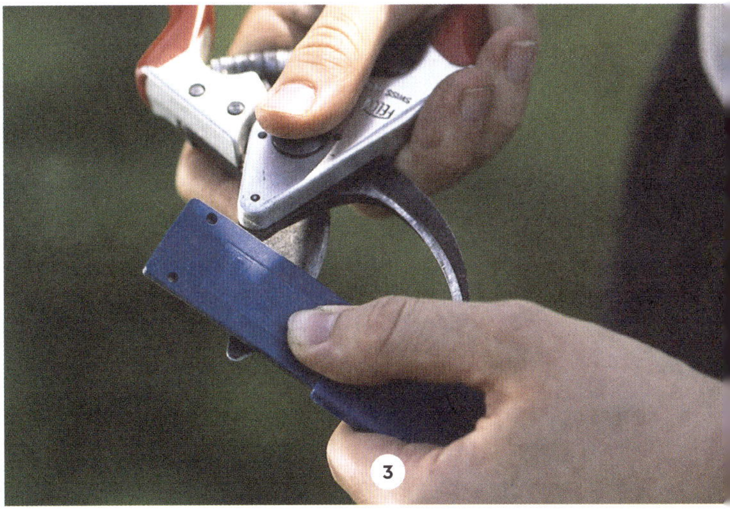

WÄSSERN

Pflanzen, die nicht ausreichend Wasser bekommen, leiden und gehen letztlich ein. Von Herbstmitte bis zum Frühjahr fällt meist genug Regen, doch vor allem im Spätfrühjahr und Sommer reichen die Niederschläge mitunter nicht aus. Das Wasser wird knapp, da die rasch wachsenden Pflanzen das im Boden vorhandene Wasser verbrauchen. In diesen Zeiten ist richtiges Wässern wichtig.

Eine tellerförmige Mulde um die Pflanze sorgt dafür, dass das Wasser über dem Wurzelbereich stehen bleibt, bis es versickert ist.

WAS GEWÄSSERT WERDEN MUSS

Selbst bei Hitze brauchen Sie nicht alle Pflanzen im Garten zu wässern. So können etablierte Bäume, Sträucher, Rosen, Kletterpflanzen und winterharte Stauden mit großen Wurzelsystemen Trockenperioden überstehen. Auch ein etablierter Rasen kommt meist ohne Wässern aus. Selbst braunes Gras wird mit Rückkehr des Regens gewöhnlich wieder grün.

Aber bei bestimmten Pflanzen ist das Gießen eventuell nötig:

- **Neue Pflanzen** haben kleine Wurzelsysteme, die noch nicht tief in den Boden eindringen konnten. Wässern nach dem Pflanzen - selbst wenn die Erde nicht trocken wirkt - ist daher wichtig, zudem setzt sich dadurch die Erde um die Wurzeln.
- **Pflanzen an Mauern** können im »Regenschatten« stehen. Da der Regen die Erde nicht erreicht, ist der Boden um ihre Wurzeln herum sehr trocken. Halten Sie deshalb beim Pflanzen vor Mauern und Zäunen einen Abstand von 45 cm ein. Verteilen Sie zudem im Frühjahr, wenn der Boden feucht ist, eine dicke Mulchschicht.
- **Frisch gekeimte Pflänzchen** gehen ein, wenn ihre Wurzeln austrocknen. Stellen Sie solche Pflänzchen samt Gefäß ins Wasser, sodass sie Wasser aufsaugen können. Ist die Oberfläche der Erde feucht, nimmt man sie wieder heraus. So gelangt kein Wasser auf die Blätter und die Gefahr von Pilzerkrankungen ist geringer.
- **Koniferen,** die bei Hitze unter Wassermangel leiden, können eingehen. Oder sie werden braun und es wachsen vielleicht keine Blätter nach. Einige wie Wacholder und Kiefern sind trockenheitstoleranter und für sonnige Gärten besser geeignet.

(oben links) **Ampeln** trocknen bei Hitze und Wind leicht aus und müssen daher regelmäßig gegossen werden.

(oben rechts) **Laubreiche Stauden** unterdrücken Unkräuter, die Gartenpflanzen Wasser wegnehmen.

- **Neuer Rasen** braucht Wasser. Teurer Fertigrasen kann sich bei Trockenheit buchstäblich aufrollen. Etablierter Nutzrasen, der Weidelgras enthält, kommt ohne Wässern aus. Er kann sich zwar braun färben, wird nach Regen aber wieder grün.
- **Obst- und Gemüsekulturen** brauchen am nötigsten Wasser, wenn sie blühen und ihre essbaren Teile ausbilden. Werden sie trocken, wird die Ernte stark reduziert. Viele Blattgemüse welken bei trockener Hitze oder bilden Samen aus.
- **Flach wurzelnde Rhododendren** falten bei trockener Hitze die Blätter. Die Knospenbildung ist schlecht und ohne Wasser werden die Pflanzen bald braun und gehen ein. Sie eignen sich daher schlecht für warme Plätze oder durchlässige Sandböden.
- **Pflanzen in Töpfen** müssen reichlich gewässert werden, da sie wenig Erde haben und rasch austrocknen. Bei Hitze, Trockenheit und Wind muss man sie täglich prüfen und bei Hitze zweimal täglich gießen. Dies ist auch notwendig, wenn sie in sehr kleinen Töpfen stehen.

Wählen Sie für den Garten Pflanzen, die sich für die Bodenbedingungen eignen. Trockenheitsresistente Pflanzen wie Fetthenne und Lavendel müssen kaum gegossen werden. Andere wie Koniferen werden bei Wassermangel braun und für immer unansehnlich.

TROCKENE STANDORTE

Pflanzen, die Trockenheit und Hitze mögen, haben kleine fleischige oder stachelige Blätter. Silbrige oder graue Blätter reflektieren Licht, damit sie kühl bleiben, ein feiner Haarbesatz reduziert an windigen Orten den Wasserverlust.

- Schafgarbe (*Achillea*)
- Grasnelke (*Armeria*)
- Beifuß (*Artemisia*)
- Jakobskraut (*Brachyglottis*)
- Zistrose (*Cistus*)
- Keulenlilie (*Cordyline australis*)
- Kugeldistel (*Echinops, unten*)
- Edeldistel (*Eryngium*)
- Sonnenröschen (*Helianthemum*)
- Lavendel (*Lavandula*)
- Brandkraut (*Phlomis*)
- Neuseelandflachs (*Phormium*)
- Rosmarin (*Salvia rosmarinus*)
- Salbei (*Salvia*)
- Heiligenkraut (*Santolina*)
- Thymian (*Thymus*)
- Königskerze (*Verbascum*)
- Ziergräser

Automatische Bewässerungssysteme können von Hand oder über Zeitschaltuhren gesteuert werden und versorgen Pflanzen regelmäßig mit Wasser.

In Beeten mit durstigen Pflanzen verlegt man perforierte Schläuche. Das Wasser sickert nahe der Wurzeln in den Boden, wo es gebraucht wird, wie hier bei diesen Sämlingen.

WIE MAN WÄSSERT

Wässern Sie zeitig am Morgen oder abends, um die Verdunstung zu verringern. Zudem können Pflanzen während wärmerer Tageszeiten Wasser schlechter aufnehmen. Richten Sie den Wasserstrahl auf den Boden um den Ansatz der Pflanzen, damit die Pflanze selbst nicht nass wird, denn feuchtes Laub kann die Ausbreitung von Krankheiten begünstigen. Versuchen Sie Pflanzen, die anfällig für Schneckenfraß sind, am Morgen zu gießen, da erhöhte Feuchtigkeit am Abend diese Schädlinge anlocken würde. Gießen Sie lieber einmal pro Woche viel als jeden Tag ein bisschen. Kleine Mengen Wasser dringen nicht sehr weit in den Boden ein und bewirken, dass die Wurzeln dem Wasser entgegenwachsen und noch anfälliger für Trockenheit werden.

GERÄTE ZUR BEWÄSSERUNG

Vielleicht brauchen Sie zur Bewässerung Ihres Gartens nicht mehr als eine Gießkanne und einen Schlauch. Ziehen Sie aber auch Bewässerungsmethoden in Betracht, die vielleicht effizienter sind und Zeit sparen. Bei Benutzung einer Gießkanne oder eines Schlauchs setzen Sie eine Brause bzw. Düse auf, damit Sie die Erde nicht von den Pflanzenwurzeln fortspülen und die Bodenstruktur schädigen. Zudem fließt ein Wasserschwall häufig fort, statt im Boden zu versickern.

- **Regner** sollten nur für neuen Rasen und andere neu gepflanzte große Flächen verwendet werden. Sie sind unökonomisch und wässern zudem einige Bereiche stärker als andere. Wind trägt das Wasser davon und an heißen Tagen verdunstet ein großer Teil. Kreisregner sprengen runde Flächen, Viereckregner eckige Flächen. Starke Jetregner eignen sich nur für große Gärten.
- **Sickerschläuche und -rohre sowie Tropfbewässerungssysteme** sind sehr effizient, da kaum Wasser durch Ablaufen oder Verdunstung verloren geht. Am besten verlegt man sie am Fuß von Mauern, zwischen Pflanzenreihen und in Rabatten. Sie können unter lockerem Mulch wie Gartenkompost oder Rindenschnitzeln versteckt werden. Mit dem niedrigen Druck einer Wassertonne funktionieren sie aber meist nicht.
- **Tropfbewässerungssysteme** sind für Pflanzgefäße und Gewächshäuser nützlich. Sie bestehen aus einem an einen Gartenschlauch angeschlossenen Hauptrohr und einer Anzahl von Verteilerrohren. Das Hauptrohr führt von Gefäß zu Gefäß, das Wasser tropft aus Düsen oder dünnen Rohren.
- **Zeitschaltuhren** sind in Ferienzeiten ein Gewinn. Man kann sie an Bewässerungssysteme, perforierte Schläuche und Regner anschließen und einstellen, wann und wie lange gewässert wird. Sie sollten aber vor dem Urlaub getestet werden.

WASSER SPAREN

Die Antwort auf die Frage, wie man Wasser spart, hängt vom Boden ab. Hat er eine gute Struktur und ist reich an organischem Material, bewahrt er die Feuchte besser als Sandboden oder schwerer Lehmboden. Letzterer hält das Wasser zwar, doch die Pflanzen können es nicht immer in ausreichenden Mengen aufnehmen.

Aber man kann das Wasserhaltevermögen des Bodens mit einfachen Maßnahmen verbessern:

- **Im Gemüsebeet** arbeitet man voluminöses organisches Material wie Gartenkompost oder gut verrotteten Mist ein, bei Sandboden im Frühjahr, bei schwerem Boden im Herbst.
- **Eine im Frühjahr** nach Regen ausgebrachte Mulchschicht bewahrt die Bodenfeuchte. Wer keine großen Mengen Mist oder Kompost zur Verfügung hat, legt feuchtes Zeitungspapier oder Geotextil auf den Boden und deckt es mit Rindenschnitzeln oder Kies ab. Pflanzen in Töpfen können mit dekorativeren Materialien gemulcht werden, die für große Flächen vielleicht zu teuer sind *(s. S. 224–227)*.
- **Während Trockenperioden** sollte nicht gepflanzt oder gegraben werden, weil dadurch feuchte Erde aus tieferen Schichten nach oben gelangt und austrocknet, während trockene Erde nach unten wandert.
- **Unkraut** sollte man jäten, da es mit Gartenpflanzen um Wasser konkurriert. Junge Unkräuter können herausgezogen oder gehackt werden. Ausdauernde Unkräuter gräbt man mit allen Wurzeln aus oder vernichtet sie notfalls mit einem handelsüblichen Herbizid *(s. S. 295)*.
- **Ein Schutz** verhindert, dass Wind den Boden austrocknet und Pflanzen stärker Wasser verdunsten. Errichten Sie an der windwärts gelegenen Seite des Gartens einen Zaun oder pflanzen Sie eine Hecke. Neu gepflanzte Bäume und Sträucher wachsen besser an, wenn sie im ersten Jahr einen Windschutz erhalten. Tackern Sie auf der windwärts gelegenen Seite der Pflanzen ein Windschutznetz oder Sackleinen an in den Boden getriebene Pfosten.
- **Ein Bewässerungssack** eignet sich für frisch gepflanzte oder auch bereits eingewachsene, größere Bäume. Er leitet das Wasser direkt zu den Wurzeln, sodass nichts verloren geht.
- **Vor allem auf sonnigen Terrassen** gibt man Aquaperlen in Pflanzgefäße und Ampeln *(s. S. 229)*. Theoretisch kann man die Perlen auch in Beete einarbeiten. Meist verbieten dies aber die Kosten, da man große Mengen benötigt.
- **In sehr trockenen Gegenden** oder für einen sehr warmen Bereich im Garten sollte man sich für trockenheitsresistente Pflanzen entscheiden.

Regentonnen lassen sich am Haus mit dem Abfluss der Regenrinnen verbinden. Das aufgefangene Wasser kann man im ganzen Garten verwenden.

MULCHEN

Mulch ist eine dicke Schicht aus organischem oder anorganischem Material, die auf dem Boden verteilt wird und mehrere Funktionen erfüllt. Sie gleicht die Bodentemperatur aus, unterdrückt Unkraut und hilft den Feuchtigkeitsverlust des Bodens zu verringern. Organischer Mulch wird von Bodenorganismen zersetzt und in die Erde gezogen und verbessert den Boden. Anorganischer Mulch unterdrückt ausdauernde Unkräuter, verbessert aber die Bodenstruktur nicht.

WIE MAN MULCHT

Mulch bringt man Mitte oder Ende des Frühjahrs aus, wenn der Boden feucht ist und sich erwärmt. Zuvor entfernt man alle ausdauernden Unkräuter und bringt nach gründlichem Wässern oder einer Regenperiode den Mulch aus. Man mulcht die ganze Fläche, nicht nur einzelne Pflanzen. Danach muss man den Mulch meist nur noch im Frühjahr wieder ergänzen. Damit organischer Mulch wirksam ist, muss er 10 cm dick sein. Nicht bis an Bäume und Sträucher ziehen, weil sie sonst faulen, und nicht über die Knospen ruhender Pflanzen. Anorganischer Mulch wird 2,5–5 cm dick ausgebracht.

ORGANISCHER MULCH

Er verbessert bei seiner Zersetzung die Bodenstruktur und gibt Nährstoffe ab.

- **Kompost** hemmt die Unkrautbildung und gibt bei seiner Zersetzung nach und nach Nährstoffe ab.
- **Lauberde** ist ideal für waldige Gärten und Strauchrabatten und einfach herzustellen.
- **Mist** ist ein nützlicher Nährstofflieferant und eignet sich sehr gut für Rosen und Sträucher.
- **Kompostierte Rinde** ist im Vergleich zu anderem Rinden- oder Holzmulch recht nährstoffreich. Sie eignet sich für Bäume und Sträucher, vor allem für säureliebende Pflanzen.

Organischer Mulch wie gut verrotteter Kompost eignet sich sehr gut für Stauden. Während der Wachstumssaison zersetzt er sich langsam und gibt so nach und nach Nährstoffe an den Boden ab.

Kies um Pflanzen wie Fetthennen sorgt für eine gute Dränage. Wird er auf einer Abdeckung, die Unkraut unterdrückt, verteilt, wie etwa Folie, reduziert er die Pflege auf ein Minimum.

- **Rindenmulch** ist nährstoffarm und entzieht dem Boden zunächst Stickstoff. Er muss mitunter erst nach einigen Jahren ergänzt werden.
- **Holzschnitzel** zersetzen sich langsam und entziehen dem Boden Stickstoff. Man benutzt sie für Wege und Rabatten, aber nicht um Jungpflanzen oder Stauden.
- **Kompostiertes Stroh** gibt Nährstoffe langsam ab und kann Unkrautsamen enthalten. Für Rabattenbereiche, wo es nicht sichtbar ist, darf man es aber verwenden.
- **Pilzsubstrat** liefert einige Nährstoffe und zersetzt sich recht langsam. Da es aber Kalk enthält, sollte man es nicht für säureliebende Pflanzen wie Rhododendren verwenden.
- **Hopfenrückstände** sind nährstoffarm und leicht. Sie verrotten recht schnell. Bei Trockenheit fliegen sie jedoch oft umher. Am besten werden sie dick ausgebracht und gewässert.

ANORGANISCHER MULCH

Er verhindert, dass Moose wachsen und Erde auf Blüten und Blätter spritzt. Zudem gewährleistet er eine gute Oberflächendränage und ist um Pflanzen nützlich, deren Triebe und Blätter nicht nass werden sollten.

- **Kies** ist dekorativ und ideal für trockenheitstolerante Pflanzen und Steingartenpflanzen.
- **Grober Grus** und gebrochener Stein eignen sich ideal zum Mulchen kleiner Pflanzen wie Steingartenpflanzen, Sukkulenten und Pflanzen, die in Hochbeeten, Trögen oder Tontöpfen wachsen.
- **Flusskiesel** wirken in den meisten Gärten reizvoll, vor allem rund um Wasserflächen.
- **Geotextilvlies** ist um neu gepflanzte Bäume und Sträucher sehr nützlich, wo es die Bodenfeuchte bewahrt und Unkraut unterdrückt.
- **Schwarze Folie** kann um neu gepflanzte Bäume und Sträucher gelegt und mit einem anderen Mulch geschickt verborgen werden. Inzwischen sind sogar biologisch abbaubare Fabrikate erhältlich.

LAUBERDE HERSTELLEN

Herbstlaub liefert einen der besten Bodenverbesserer: Lauberde. Verwenden Sie nur Laub sommergrüner Bäume, das Sie von anderen Gartenabfällen trennen. Das Laub wird zusammengerecht und möglichst gehäckselt. In stark bewaldeten Gegenden gibt es vielleicht große Mengen. Hier kann ein Gerät hilfreich sein, das das Laub häckselt und verdichtet, um die Zersetzung zu beschleunigen. Lauberde kann man in einem Behälter aus Drahtgeflecht bereiten oder in einem Sack aus schwarzer Folie *(siehe unten)*, der offen bleibt, damit Regen hineingelangt. Das Laub muss nicht umgesetzt werden. Nützlich sind zwei Behälter, da die Verrottung mitunter über ein Jahr dauert. Einjährige Lauberde sollte fein und krümelig und das Ausgangsmaterial nicht mehr erkennbar sein *(siehe unten links)* – sie eignet sich ausgezeichnet als Mulch. Nach zwei Jahren ist sie noch feiner *(siehe unten rechts)* und kann zur Bodenverbesserung dienen. Keine »Katalysatoren« wie Gras dazugeben, weil sonst Kompost entsteht.

PFLANZEN DÜNGEN

Die meisten Gartenpflanzen gedeihen gut, wenn sie einmal im Jahr organisches Material wie gut verrotteten Mist oder Gartenkompost erhalten, das seine Nährstoffe langsam abgibt und das Wasserhaltevermögen des Bodens verbessert. Dies hat wiederum Einfluss auf die Nährstoffe, die wasserlöslich sind und aus durchlässigem Boden rasch ausgewaschen werden. Dennoch sind gelegentlich zusätzliche Düngergaben nützlich, vor allem wenn Sie Obst und Gemüse kultivieren oder Pflanzen in Töpfen ziehen. Dünger kann überdies nach dem Pflanzen das Wachstum anregen und hart zurückgeschnittenen Pflanzen Kraft geben.

Düngen Sie Sträucher im Frühjahr mit Volldünger. Man verteilt ihn um die Pflanzen, harkt ihn ein und wässert.

Kalkflieher entwickeln auf alkalischen Böden gelbe Blätter, da sie weder Mangan noch Eisen aufnehmen können. Hier zieht man besser andere Pflanzen oder gibt säureliebenden Arten chelatisiertes Eisen oder einen Blattdünger mit Mangan.

WIE UND WANN DÜNGEN?

Ehe Sie Dünger kaufen oder ausbringen, sollten Sie unbedingt die Gebrauchsanweisung lesen, um auch ganz sicher das richtige Präparat einzusetzen.

- **Gemüse** brauchen einen Volldünger, der vor dem Pflanzen ausgebracht wird.
- **Kulturen wie Tomaten,** Zucchini und Paprika brauchen während der Blüte alle zwei bis drei Wochen einen Tomaten-Flüssigdünger.
- **Dauerpflanzungen,** allen voran Obstpflanzen, tut es gut, wenn sie im zeitigen Frühjahr nach dem Jäten und vor dem Mulchen einen Volldünger bekommen.
- **Rosen** sollte man direkt nach dem Schnitt im Frühjahr mit einem Rosendünger düngen.
- **Pflanzen in Kübeln** oder Ampeln haben die begrenzten Nährstoffmengen in der Erde rasch aufgebraucht und sollten im Sommer alle zehn Tage einen Flüssigdünger erhalten *(s. S. 229)*. Bei Dauerpflanzungen in Kübeln steckt man im Frühjahr Langzeitdüngerstäbchen in die Erde *(s. S. 229)*.
- **Rasen** braucht im Frühjahr Dünger mit einem hohen Stickstoffgehalt, der das Blattwachstum anregt, und im Herbst einen Dünger zur Förderung der Wurzelbildung *(s. S. 172–173)*.

Regelmäßige Gaben von organischem Material fördern gesundes Pflanzenwachstum, bei Überdüngung blühen manche Sommerblumen und Stauden aber schlechter.

WICHTIGE NÄHRSTOFFE

Die drei wichtigsten Pflanzennährstoffe sind Stickstoff, Phosphor und Kalium (auf Düngerpackungen oft als N, P und K aufgeführt). Das brauchen alle Pflanzen, um gesund zu bleiben. Ferner benötigen sie Kalzium, Magnesium und Schwefel sowie winzige Mengen weiterer Nährstoffe, die aber Gartenböden nur selten fehlen. Eine Ausnahme bilden alkalische Böden, die Mangan und Eisen nicht freisetzen können und daher die Blätter säureliebender Pflanzen vergilben lassen. Ein Volldünger besteht aus den Hauptpflanzennährstoffen sowie anderen Nährstoffen, die im Boden nicht immer leicht verfügbar sind.

- **Stickstoff** (N) fördert üppiges Blattwachstum und ist Hauptbestandteil von Frühjahrsrasendünger (*siehe unten*). Er ist hochlöslich und wird aus durchlässigen Böden rasch ausgewaschen.
- **Kalium** (K) fördert die Blütenbildung und Fruchtentwicklung. Dünger für Tomaten und Sommerpflanzungen in Pflanzgefäßen ist reich an Kalium.
- **Phosphor** (P) unterstützt das Wurzelwachstum und ist für junge Pflanzen, die Wurzeln entwickeln müssen, wichtig. Meist ist er in Form von Phosphaten in Gartenböden reichlich vorhanden.

DÜNGER DOSIEREN

Widerstehen Sie beim Düngen der Versuchung, ein wenig mehr zu nehmen. Es gehen mehr Pflanzen durch zu viel als durch zu wenig Dünger ein. Benutzen Sie stets die empfohlenen Mengen. Bleiben Sie im Zweifelsfall auf der sicheren Seite, da zu viel Dünger ein üppiges Wachstum fördert, das Pflanzen anfälliger für Schädlinge und Krankheiten macht. Sommerblumen blühen zudem bei leichter Unterdüngung meist besser. Überdüngung führt außerdem zur Versalzung des Bodens und hemmt die Wurzelbildung.

Wenn Blätter vergilben, ist dies oft ein Zeichen für falsche Düngung. Auf sauren Böden oder bei Kulturen, die kaliumreichen Tomatendünger erhalten haben, kann es Magnesiummangel anzeigen. Mitunter färben sich die Blätter auch braun oder rot. Besprühen Sie das Laub wöchentlich mit Bittersalzlösung, bis sich die Symptome geben. Kaliummangel kann zu gelben, purpurnen oder braunen Verfärbungen und schlechter Blüte führen, wenige Blüten können aber auch auf einen Stickstoffüberschuss hinweisen.

KOMPOSTIEREN

Kompost ist eine krümelige organische Substanz, die aus Abfällen in Küche und Garten hergestellt wird. Bei dem Prozess der Verrottung nutzt man Bodenbakterien und andere Mikroorganismen. Kompost ist ein guter Bodenverbesserer, den man leicht in den Boden einarbeiten oder als Mulch ausbringen kann. Rasenschnitt lässt sich direkt verwenden, ist kompostiert aber wirkungsvoller.

Drahtgeflechtbehälter müssen groß sein. Wände aus zwei Lagen Drahtgeflecht mit Stroh oder Pappe isolieren.

Kunststoff ist preiswert, fault nicht und wird am häufigsten verwendet.

EINEN KOMPOSTHAUFEN ANLEGEN

Ihre Aufgabe bei der Kompostierung besteht darin, Bodenorganismen mit Wärme, Feuchtigkeit und einer guten Mischung aus Materialien zu versorgen. Auf der nackten Erde stehende, unten offene Behälter erlauben Organismen den direkten Zugang, andernfalls gibt man nach jeweils 30 cm Kompostmaterial einen Spaten Kompost von einem alten Haufen oder Erde dazu.

Gehäckselt verrottet Material rascher. Die meisten Triebe und Blätter kann man mit dem Spaten zerhacken, im Herbst lohnt es sich aber möglicherweise, einen Häcksler zu leihen. Man kann entweder eine Komposttonne kaufen oder aus Drahtgeflecht oder Holz einen Kompostbehälter bauen. Eine weitere Möglichkeit ist eine Grube, die sich jedoch schwer leeren lässt und im Winter sehr nass werden kann. Wofür Sie sich auch entscheiden, eine Abdeckung sollte vorhanden sein, die Regen abhält.

Theoretisch sollten Sie Ihren Kompostbehälter möglichst rasch mit einer guten Mischung aus Kompostmaterialien füllen. In der Praxis wird es vermutlich aber einige Zeit dauern, bis er voll ist. Dann kann möglicherweise nicht genug Wärme für eine schnelle, gründliche Kompostierung entstehen und Samen und Wurzeln von Unkräutern sowie Schadorganismen können überleben. Deshalb ist beim Zugeben von Material Vorsicht geboten.

Sollten Sie keine ideale Mischung erreichen, können Sie es mit »Katalysatoren« versuchen. Solche stickstoffreichen Substanzen helfen, holzige Materialien zu zersetzen, und sind dann nützlich, wenn zu wenig grünes Material vorhanden ist. Sie können stattdessen aber auch alle 15 cm eine dünne Schicht Mist oder ein wenig stickstoffreichen Dünger hinzufügen. Mitunter wird die Zugabe von Kalk empfohlen, aber sie ist meist nur dann notwendig, wenn Sie große Mengen gehäckselten Koniferenschnitt oder Obst kompostieren, Materialien, die sehr sauer sein können.

FERTIG ZUM GEBRAUCH

Das Umsetzen des Komposts beschleunigt die Verrottung. Dazu leeren Sie den Behälter, mischen den Inhalt und feuchten trockenes Material an, ehe Sie alles wieder in den Behälter füllen. Überprüfen Sie den Fortgang der Kompostierung. Ziehen Sie die oberen Schichten weg, um zu sehen, ob das faserige Material verrottet ist. Wenn nicht, ist es vielleicht zu trocken, oder es ist mehr grünes, stickstoffreiches Material wie Rasenschnitt nötig.

Bei kleinen Haushalten oder winzigen Gärten ist der Kompost aber vielleicht nur eine Mischung aus halb verrotteten Bestandteilen und etwas Humus. Hier sammelt oder siebt man die unverrotteten Teile heraus und gibt sie wieder auf den Kompost, wo auch sie letztlich verrotten werden.

Schlechter Geruch verrät, dass Kompost zu nass ist. Dann muss man ihn wenden und faseriges Material hinzugeben. Alternativ verteilt man eine Schicht gut verrotteten Kompost oder alte Pflanzerde, die Gerüche bindet und Fliegen abhält.

KOMPOSTMATERIALIEN

Bei der Bereitung von Kompost kommt es auf die richtige Mischung an. Ideal sind 20-50 Prozent grünes krautiges Material, der Rest sollte grobfaseriger sein. In der Praxis fallen in verschiedenen Jahreszeiten unterschiedliche Substanzen an, doch im Lauf der Zeit wird sich ein Gleichgewicht einstellen. Achten Sie einfach darauf, dass nicht ein Material dominiert.

Was auf den Kompost gehört

Grünes Material wie:

- **Gemüseabfälle**
- **Unkraut,** das noch keine Samen ausgebildet hat
- **Rasenschnitt**

Diese Dinge versorgen Mikroorganismen mit leicht verfügbarem Stickstoff und anderen Nährstoffen. Aber da sie leicht verklumpen, müssen sie mit fasrigem Material gemischt werden.

Braunes, holziges Material wie:

- **Zerkleinertes Papier** oder Pappe
- **Eierschalen** und Möhrenschalen
- **Alte Beetpflanzen**
- **Reste von Stauden**
- **Holziges Schnittgut**
- **Falllaub**

Sie liefern festeres, kohlenstoffreicheres Material mit weniger Stickstoff. Wer keine Zeit oder keinen Platz hat, Lauberde herzustellen, kann Falllaub kompostieren.

Was nicht dorthin gehört

- **Material,** das krank oder mit Unkrautvernichter verunreinigt ist
- **Unkräuter mit Samen oder Wurzeln,** die den Kompostierungsprozess überleben können, wie die von Löwenzahn oder Winden
- **Kot von Katzen oder Hunden,** der Schadorganismen enthalten kann
- **Küchenabfälle** mit tierischen Produkten wie Fleischresten, die Ratten anlocken können

UMGRABEN

Wildpflanzen kommen auch ohne Umgraben bestens zurecht, im Garten ist etwas Bodenbearbeitung jedoch hilfreich. Sie lockert verdichtete Erde, verbessert ihre Durchlüftung und Durchlässigkeit und begräbt Unkräuter oder lockert sie, sodass sie sich leichter herausziehen lassen. Zudem kann man bei der Bodenbearbeitung organisches Material, Dünger oder Kalk in die Erde bringen. Das Prüfen des Bodens sagt Ihnen, welche Arbeiten notwendig sind *(s. S. 18–19)*.

(oben) **Wege** oder auf den Boden gelegte Bretter verhindern die Verdichtung des Bodens.

(unten) **Hochbeete** erleichtern die Arbeit. Sie sollten schmal sein, damit man sie vom Weg aus bequem bearbeiten kann.

WARUM UND WANN MAN UMGRÄBT

Das Umgraben ist vor allem bei Tonboden recht mühsam. Mitunter reicht es aber auch aus, den Boden mit einer Grabegabel oder großen Hacke zu lockern, um Dünger oder Kalk unterzumischen. Dies empfiehlt sich vor allem bei Tonböden. Grabegabeln und Hacken sind auch für die Arbeit um Pflanzen und zum Herausziehen von Unkrautwurzeln nützlich. Umgegrabener Boden muss vielleicht erst nach drei Jahren wieder umgegraben werden. Eventuell kann man sogar ganz darauf verzichten, wenn man den Boden nicht betritt. Bleibt Erde an den Stiefeln hängen, ist der Boden zu nass zum Umgraben. Die ideale Zeit zum Umgraben von Ton- und Lehmboden ist der Herbst, bei Sandböden das Frühjahr.

ORGANISCHE SUBSTANZ UNTERGRABEN

Organische Substanz ist wichtig für die Bodenfruchtbarkeit und reich an lebenden Organismen und Pflanzennährstoffen, allen voran Stickstoff. Dünger andererseits verbessern das Pflanzenwachstum, aber nicht den Boden. Zudem verbessert organische Substanz die Bodenstruktur, sodass der Boden Feuchtigkeit und Nährstoffe gut halten kann, überschüssiges Wasser versickern lässt und Pflanzenwurzeln mit Luft versorgt. Der Humus verbindet feine Tonpartikel zu Krümeln und lässt größere Zwischenräume entstehen, was die Dränage verbessert. Humus erhöht auch das Wasser- und Nährstoffhaltevermögen von Sandböden.

(gegenüber) **Das Untergraben** von organischer Substanz verbessert die Struktur des Bodens und seinen Nährstoffgehalt.

WIE MAN UMGRÄBT

Beim einfachen Umgraben wendet man den Boden spatentief. Es dient dazu, die Erde zu lockern, Unkraut und Pflanzenreste unterzugraben und Mist, Dünger oder Kalk einzuarbeiten.

Markieren Sie zunächst auf der Fläche in ihrer gesamten Länge zwei Streifen mit Spatenbreite. Die Absicht ist, die Erde des ersten Streifens zu entfernen und durch die Erde aus dem zweiten zu ersetzen. Dann wird die Erde aus dem ersten Graben in den zweiten geschaufelt. Die Erde aus den beiden Gräben wird also einfach ausgetauscht. Fahren Sie so auf der gesamten Fläche fort.

1 Zuerst die Erde des ersten Streifens einen Spatenstich tief und breit ausheben. Dabei von vorn nach hinten arbeiten. Die ausgehobene Erde neben dem Graben aufhäufen.

2 Organische Substanz wie gut verrotteten Mist oder Kompost auf die Grabensohle geben. Nun wie in Schritt 1 einen zweiten Graben ausheben, dabei den Aushub in den ersten Graben auf das organische Material schaufeln.

3 In den zweiten Graben organische Substanz geben und nötigenfalls mit der Gabel lockern. Den Graben mit dem Aushub des ersten Grabens füllen. Größere Flächen in mehrere Streifen teilen und auf die gleiche Weise umgraben.

JÄTEN

Es gibt mehrere gute Gründe dafür, den Garten unkrautfrei zu halten. Unkräuter konkurrieren nicht nur mit Gartenpflanzen um Licht, Nährstoffe und Wasser, manche sind auch Wirtspflanzen für Krankheitserreger wie den Gurkenmosaik-Virus, so z. B. die Vogelmiere. Zudem sehen sie hässlich aus und hartnäckigere Arten wie Giersch und Winden können Beete in einer Wachstumsperiode überwuchern, wenn man nichts gegen sie unternimmt.

- **Mit dem Jäten** früh beginnen, ehe die Unkräuter blühen und sich aussamen können.
- **Unkräuter vollständig entfernen.** Einige hartnäckige ausdauernde Unkräuter wie Quecke und Winde breiten sich durch Wurzeln und unterirdische Ausläufer aus. Andere wie der Löwenzahn haben lange Pfahlwurzeln. Man sollte sie vollständig ausgraben, da selbst kleine Wurzelstücke neu austreiben können.
- **Ausdauernde Unkräuter** kann man notfalls mit einem für Hobbygärtner zugelassenen Herbizid bekämpfen. Es geht von den Blättern in die Wurzeln über, wird aber im Boden abgebaut, ohne andere Pflanzen zu schädigen. Solche Präparate sind flüssig und als Gel erhältlich. Decken Sie beim Ausbringen Nachbarpflanzen ab, damit das Mittel nicht auf sie gelangt.
- **Andere Pflanzen schützen.** Beim Jäten zwischen Pflanzen können deren Wurzeln beschädigt und Unkrautsamen an die Oberfläche befördert werden. Hacken Sie deshalb möglichst flach und entfernen Sie Unkräuter vorsichtig von Hand, um den Boden möglichst wenig zu stören.
- **Eine Mulchdecke ausbringen,** falls der Boden stark verunkrautet ist. Da Unkrautsämlinge Licht zum Wachsen brauchen, verhindert Mulch ihr Keimen.

(oben) **Die Wurzeln** einjähriger Unkräuter direkt unter der Erdoberfläche abtrennen. An trockenen Tagen hacken. Die Unkräuter auf der Erde welken lassen und anschließend kompostieren.

(unten) **Trittsteine** in Beeten verhindern, dass man beim Jäten die Erde betritt und den Boden verdichtet, sodass auch nicht umgegraben werden muss.

ÖKOLOGISCH GÄRTNERN

Die Vor- und Nachteile des ökologischen Gärtnerns werden heiß diskutiert. Tatsächlich arbeiten die meisten von uns lieber ohne Chemikalien und wären glücklicher, wenn sie ausschließlich biologische Produkte verwenden könnten, um ihre Pflanzen gesund zu halten. Vielleicht ist es mitunter schwierig, der Versuchung zu widerstehen, ein Problem mit chemischen Mitteln zu lösen, aber es gibt viele Möglichkeiten, den Garten möglichst umweltfreundlich zu gestalten.

(oben) **Ein Ökogarten** ausschließlich aus wiederverwerteten Materialien, darunter Stein und Holz für Wege, ein Grasdach und sogar Oberboden.

(links) **Bienen** kommen in Ihren Garten, wenn dort pollenreiche Blumen wie Rosen und Storchschnabel wachsen. Selbst Wildpflanzen wie Gänsedisteln sind pollenreich.

BIOLOGISCHE OPTIONEN

Organische Substanz, die Sie in Ihren Boden einarbeiten, sollte ihn mit allen Nährstoffen versorgen, die Pflanzen für ein gesundes Wachstum benötigen. Mist und Kompost sind besonders gute Lieferanten für Stickstoff, der wasserlöslich ist und durch Regen aus dem Boden ausgewaschen wird oder durch bestimmte Bakterien verloren geht. Überdies setzen sie Stickstoff bei ihrer Zersetzung frei und nähren so Pflanzen während der gesamten Wachstumsperiode.

Biologische Schädlingsbekämpfung

Einige Lebewesen, die Sie vielleicht für Schädlinge halten, sind das genaue Gegenteil. Sie sind natürliche Räuber, die diejenigen jagen, die tatsächlich Ihre Pflanzen bedrohen.

Mischpflanzungen in Kombination mit einigen natürlicheren Gartenbereichen locken Bienen, Marienkäfer, Schwebfliegen, Florfliegen und andere Nützlinge an. Oder Sie legen einen Teich an, um Fröschen und Kröten eine Heimat zu geben. Vielleicht möchten Sie sogar einige käufliche Nützlinge gezielt in Ihrem Garten aussetzen, wie etwa Nematoden, die Schnecken vernichten.

Gärtnern ohne Chemie

Verzichten Sie möglichst auf die Verwendung von Pestiziden und Herbiziden. Auch Präparate auf Seifenbasis oder auf der Grundlage pflanzlicher Wirkstoffe zeigen gute Wirkung. Unkräuter, die sich nicht ausgraben lassen, kann man meist ausmerzen, indem man sie mit Folie abdeckt oder abflammt.

WASSERRESSOURCEN SCHONEN

Mit zunehmender Wasserverknappung und Sommern, die wohl immer trockener werden, ist die Schonung der Wasserressourcen wichtig. Eine Regentonne kann Wasser aus einer Regenrinne auffangen, in größeren Gärten kann man mehrere Tonnen durch Überlaufrohre miteinander verbinden. Regentonnen sollten auf einer stabilen, befestigten Fläche sowie so hoch aufgestellt werden, dass eine Gießkanne unter den Hahn passt. Eine Abdeckung sollte verhindern, dass das Wasser verschmutzt. Regenwasser ist zudem gut für Pflanzen. Leitungswasser enthält oft viel Kalk und eignet sich nicht für Kalkflieher wie Rhododendren. Grauwasser kann im Garten ebenfalls zum Einsatz kommen, es darf aber nicht aus einer Wasserenthärtungsanlage oder einer Geschirrspülmaschine stammen, weil es sonst Chemikalien enthält, die Pflanzen schädigen. Verwendet werden kann Abwaschwasser, sofern es nicht zu viel Fett oder Spülmittel enthält, Badewasser, in dem sich kein Ölbad und nicht zu viel Schaumbad oder Shampoo befindet, und Wasser, in dem Wäsche gespült wurde. Das Wasser muss kalt sein und möglichst bald benutzt werden, damit sich keine Bakterien bilden. Gießen Sie es direkt auf die Erde und nicht auf Pflanzen, und füllen Sie es nicht in eine Regentonne. Nicht verwendet werden sollte Grauwasser für Bewässerungssysteme, Kalkflieher, Nahrungspflanzen, Sämlinge oder Jungpflanzen und Rasen. Wer Grauwasser wiederverwerten möchte, braucht dafür jedoch ein getrenntes Leitungssystem.

Trockene Gärten, in denen Wassermangel herrscht, erfordern trockenheitstolerante Pflanzen. Kies ist hier auch die bessere Wahl als ein Rasen, der regelmäßig gewässert werden muss.

PFLANZEN VERMEHREN

Die meisten Pflanzen vermehren sich durch Samen, doch in freier Natur wird dies manchmal durch verschiedene Dinge verhindert. Schlechtes Wetter kann z. B. Insektenpopulationen und damit die Bestäubung reduzieren. Deshalb haben die meisten Pflanzen Sicherheitsstrategien entwickelt. Stauden bilden oft Ableger. Andere Pflanzen vermehren sich durch kleine Wurzel- oder Triebstücke. Und die biegsamen Triebe von Kletterpflanzen und einigen Sträuchern bewurzeln sich, wenn sie auf der Erde liegen.

Pflanzenvermehrung in freier Natur bedarf keiner Hilfsmittel: Eine Samenkapsel des Türkischen Mohns enthält zahlreiche Samen, die nur auf die richtigen Bedingungen warten, um keimen zu können.

UNVERZICHTBARE HILFSMITTEL

Ein paar Dinge sind für eine erfolgreiche Vermehrung erforderlich. Sie brauchen: einen Bleistift oder wasserfesten Stift und Schildchen zum Kennzeichnen der Pflanzen; eine Gartenschere und ein scharfes Messer für den Stecklingsschnitt; Plastikbeutel und Gummis zum Abdecken von Töpfen; ein kleines Sieb, um Substrat über Samen zu streuen; ein Stück Brett zum Andrücken des Substrats vor dem Säen; einen Pflanzer oder Bleistift, um Pflanzlöcher zu bohren und Sämlinge herauszuheben.

SCHALEN, TOPFPLATTEN, TÖPFE

Saatschalen sind für die Aussaat großer Mengen Samen nützlich. Eine gängige Größe ist 23 × 35 cm. Topfplatten bestehen aus miteinander verbundenen Töpfen, die wie kleine Einzeltöpfe benutzt werden. Sie machen das Pikieren von Sämlingen *(s. S. 303)* überflüssig und sind nützlich, wenn man Wurzeln möglichst wenig stören oder verschiedene Pflanzenarten zusammen ziehen möchte. Roottrainer sind tiefe Topfplatten mit gerillten Wänden, die langen Wurzeln helfen, gerade zu wachsen.

Für einzelne oder wenige Samen oder Stecklinge empfehlen sich Töpfe mit 8–9 cm Durchmesser, für große Mengen sind Töpfe mit 13–15 cm Durchmesser ökonomischer. Kunststofftöpfe sind oft leichter zu handhaben als Tontöpfe und trocknen nicht so rasch aus. Bei beiden Varianten ist es wichtig, dass sie Abzugslöcher haben. Verrottbare Töpfe machen es überflüssig, die Pflanzen beim Umsetzen in größere Töpfe oder ins Freiland aus den Töpfen zu nehmen und dadurch ihre Wurzeln zu stören. Sobald die Sämlinge wachsen, müssen sie zum Abhärten ins Freie gebracht werden *(s. S. 303)*.

SÄMLINGE ABDECKEN

Die meisten Samen, Sämlinge und Stecklinge müssen durch eine Abdeckung vor dem Austrocknen geschützt werden. Für Anzuchtschalen sind Glasplatten oder transparente Kunststoffhauben ideal. Über Einzeltöpfe zieht man durchsichtige Folienbeutel, die man mit Stäben oder Drahtbügeln von den Blättern fernhält. Vermehrungskästen bestehen aus einer Schale mit Kunststoffabdeckung. Sie halten Samen und Stecklinge warm und die Luft feucht. Im Freien bieten Glas- und Folientunnel ein wenig Schutz vor niedrigen Temperaturen und vor schlechtem Wetter. Am besten eignen sich Tunnel, die man belüften und zum Wässern problemlos öffnen kann.

DAS SUBSTRAT AUSWÄHLEN

Zur Aussaat von Samen oder zur Anzucht von Pflanzen benötigen Sie ein geeignetes Substrat. Einige Pflanzen brauchen Spezialerde. So gedeihen z. B. Steingartenpflanzen am besten in sehr sandigem Boden und säureliebende Pflanzen wie Heidekraut oder *Pieris* benötigen kalkfreie Moorbeeterde.

- **Aussaat- oder Stecklingserde** ist ideal, normale Blumenerde zu nährstoffreich. Substrat auf Lehmbasis trocknet nur langsam aus. Erdloses Substrat ist leicht, lässt sich einmal ausgetrocknet aber nur schwer wieder durchfeuchten.
- **Lavagrus** auf der Erde leitet Wasser von den Pflanzenstängeln weg und verhindert Staunässe. Bei Aussaat empfindlicher Pflanzen oder Bewurzelung von Stecklingen in der kühlen Jahreszeit Dränage mit grobem Sand verbessern.
- **Vermiculit** ist leicht und steril, hält Feuchtigkeit und verbessert die Durchlüftung, muss aber die richtige Korngröße haben. Ähnliches gilt für Perlit. Beide können dem Substrat zugefügt oder zur Bewurzelung von Stecklingen verwendet werden.

WIE PFLANZEN SICH VERMEHREN

Die Entwicklung von Samen hängt von der Bestäubung ab, bei der Pollen aus dem männlichen Staubbeutel einer Blüte auf die weibliche Narbe gebracht wird. Pollen wird von Insekten wie Bienen verbreitet oder vom Wind wie bei Löwenzahn *(siehe unten)*. Manche Pflanzen können sich selbst bestäuben. Bei anderen ist Pollen einer Pflanze der gleichen Art erforderlich. Hier spricht man von Fremdbestäubung. Ganz wenige Pflanzen, etwa Zitrusgewächse, sind apomiktisch, setzen also Samen ohne vorherige Bestäubung an. Nach der Bestäubung und Befruchtung bilden sich im Fruchtknoten Samen, die nach dem Reifen vielleicht verbreitet werden. Unter den richtigen Bedingungen wachsen sie zu neuen Pflanzen heran.

PFLANZEN AUS SAMEN ZIEHEN

Aussaat ist die verbreitetste und oft die einfachste Vermehrungsmethode. Samen brauchen zur Entwicklung Wärme, Feuchtigkeit, Licht und Luft. Möchten Sie sich das Pikieren ersparen, säen Sie in Topfplatten pro Topf einige Samen. Nach dem Keimen ziehen Sie bis auf den kräftigsten Sämling alle anderen heraus.

Samen kaufen und sammeln

Die meisten Samen werden in Folientütchen verkauft, die sie bis zum Öffnen frisch halten. Samen in Papiertütchen altern rascher. Bewahren Sie die Verpackung auf, auf ihr stehen die Gebrauchsanweisung sowie das Datum, nach dem die Samen ihre Keimfähigkeit verlieren.

Meist lohnt es sich, eigene Samen zu sammeln, aber wählen Sie dazu gesunde Pflanzen mit schönen Fruchtständen. Die Samen müssen reif sein, aber nicht so reif, dass sie schon zu Boden fallen. Binden Sie vor dem Abschneiden um die trockenen Fruchtstände Papiertütchen, die Sie beschriften. Feuchte Fruchtstände werden zum Trocknen an einem warmen Platz ausgebreitet. Danach kann man sie als Ganzes trocknen und lagern oder die Samen herauslösen und einzeln trocknen.

Samen lagern und behandeln

Bewahren Sie gekaufte Samen in ihrer Verpackung auf, gesammelte Samen in Briefumschlägen oder Papiertütchen, auf denen Sie das Erntedatum vermerken. Lagern Sie die Samen an einem dunklen, trockenen, frostfreien Platz, aber möglichst unter 5 °C.

Manche Samen brauchen besondere Behandlung, um zu keimen. Eine harte Samenschale, die Wasser nur langsam absorbiert, kann z. B. mit einem Messer angeritzt oder mit Schmirgelpapier angeraut werden. Oder man weicht die Samen in warmem Wasser ein. Andere müssen eine Zeit lang im Kühlschrank gelagert werden, um Winterkälte zu simulieren.

SAMEN UNTER SCHUTZ KEIMEN

Frostempfindliche Pflanzen wie auch bedingt winterharte Einjährige und Stauden werden im Haus angezogen, da sie Wärme oder frostfreie Bedingungen brauchen. Auch die meisten winterharten Pflanzen kann man im Haus säen, wenn draußen kein Platz ist. Bei Aussaat im Haus ist regelmäßige Kontrolle wichtig, um sicherzustellen, dass die Samen genug Wärme und Feuchtigkeit haben. Halten Sie die empfohlene Saattiefe ein, da zu viel oder zu wenig Licht die Keimung verhindern kann. Säen Sie dünn, damit die Sämlinge nicht zu dicht stehen und leichter pikiert werden können.

1 Den Topf bis zum Rand mit Erde füllen. Klopfen Sie ihn leicht auf die Arbeitsfläche und streichen Sie überschüssige Erde ab. Drücken Sie die Erde mit einem Brettchen oder dem Boden eines anderen Topfs 1 cm herunter, um Lufteinschlüsse zu entfernen.

2 Auf die eine Hand einige Samen schütten und diese mit Daumen und Zeigefinger der anderen Hand auf die Erde streuen. Nie direkt aus dem Tütchen säen, da es schwierig ist, die Samen gleichmäßig herauszuschütteln, und die Sämlinge später meist zu dicht stehen.

3 Eine dünne Schicht Erde über die Samen sieben, wenn diese nur im Dunkeln keimen können. Feine Samen, die Licht brauchen, wie etwa Begoniensamen, drückt man behutsam in die Oberfläche oder bedeckt sie mit einer ganz dünnen Schicht Vermiculit. Auf dem Topf Sorte und Aussaatdatum notieren.

4 Den Topf in flaches Wasser stellen, bis die Oberfläche der Erde feucht wird. Lassen Sie den Topf abtropfen und stellen Sie ihn in einen Vermehrungskasten oder ziehen Sie einen transparenten Folienbeutel über ihn. Bei der empfohlenen Temperatur halten und nicht in die Sonne stellen.

1

2

3

4

SÄMLINGE VERSORGEN

Die Zeit, die Samen brauchen, um zu keimen und einen sichtbaren Trieb auszubilden, ist sehr unterschiedlich. Bei Pflanzen wie Kresse oder Radieschen dauert dies einen Tag, bei manchen Sträuchern und Bäumen ein Jahr oder länger. Bei der Keimung erscheint zuerst eine Wurzel und dann ein Trieb. Die beiden ersten Blätter können anders als nachfolgende aussehen und werden Keimblätter genannt.

Werden Samen im Dunkeln gekeimt, muss man sie regelmäßig überprüfen und hell stellen, sobald die Sämlinge erscheinen, damit diese sich gesund und kräftig entwickeln. Bleiben sie im Dunkeln stehen, werden sie lang, dünn und blass. Sie dürfen aber nicht direkt in der Sonne stehen, da ihre zarten Blätter sonst verbrennen können.

Sämlinge dürfen niemals austrocknen, aber auch nicht übergossen werden. Kleine Sämlinge wässert man wie Samen von unten, robustere wie die von Lupinen und Pfingstrosen können aber behutsam von oben gegossen werden. Verwenden Sie eine feine Brause und gießen Sie am Rand des Gefäßes, damit keine schweren Tropfen auf die Pflanzen fallen. Anschließend lassen Sie die Gefäße sorgfältig abtropfen. Sie dürfen auch niemals ständig in Schalen oder Untersetzern mit Wasser stehen.

Vorbereitung auf den Garten

Nach dem Pikieren hält man Sämlinge bei der auf dem Samentütchen empfohlenen Temperatur. Sie müssen täglich überprüft und nötigenfalls gewässert werden. Pflanzen in Saatschalen können meist bis zum Auspflanzen in diesen bleiben, sehr kräftige Sämlinge in Töpfen müssen eventuell in andere Töpfe umgesetzt werden, die 3–5 cm breiter sind als ihre Wurzelballen. Sollte sich das Auspflanzen verzögern und sollten die Blätter beginnen, gelb zu werden, gibt man einen ausgewogenen Flüssigdünger.

Im Haus angezogene Pflanzen sind oft anfällig für Wind und Kälte und müssen langsam an Freilandbedingungen gewöhnt, d. h. abgehärtet werden. Einige Wochen vor dem Auspflanzen stellt man sie an einen kühlen Platz im Haus. Etwa eine Woche später bringt man sie tagsüber abgedeckt mit einer doppelten Lage

Sämlinge oder Setzlinge kann man verwenden, wenn man keine Zeit hat, Pflanzen aus Samen zu ziehen. Man wässert sie sofort nach dem Eintreffen und drückt sie mit dem stumpfen Ende eines Stifts aus ihren Töpfen heraus.

Die Pflanzen in mit Substrat gefüllte Topfplatten umsetzen. Drücken Sie mit einem Stift Löcher in die Erde. Stellen Sie die Jungpflanzen an einen hellen luftigen Platz. Setzen Sie zum Wässern die Topfplatte in eine Schale mit Wasser.

Gartenvlies für einige Stunden an einen geschützten Platz im Freien. Wichtig ist, sie nachts wieder hereinzuholen. Dann lässt man sie jeden Tag etwas länger draußen und entfernt eine Lage Vlies. Eine Woche vor dem Pflanzen entfernt man das Vlies tagsüber ganz und lässt sie nachts abgedeckt im Freien.

Sollten Sie einen Frühbeetkasten besitzen, setzen Sie die Pflanzen in ihn hinein, halten aber den Deckel einige Tage geschlossen. Dann öffnen Sie ihn einen Spalt und langsam immer weiter, bis er zunächst am Tag und später auch in der Nacht ganz geöffnet ist.

Auspflanzen

Man pflanzt aus, sobald die Jungpflanzen abgehärtet sind und das Wetter mitspielt. Am besten ist mildes feuchtes Wetter. Bei bedingt winterharten Pflanzen darf keine Frostgefahr mehr bestehen. Bereiten Sie den Boden sorgfältig vor. Vor dem Setzen müssen Sie die Pflanzen gut wässern und abtropfen lassen.

Klopfen Sie Schalen kräftig auf den Boden, um die Erde zu lockern. Dann lassen Sie die Pflanzen zusammen herausgleiten und trennen sie behutsam. Bei Topfplatten drücken Sie die Pflanzen von unten aus den Töpfchen heraus. Angaben zum Pflanzabstand finden Sie auf den Samentütchen. Machen Sie für jede Pflanze ein kleines Loch und setzen Sie die Pflanzen behutsam ein. Ziehen Sie Erde über die Wurzeln und drücken Sie diese gut an. Dann wässern Sie gründlich.

SÄMLINGE PIKIEREN

Sämlinge in Saatschalen füllen den vorhandenen Platz rasch und stehen dann zu dicht, wodurch sie schwach werden. Deshalb »pikiert« man Sämlinge, sobald sie groß genug sind. Die schwächsten wirft man weg.

1 Die Sämlinge mit einem Pflanzer oder Stift trennen und an den Blättern behutsam herausheben. Töpfe, Schalen oder Platten mit Erde füllen. Für jeden Sämling ein Loch machen.

2 Die Sämlinge in der gleichen Tiefe wie zuvor pflanzen oder etwas tiefer. Die Erde behutsam andrücken, dann gut gießen.

1

2

STAUDEN TEILEN

Man wählt eine gesunde Pflanze und wässert sie einige Stunden vor dem Herausheben. An dem neuen Platz arbeitet man gut verrotteten Mist oder Kompost ein, nötigenfalls auch etwas Volldünger. Verzögert sich das Pflanzen, taucht man die Stücke in Wasser und legt sie dann in einem Folienbeutel an einen kühlen Platz.

1 Schneiden Sie alte Triebe ab, damit der Wurzelhals sichtbar ist. Heben Sie Erde aus und hebeln Sie die Pflanze mit der Grabegabel heraus. Erde abschütteln und Unkrautwurzeln entfernen. Lässt sich die Pflanze nicht auseinanderziehen, sticht man zwei Gabeln Rücken an Rücken in die Pflanze und drückt die Griffe auseinander.

2 Pflanzen Sie die Teilstücke an den vorbereiteten neuen Platz, ehe die Wurzeln austrocknen, und zwar ebenso tief wie zuvor. Die Erde andrücken und glätten, dann gründlich wässern.

PFLANZEN TEILEN

Am schnellsten erhält man neue Pflanzen durch Teilen. Dies ist auch die Methode, mit der man die meisten Stauden vermehrt. Viele winterharte Pflanzen bilden irgendwann kräftige Büsche, die geteilt werden können, um neue bewurzelte Pflanzen zu bekommen. Anders als bei der Anzucht aus Samen entstehen beim Teilen Pflanzen, die exakte Kopien ihrer Mutterpflanze sind. Teilung ist auch eine zuverlässige Methode, um Stauden zu verjüngen, die alt sind und nicht mehr schön blühen.

Pflanzen zum Teilen auswählen

Pflanzen, die geteilt werden, müssen absolut gesund sein. Während über Samen wenige Krankheiten übertragen werden, wird eine kranke Pflanze, die geteilt oder für Stecklingsschnitt *(s. S. 308–311)* benutzt wird, meist kranke Nachkommen haben.

Halten Sie beim Kauf neuer Stauden nach kräftigen Exemplaren Ausschau. Sie sind ihr Geld wert, weil sie vor dem Pflanzen in zwei oder drei Stücke geteilt werden können. Prüfen Sie vor dem Teilen einer Pflanze, ob auch ihre Wurzeln gesund sind. Sie sollten biegsam und unbeschädigt sein, zudem haben gesunde Wurzeln meist zahlreiche kurze, helle, haarähnliche Seitenwurzeln. Werfen Sie Pflanzenteile weg, die trocken oder welk aussehen und brüchige dunkle Wurzeln haben, da dies Symptome für Krankheit sein können. Verwenden Sie für die Neupflanzung junge kräftige Stücke vom Rand der Pflanze.

Wann Pflanzen geteilt werden

Die meisten Stauden können in der Ruheperiode jederzeit geteilt werden, wenn ihr Wachstum dadurch nicht beeinträchtigt wird, mitunter sind andere Zeiten aber günstiger.

- **Die meisten Stauden,** vor allem solche mit fleischigen Wurzeln, teilt man am besten zu Frühjahrsbeginn, wenn das Wetter besser ist und das Wachstum einsetzt. Manche Pflanzen haben dann bereits Knospen, sodass kräftige Triebe leichter zu erkennen sind.
- **Sehr früh blühende Pflanzen** wie Gämswurz, Lungenkraut und Kugel-Primel teilt man am besten, sobald die Blüten zu welken beginnen, ebenso die Rhizome der Bart-Iris.
- **Ufer- und Wasserpflanzen** werden meist im Spätfrühjahr geteilt, wenn sie wieder zu wachsen beginnen.

Horstbildende Stauden können nach dem Ausgraben häufig von Hand geteilt werden. Die kleineren Teilstücke werden wieder eingepflanzt. Sie wachsen zu neuen Pflanzen heran.

BART-IRIS TEILEN

Bart-Iris können in Bodenhöhe dicke waagrechte Sprosse oder Rhizome entwickeln. Diese hebt man mit der Gabel heraus, ohne sie zu verletzen. Nach dem Abschütteln der Erde teilt man sie mit einem Messer in kurze bewurzelte Stücke, die wenigstens eine Knospe haben müssen.

1 Die Rhizome so teilen, dass jedes Stück gesunde Triebe und genügend Wurzeln hat. Ältere Teile schneidet man mit dem Messer ab. Dann die Schnittstellen ggf. mit Fungizid bestäuben.

2 Lange Wurzeln kürzen Sie um ein Drittel, die Blätter auf etwa 15 cm. Dadurch bieten die Blätter nach dem Pflanzen dem Wind weniger Widerstand, bis die Teilstücke kräftige neue Wurzeln entwickelt haben. Die Stücke mit etwa 12 cm Abstand in der gleichen Tiefe wie zuvor pflanzen. Die Erde andrücken und glätten, dann gründlich wässern.

1

2

- **Einige Stauden** wie Funkien bilden oft im Spätsommer neue Wurzeln und können dann geteilt werden. Die Teile wachsen rasch wieder an. Bei später Teilung kann man sie zur Sicherheit in einen Frühbeetkasten oder ein Anzuchtbeet setzen und im Frühjahr an ihren endgültigen Standort pflanzen.
- **Im Winter** sollte man Pflanzen nicht teilen, da die Stücke bei Nässe und Kälte faulen können.

Methoden der Teilung

Stauden können solide holzige Wurzelstöcke entwickeln, mehrere kleine Wurzelstücke oder einfach eine Masse fasriger Wurzeln. Einen soliden Wurzelstock zerteilt man mit einem Spaten oder Messer. Dabei muss jedes Stück reichlich gesunde Wurzeln und mehrere kräftige gesunde Knospen haben. Lockere Wurzelstöcke teilt man mit Grabegabeln, kleine auch mit Handgabeln. Manche lassen sich auch einfach mit den Händen auseinanderziehen. Einige Pflanzen entwickeln komplette Jungpflanzen, die man mit einer Handgabel lockern und dann mit einem scharfen Messer oder der Gartenschere von der Mutterpflanze abtrennen und neu pflanzen kann.

Zum Neupflanzen am besten geeignet sind Teilstücke, die bequem in einer Hand Platz haben, größere Stücke füllen Lücken aber rascher. Kleine Stücke mit ein oder zwei Knospen setzt man zunächst in ein Anzuchtbeet, wo sie vor dem Auspflanzen eine Wachstumsperiode lang ohne Konkurrenz wachsen dürfen.

Triebspitzen sollte man im Sommer absenken. Einen gesunden jungen Trieb wählen und in einem 7–10 cm tiefen Loch eingraben. Nach einigen Wochen erscheint ein neuer Trieb. Diesen von der Mutterpflanze abtrennen. Die neue Pflanze zunächst wachsen lassen und erst im folgenden Frühjahr umsetzen.

NATÜRLICHE ABLEGER

Einige Kletterpflanzen wie Efeu oder Geißblatt bewurzeln sich von allein, wenn ihre Triebe den Boden berühren. Bewurzelte Stücke kann man im Herbst abtrennen, und falls sie im Herbst noch nicht genügend Wurzeln haben, auch im Frühjahr. Ein bewurzeltes Stück mit neuen Blättern jenseits der Wurzeln mit der Handgabel aus dem Boden heben. Mit Ausnahme der neuen Wurzeln und Blätter alle anderen Teile des Triebs einschließlich der unteren Blätter entfernen. Dann in einen Topf oder an den endgültigen Standort pflanzen.

VERMEHREN DURCH ABSENKEN

Viele Sträucher und Kletterpflanzen bewurzeln sich an niedrigen Zweigen, wenn diese in Kontakt mit dem Boden kommen oder eingegraben werden. Diese Fähigkeit kann man zum Ziehen neuer Pflanzen nutzen. Die als Absenken bekannte Methode ist deshalb besonders attraktiv, weil die Triebe bis zur Bewurzelung mit der Mutterpflanze verbunden bleiben und kein Verlust entsteht, falls der Versuch fehlschlägt. Sie ist auch hilfreich, um Lücken am Fuß von Hecken zu schließen.

Wie man absenkt

Sie können einfach einen Trieb eingraben, doch oft sind die Erfolgschancen besser, wenn man durch Einschneiden oder Drehen das Pflanzengewebe verletzt. Dadurch wird der Transport der Hormone und anderen im Pflanzensaft enthaltenen Substanzen gestört, die sich nun an der verletzten Stelle konzentrieren und die Entwicklung von Wurzeln anregen. Der Triebteil oberhalb der Wunde leidet unter Wassermangel, was wiederum die Wurzelbildung fördert, weil die Pflanze um das Überleben kämpft. Das Auftragen von Bewurzelungshormon auf die Wunde beschleunigt den Prozess weiter. Die Bewurzelungszeit ist je nach Pflanzenart und Zeitpunkt des Absenkens unterschiedlich. Im zeitigen Frühjahr abgesenkte Triebe haben sich meist im Herbst bewurzelt.

Verschiedene Absenkmethoden

- **Einfaches Absenken** Einen Einzeltrieb eingraben und nach der Bewurzelung abtrennen *(siehe gegenüber)*.
- **Wellenförmiges Absenken** Triebe von Kletterpflanzen wie Clematis, Geißblatt, Rebe und Glyzine mehrmals zwischen den Blättern auf der Erde feststecken, um mehrere neue Pflanzen zu ziehen. Einen jungen Trieb direkt hinter mehreren Blattknoten oder Knospen einschneiden. Das Triebteil mit der Wunde auf der Erde feststecken, wobei der übrige Trieb am Licht bleibt. An den Einschnitten bilden sich Wurzeln, an den Knospen neue Triebe. Die gut bewurzelten Teile abtrennen und umpflanzen.
- **Spitzen absenken** Brombeeren und andere Rubus-Arten bilden an Triebspitzen Wurzeln aus *(siehe oben)*. Das Absenken sollte im Sommer erfolgen.
- **Anhäufeln** Im Frühjahr häufelt man rund um niedrige Sträucher wie Heidekraut, Rosmarin, Thymian und Lavendel die Erde bis in halbe Höhe an. Ihre Triebe werden sich bewurzeln und können im Spätsommer oder Herbst freigelegt, abgetrennt und umgepflanzt werden.

EINFACHES ABSENKEN

Mit dieser einfachen Methode erhält man innerhalb weniger Monate neue Pflanzen. Triebe, die Sie abgesenkt haben, benötigen wenig Aufmerksamkeit, da sie Wasser und Nährstoffe noch weitgehend von der Mutterpflanze erhalten, während sie neue Wurzeln bilden. Erst nach dem Abtrennen müssen Sie darauf achten, dass die neuen Pflanzen nicht austrocknen.

1 Einen kräftigen gesunden Trieb wählen, der sich leicht auf den Boden herunterbiegen lässt. Seitentriebe abschneiden und am Trieb etwa 30 cm von der Spitze entfernt an der Unterseite einen flachen schrägen Einschnitt machen. Das Auftragen von Bewurzelungshormon erhöht wahrscheinlich die Erfolgschancen.

2 Den Trieb behutsam auf die Erde ziehen. Beschweren Sie ihn oder stecken Sie ihn fest, damit die Wunde Kontakt mit dem Boden hat. Die Triebspitze aufrecht an einen Stab binden. In magerem Boden die Schnittstelle in eine Mulde mit feuchtem Substrat eingraben. Andrücken und gut wässern.

3 Ist der Absenker gut bewurzelt und trägt er an der Spitze neue Blätter, pflanzen Sie ihn in einen Topf oder an einen neuen Platz. Dicht neben den neuen Wurzeln von der Mutterpflanze abtrennen.

STECKHÖLZER NEHMEN

Diese Methode eignet sich für sommergrüne Bäume, Sträucher, Rosen und Kletterpflanzen. Nehmen Sie nach dem Laubfall vom diesjährigen Holz kräftige, gerade Triebe mit reichlich Knospen. Für Bäume bleibt nur ein Auge über der Erde, für Büsche ein 2,5–5 cm langes Stück, damit mehrere Knospen austreiben können.

1 Einen V-förmigen Graben mit 20 cm Tiefe ausheben, bei schlechter Dränage Sand zugeben. Einen langen Trieb nehmen und in etwa 25 cm lange Stücke teilen. Die unteren Enden unter einer Knospe gerade abschneiden, obere Enden schräg über einer Knospe. Gegebenenfalls Blätter und Seitentriebe entfernen.

2 Die Steckhölzer mit 10–15 cm Abstand aufrecht so in den Graben setzen, dass eine bzw. mehrere Knospen aus dem Boden herausschauen. Erde auffüllen und festtreten. Steckhölzer mit Pflanzetiketten versehen und gut wässern. Sensible Pflanzen wie Hibiskus und Zistrose bis zum Frühjahr in Töpfen im ungeheizten Gewächshaus bewurzeln. 8–10 cm lange Steckhölzer so einsetzen, dass die oberste Knospe herausschaut. Feucht halten. Im Herbst auspflanzen.

PFLANZEN AUS STECKLINGEN ZIEHEN

Der Stecklingsschnitt ist nach der Aussaat die vielleicht beliebteste Vermehrungsmethode. Stecklinge sind Trieb- oder Wurzelstücke (mitunter auch Blätter oder Knospen), die von kräftigen gesunden Mutterpflanzen genommen und angeregt werden, eigene Wurzeln zu entwickeln. Dies ist bei den meisten Pflanzen möglich, wobei exakte Kopien der Mutterpflanzen entstehen. Anders als Absenker sind Stecklinge auf Pflege und förderliche Bedingungen angewiesen. Einige bewurzeln sich rascher als andere, und manche bewurzeln sich erfolgreicher, wenn man sie zu bestimmten Jahreszeiten von der Mutterpflanze entnimmt.

Stecklingsarten

Stecklinge können von Trieben und Wurzeln genommen werden:

- **Triebstecklinge** unterscheidet man nach Alter und Reifegrad.
- **Wurzelstecklinge** oder -schnittlinge werden gewöhnlich während der Ruhephase im Winter von der Mutterpflanze abgetrennt. Der Nachteil ist, dass man die Mutterpflanze ausgraben muss.

Triebstecklinge unterscheiden sich auch dadurch, zu welcher Zeit sie genommen werden:

- **Steckhölzer** kann man ab Herbstmitte nehmen, wenn die Triebe verholzt und die Blätter abgefallen sind. Obwohl sich Steckhölzer am langsamsten bewurzeln, sind die meisten pflegeleicht und können im Freien bleiben.
- **Grüne Stecklinge** bewurzeln sich rasch und werden am besten im Frühjahr und Sommer genommen, wobei man die weichen neuen Spitzen diesjähriger Triebe verwendet, ehe diese verholzen.
- **Halbreife Stecklinge** nimmt man vom Frühsommer bis zum Frühherbst, wenn die Basis der Triebe bereits hart oder »reif« ist, die Spitze aber noch weich und grün. Da sie fester sind, kann man sie oft leichter handhaben als Grünstecklinge.

Grundausstattung

Sie brauchen sowohl eine Gartenschere als auch ein Messer, die beide stets sauber und scharf sein müssen, frische Erde und neue oder sterilisierte Gefäße. Der Pflanzabstand zwischen Stecklingen muss so groß sein, dass sich ihre Blätter nicht berühren. Für einzelne Stecklinge sind Töpfe mit etwa 9 cm Durchmesser ideal, für mehrere Stecklinge 13–15 cm große

Etwa sechs Monate nach dem Pflanzen eines Wurzelstecklings erscheinen vielleicht schon Blätter, noch ehe die Pflanze sich gut bewurzeln konnte. Mit dem Umpflanzen wartet man, bis in den Abzugslöchern Wurzeln sichtbar werden.

Töpfe. Größere Mengen Stecklinge können Sie in Topfplatten mit mindestens 5 cm Höhe bewurzeln. Verwenden Sie Stecklingserde, die durchlässig ist, oder stellen Sie aus gleichen Teilen erdlosem Substrat oder gesiebter Lauberde und scharfem Sand eine eigene Mischung her.

Im Sommer reicht die natürliche Wärme für die Bewurzelung oft aus, wenn über die Töpfe Folienbeutel gezogen oder Schalen mit Hauben abgedeckt werden. In kühleren Jahreszeiten oder bei großen Mengen von Stecklingen ist ein beheizter Vermehrungskasten mit einem Thermostat sicherer. Bewurzelungshormon beschleunigt die Bewurzelung. Sparsam verwenden und zu Beginn jeder Jahreszeit eine neue Packung kaufen, die im Kühlschrank aufbewahrt wird.

Wurzelstecklinge nehmen

Dies ist eine einfache Vermehrungsmethode und die beste für Staudenphlox, da durch sie keine Älchen übertragen werden, die die Pflanze gern befallen. Aus Wurzelstecklingen panaschierter Pflanzen entwickeln sich allerdings grüne Exemplare.

Stecklinge werden meist während der Ruhephase im Winter genommen. Wählen Sie stets gesunde Pflanzen. Kleine Pflanzen werden mit der Gabel ganz aus dem Boden gehoben und nach dem Schnitt sofort wieder eingepflanzt. Bei größeren Pflanzen kratzt man so viel Erde weg, dass Wurzeln frei liegen, aber auch sie muss möglichst rasch wieder zurückgeschoben werden. Entfernen Sie pro Pflanze stets nur wenige Wurzeln.

Die meisten Pflanzen, die so vermehrt werden, haben dicke Wurzeln, die man aufrecht pflanzt. Bei Pflanzen mit dünnen Wurzeln wie Phlox legt man die Wurzeln waagrecht in Schalen.

GRÜNE STECKLINGE NEHMEN

Für Grünstecklinge nimmt man im Frühjahr und Frühsommer weiche neue Spitzen blütenloser Triebe. Die meisten bewurzeln sich in sechs bis acht Wochen. Grüne Stecklinge welken rasch und sollten morgens genommen werden. Rittersporn und Lupinen können auch durch grundständige Stecklinge, die im Frühjahr aus dem Wurzelhals wachsen, vermehrt werden. Man schneidet sie mit 5–8 cm Länge mit einem Stück Wurzelhals ab und bewurzelt sie auf die gleiche Weise.

1 Mit der Gartenschere 8–10 cm lange Spitzen gesunder Triebe nehmen. Während der Arbeit in geschlossenen Folienbeuteln im Schatten aufbewahren. Die Stecklinge direkt unter einem Blattknoten abschneiden. Vom unteren Teil der Stängel die Blätter entfernen, sodass oben nur zwei oder drei erhalten bleiben.

2 Die Triebenden in Bewurzelungshormon tauchen und die untere Triebhälfte in die Erde stecken. Die Erde behutsam andrücken, mit Leitungswasser gießen und die Pflanzen etikettieren. Folienbeutel überziehen oder in den Vermehrungskasten setzen. Bei 15–21 °C bewurzeln die meisten Stecklinge am besten.

1

2

HALBREIFE STECKLINGE NEHMEN

Diese Methode wird oft bei Sträuchern angewendet, die sich schlecht durch Steckhölzer vermehren lassen, vor allem bei immergrünen Laubsträuchern. Zudem eignet sie sich für Kletterpflanzen, Koniferen und frostempfindliche ausdauernde Pflanzen. Man nimmt dazu von Sommerbeginn bis Herbstmitte kräftige, gesunde, etwa 15 cm lange Seitentriebe. Bei manchen Pflanzen ist es besser, wenn man sie mit einem kleinen Rindenstück (Achsel) vom Haupttrieb abreißt. Lange einjährige Triebe kann man in mehrere Stecklinge teilen, die man an der Basis unter einem Blattknoten oder über einem Knoten abschneidet. Meist werden die Stecklinge im Haus bewurzelt. Gewöhnlich bewurzeln sie sich nach sechs bis zehn Wochen, bei im Spätsommer genommenen Stecklingen dauert es vielleicht bis zum nächsten Frühjahr.

1 Einen diesjährigen Trieb, dessen Ende nicht mehr ganz biegsam ist, der aber noch eine weiche Spitze hat, unter einem Blattknoten abschneiden.

2 Die weiche Spitze mit einem Messer direkt über einem Blatt abschneiden und wegwerfen, um die Verdunstung über die Blätter zu reduzieren.

3 Das Triebende einseitig 1–2 cm flach einschneiden, um die Bewurzelung zu fördern. Von der unteren Triebhälfte Blätter und Seitentriebe entfernen.

4 Den Steckling 5 mm tief in Bewurzelungshormon tauchen. Überschuss abklopfen. Die Schnittfläche muss vollkommen mit Pulver bedeckt sein.

5 Den Steckling bis zum untersten Blatt in Stecklingserde (oder mit 8 cm Abstand in den Frühbeetkasten) setzen. Andrücken, etikettieren und wässern.

6 Den Topf in einen Vermehrungskasten stellen oder Stäbe am Topfrand einstecken und einen Folienbeutel überziehen. Er darf die Blätter nicht berühren.

2

3

5

6

DER GARTEN-DOKTOR

Auch bei der besten Pflege treten in Gärten Schädlinge und Krankheiten auf. Meist können sich Pflanzen aber mit ihren natürlichen Abwehrkräften verteidigen, und selbst wenn diese versagen, überleben sie zumindest kleinere Schäden. Doch jeder Arzt wird Ihnen sagen, dass Vorbeugung stets die beste Medizin ist. Pflanzen, die unter ungeeigneten Bedingungen wachsen, können Befall schlechter abwehren. Das Gleiche gilt für Pflanzen, die unter Licht- und Nährstoffmangel leiden oder Hitze, extremer Kälte oder starkem Wind ausgesetzt sind. Setzen Sie deshalb Ihre Pflanzen an einen geeigneten Platz und sorgen Sie dafür, dass es ihnen gut geht. Wichtig ist Wachsamkeit. Schlendern Sie täglich einige Minuten durch Ihren Garten und nehmen Sie Ihre Pflanzen in Augenschein, um festzustellen, ob sie gesund sind.

Wassermangel ist bei Topfpflanzen eine häufige Ursache für Probleme. Bambus ist immer durstig und muss regelmäßig gegossen werden, um gesund zu bleiben.

WAS FEHLT MEINER PFLANZE?

Für eine wirksame Schädlings- und Krankheitsbekämpfung ist es entscheidend, Warnzeichen früh zu erkennen. Pflanzen besitzen nur beschränkte Reaktionsmöglichkeiten auf Stress, Befall oder Verletzungen. Dies bedeutet, dass ähnliche Symptome verschiedene Ursachen haben können. Untersuchen Sie kranke Pflanzen daher sorgfältig, stellen Sie keine übereilten Diagnosen und greifen Sie auf keinen Fall vorschnell zu Pestiziden.

WACHSTUMSSTÖRUNGEN

Pflanzen, die aussehen, als würden sie unter Schädlings- oder Krankheitsbefall leiden, ohne dass ein Befall sichtbar ist, können unter einer Wachstumsstörung leiden. Sie tritt auf, wenn eine Pflanze nicht genug Nährstoffe oder Wasser bekommt oder unter widrigen Bedingungen wächst und beispielsweise zu viel Wärme, Kälte, Wind, Sonne oder Schatten erhält oder die Erde, in der sie wächst, nicht ihren Ansprüchen entspricht.

Solche Störungen sind weit verbreitet. Beseitigt man das zugrunde liegende Problem nicht rasch, wird die geschwächte Pflanze oft von Schädlingen oder Krankheiten befallen. Wachstumsstörungen sind keine Krankheiten, auch wenn sich die Symptome ähneln. Widrige Wetterbedingungen wie etwa Trockenheit oder Kälte können die Gesundheit von Pflanzen beeinträchtigen, obwohl sich große robuste Pflanzen bei Wetterbesserung meist rasch wieder erholen. Jungpflanzen oder Neupflanzungen sind aber empfindlicher. Sie müssen genau im Auge behalten und nötigenfalls geschützt werden. Sie erhöhen ihre natürliche Widerstandskraft, wenn sie an einem geeigneten Standort und in einem ihren Bedürfnissen entsprechenden Boden wachsen können.

Trockenheit stört die Wasserversorgung der Wurzeln, wodurch Blätter braune Ränder bekommen können, wie bei dieser Primel.

Übergießen kann ebenso schlimme Schäden anrichten wie zu wenig Wasser. Ein durchlässiger Boden hilft, dass die Wurzeln nicht ertrinken.

Vergilbende Jungblätter zeigen bei Kalkfliehern wie Rhododendren häufig Eisen- und Manganmangel an, wenn sie in alkalischer Erde wachsen.

Pralle Sonne kann Blätter verbrennen und braun werden lassen. Dieser Japanische Ahorn bevorzugt schattige Plätze.

Frostschäden können an Blüten von Pflanzen auftreten, die sehr früh blühen, selbst wenn sie winterhart sind.

Lichtmangel führt dazu, dass Pflanzen hoch und dünn werden und gelbe Blätter bekommen. Man nennt dies »vergeilen«.

WASSER- UND NÄHRSTOFFMANGEL

Nährstoffmangel ist seltener als gemeinhin angenommen. Die meisten Gartenböden wurden jahrelang gedüngt und mit Nährstoffen angereichert. Vielleicht fehlt aber Stickstoff, da er leicht ausgewaschen wird. Ein Mangel führt zum Verblassen von Blättern und zu Kümmerwuchs, kann jedoch mit einem stickstoffreichen Dünger und guter Wässerung behoben werden. Auch organisches Material wie Kompost oder Mist, das vor dem Pflanzen ausgebracht wird, erhöht den Stickstoffgehalt des Bodens.

Wassermangel bewirkt eine schlechte Entwicklung und Blüte wie auch Mehltau. Ohne genügend Wasser können Pflanzen nicht ausreichend Nährstoffe aufnehmen. Während anhaltender Trockenperioden können sie braun werden und die Blätter verlieren. Etablierte Gehölze haben genügend Wurzeln, um solche Trockenphasen zu überstehen, und erholen sich beim nächsten Regen wieder. Rasen wird braun, aber da die Knospen an den Blattbasen nicht absterben, treiben sie wieder aus, sobald sie Wasser bekommen. Pflanzen mit begrenzten Wurzelsystemen wie Einjährige oder Stauden sind jedoch empfindlicher und brauchen vielleicht Hilfe. Man schneidet welke Triebe zurück und entfernt abgestorbene Blätter, dann gießt man regelmäßig. Es sollten sich rasch neue Knospen und Triebe entwickeln.

Neue Pflanzen, allen voran Bäume, Sträucher und Kletterpflanzen, sind durch Trockenheit und Nährstoffmangel besonders gefährdet. Deshalb wässert man sie ausgiebig und regelmäßig und hält den Bereich über den Wurzeln unkrautfrei.

LICHTMANGEL

Pflanzen, die sonnige Plätze bevorzugen, aber im Schatten wachsen, bekommen leicht blasse oder gelbe Blätter und Triebe und kümmern. Sie können dünn, hochbeinig und kraftlos sein, und hier besteht nur die Möglichkeit, sie an einen Platz umzusetzen, an dem sie genügend Licht erhalten.

WURZELPROBLEME

Ist Erde nass, trocken oder schlecht durchlüftet, ziehen sich Wurzeln leichter Pilzerkrankungen zu. Die ersten Anzeichen für Probleme können sich an den Blättern zeigen. Sind Wurzeln zu trocken, werden die am weitesten von ihnen entfernten Blätter vor allem an den Rändern braun. Trockenheit führt oft dazu, dass die Rinde an der Basis eines Triebs fault und abstirbt, doch kann das auch auf einen Hallimasch-Befall hindeuten. Ist die Basis gesund, suchen Sie nach abgestorbenen Wurzeln. Ist das Wurzelsystem geschädigt, hat die Pflanze kaum Überlebenschancen.

GARTENSCHÄDLINGE

Schädlinge sind Lebewesen, die Gärtnern die Freude an ihrem Garten nehmen. Es kann sich bei ihnen um Schnecken, Säugetiere, Vögel, Milben oder (am häufigsten) Insekten handeln. Ärgerlich sind auch Verschmutzungen durch Katzen und Schichten aus klebrigem Honigtau auf Gartenmöbeln und Bodenbelägen.

NAHRUNGSSPEZIALISTEN

Die meisten Käfer und Raupen sind in ihrer Kost äußerst wählerisch. Lilienhähnchen etwa halten sich nur an Lilien. Auch die meisten Blattläuse haben nur eine begrenzte Zahl von Futterpflanzen, allerdings gibt es viele verschiedene Blattlausarten, und die meisten Pflanzen werden irgendwann von einer Art befallen. Diese Insekten saugen mit ihren Mundwerkzeugen Saft aus den Pflanzen. Saugende Insekten sind auch Thripse, Schildläuse und Weichwanzen. Beim Saugen spritzen die Insekten Substanzen in die Pflanzen, die deren Wachstum beeinflussen und zu schweren Deformationen führen oder zu aufgerollten Blättern, in denen sich die Schädlinge verstecken. Zudem übertragen diese Insekten mit ihren Mundwerkzeugen Viren.

ALLESFRESSER

Schnecken fressen fast alle Pflanzen, vor allem aber Sämlinge, Stauden und Kletterpflanzen. Sie hinterlassen in Blättern und an Blatträndern Löcher und vielleicht verräterische Schleimspuren. Auch Zwiebeln und Knollen sind vor ihnen nicht sicher. Schnecken fressen bei mildem feuchtem Wetter und hauptsäch-

Lilienhähnchen sind rot und haben schwarze Köpfe. Käfer wie auch Larven fressen Laub, Blüten und Fruchtstände, wodurch Pflanzen eingehen können.

Blattläuse scheiden auf Blättern und Trieben Honigtau aus, auf dem Rußtaupilze die idealen Wachstumsbedingungen finden.

Ohrenkneifer schädigen Pflanzen zwar nicht, knabbern aber Laub- und Blütenblätter an. Andererseits vertilgen sie auch Schadinsekten.

lich nachts, während sie den Tag unter Gartenabfällen und im Boden verbringen. Dem Schneckenfraß folgen oft andere Probleme.

Auch Dickmaulrüssler attackieren viele Pflanzen. Die erwachsenen, ausnahmslos weiblichen Käfer können nicht fliegen und krabbeln von Frühjahrs- bis Herbstmitte durch den Garten, wo sie ihre Eier ablegen. Sie fressen Blätter von Stauden und Sträuchern (vor allem von Immergrünen), nagen aber nur die Ränder an, da ihre Mundwerkzeuge keine Löcher bohren können. Aus den Eiern schlüpfen Larven, die sich von Wurzeln ernähren. Obwohl die Larven klein sind, richten sie im Spätsommer und Frühherbst großen Schaden an und sollten dann bekämpft werden.

SCHÄDLINGSBEKÄMPFUNG

Durch schnelles Handeln lassen sich Probleme leichter eliminieren. Die Anwendung von für Hobbygärtner erhältlichen Pestiziden sollte man auf ein Minimum beschränken. Oft werden die Schmarotzer schon durch das Entfernen erkrankter Triebe oder möglicher Schädlingsverstecke beseitigt. Wenn man ein Problem früh erkennt, reicht meist die Anwendung von Hausmitteln wie Seifen- oder Spirituslösung.

Biogärtner setzen nur Mittel aus natürlichen Substanzen ein. In den frühen Stadien eines Befalls sind sie in der Regel vollkommen ausreichend. Wenn Sie es vorziehen, biologisch zu gärtnern, finden Sie Informationen auf Seite 327.

Pestizide wirken auf unterschiedliche Weisen:

- **Systemische Mittel** gelangen über den Saftstrom in die Pflanze, wo sie Pilze abtöten oder von Insekten beim Fressen aufgenommen werden. Anders als bei Kontaktmitteln ist es bei ihnen nicht so wichtig, die Pflanze vollständig mit Spritzmittel einzuhüllen.
- **Kontaktinsektizide** umfassen alle natürlich gewonnenen Substanzen wie auch einige synthetische Insektizide. Hier müssen die Mittel mit den Schädlingen in Berührung kommen, um zu wirken, und deshalb sowohl auf die Blattoberseiten als auch auf die Blattunterseiten gespritzt werden. Da dies schwierig ist, wenn sich Blätter verformt oder aufgerollt haben, ist rasches Handeln wichtig.
- **Stäubemittel** sind Kontaktsubstanzen und müssen frühzeitig angewendet werden. Da sie oft keine befriedigende Anwendung erlauben, sind Spritzmittel gewöhnlich vorzuziehen.
- **Köder** wie Schneckenkorn haben einen schlechten Ruf und sind mitunter gefährlich für andere Tiere. Werden sie nach Anweisung benutzt und sicher aufbewahrt, können sie als letzter Ausweg aber sehr nützlich sein. Inzwischen gibt es unbedenklichere Präparate auf der Basis von Eisen-III-Phosphat.

Dickmaulrüssler können mit neu gekauften Pflanzen eingeschleppt werden. Vor dem Einpflanzen stets oberirdische Teile und Wurzeln untersuchen.

Dickmaulrüsslerlarven in Wurzeln lassen Pflanzen oft eingehen. Im Spätsommer mit einem ins Gießwasser gegebenen Insektizid bekämpfen.

Glanzkäfer treten im Hochsommer massenhaft auf, verursachen aber wenig Schaden. Von Schnittblumen kann man sie einfach abschütteln.

SCHADBILDER ERKENNEN

Schädlinge kann man oft nur anhand der Schäden identifizieren, die sie verursachen. Viele sind schwer zu entdecken und manche winzig wie etwa Milben und Nematoden. Andere bauen sich Verstecke in Blättern, während Schädlinge wie Gallwespen Substanzen absondern, aufgrund deren Wirkung die Pflanze eine Behausung für sie »wachsen« lässt. Viele Schädlinge leben in schützenden Hüllen wie Gespinsten oder – wie Schaumzikaden – in »Kuckucksspucke«.

1 Blattälchen zerstören das Gewebe von Blättern, auf die sie durch Wasser gelangen. Entfernen des beschädigten Laubs reduziert ihre Ausbreitung. Stark betroffene Pflanzen ersetzen.

2 Gallen sind hässlich, richten aber wenig Schaden an. Das Entfernen betroffener Blätter an leicht infizierten Pflanzen kann weiteren Befall verhindern.

3 Raupen können Blätter komplett abfressen. Einige leben sichtbar in Kolonien, oft unter Gespinsten, andere vertilgen Wurzeln oder sind nachtaktiv und verstecken sich bei Tag unter Laub. Entweder absammeln oder mit Kontaktinsektizid bekämpfen bzw. aus dem Boden ausgraben.

4 Schneckenschäden finden sich am häufigsten an empfindlichen Pflanzen wie Funkien. Sie muss man unbedingt vor ihnen schützen.

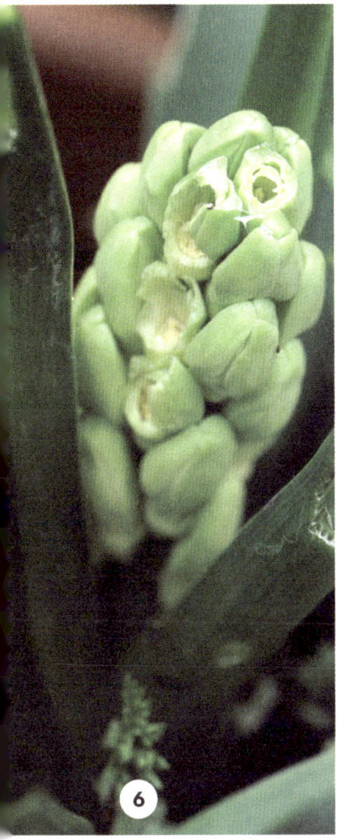
6

7

8

9

10a

10b

5 Sägewespenlarven leben in Rosenblättern, die sich um sie herum aufgerollt haben. Das Vernichten der Blätter vor Sommermitte kann den Befall im nächsten Jahr reduzieren.

6 Gehäuseschnecken sind besser geschützt als Nacktschnecken. Man findet sie auch an Kletterpflanzen oder Zwiebelblumen wie dieser Hyazinthe.

7 Weichwanzen werden meist zu spät entdeckt. Ein im frühen Schadensstadium ausgebrachtes Insektizid kann helfen, ebenso gute Unkrautbekämpfung.

8 Dickmaulrüssler fressen die Blätter verschiedener Pflanzen wie etwa Rhododendren. Besonders verbreitet sind sie dort, wo »wilde« Rhododendren wachsen.

9 Rußtau ist meist die Folge von Blattlausbefall. Blattläuse scheiden Honigtau aus, auf dem Rußtaupilze ideale Bedingungen finden.

10 Blattminierer richten keinen großen Schaden an, sind aber mit vielen Arten weit verbreitet. Primeln (**10a**) werden beispielsweise von anderen befallen als Stechpalmen (**10b**).

PFLANZENKRANKHEITEN

Die meisten Pflanzenkrankheiten werden von Pilzen verursacht, einige von Viren oder Bakterien. Mitunter dringen sie durch eine Wunde in eine Pflanze ein, in der sie sich dann vermehren. Früher oder später zeigt die Pflanze Symptome und geht vielleicht ein. Oft verbreiten Gärtner Pflanzenkrankheiten selbst, weil sie infizierte Pflanzen kaufen – also Vorsicht bei verdächtigen Angeboten.

Geräte und andere Utensilien müssen stets sauber sein, damit sie nicht Krankheitserreger verbreiten. Das Reinigen von Pflanzgefäßen, Stützen und Drähten verhindert, dass Sporen und Eier in neue Pflanzbereiche eingeschleppt werden.

PILZE

Pilze, die Pflanzen befallen, bestehen mitunter aus mikroskopisch kleinen Fäden, die zu für das bloße Auge sichtbaren Gebilden zusammenwachsen können. Erste Anzeichen für eine Infektion sind aber meist indirekte Symptome wie Flecken, Fäule oder das Absterben von Trieben. Vielleicht bemerken Sie aber auch direkten Pilzbefall in Form von Mehltau, Schimmel oder Ähnlichem.

Typischerweise produzieren Pilze Sporen, die durch Wind, Regen, Wasserspritzer oder, seltener, Insekten oder Samen verbreitet werden. Da Sporen zum Keimen Feuchtigkeit brauchen, verschlimmern sich Pilzerkrankungen bei Regenwetter.

Viele Pilze ruhen im Boden, um Trocken- und Kälteperioden zu überleben, und harren dort aus, bis die Bedingungen besser werden oder sie eine geeignete Pflanze »entdecken«. Dann setzen sie Sporen frei und der Kreislauf beginnt von vorn. Pilze überleben auch in infizierten Pflanzen. So werden viele Pilzerkrankungen durch infizierte Triebe oder herabgefallene Blätter von Jahr zu Jahr weitergeschleppt.

BAKTERIEN

Bei Bakterienerkrankungen hängen die Symptome vom jeweiligen Bakterium ab. Fäule an weichem Gewebe, etwa von Zwiebeln und Rhizomen, die mit einem typischen unangenehmen Geruch einhergeht, ist oft auf Bakterien zurückzuführen. Auch bakterieller Krebs ist weit verbreitet. Eine weitere häufige Bakterienerkrankung ist Feuerbrand, der einige Rosengewächse befällt wie etwa Feuerdorn und Zwergmispel. Er lässt Blätter und schließlich ganze Äste verdorren. Feuerbrand wird durch Insekten verbreitet, die die Bakterien von Blüte zu Blüte tragen. Andere Bakteriosen werden durch Wind, Regen und Wasserspritzer verbreitet. Viele dringen durch von Insekten verursachte Schäden oder Schnittwunden ein.

VIREN

Viren können durch Insekten von Pflanze zu Pflanze verbreitet werden. Die häufigsten Überträger sind Blattläuse, aber auch andere Insekten, vornehmlich Thripse und Weiße Fliegen, tragen zu ihrer Verbreitung bei. Viren finden sich häufig in Unkräutern und tatsächlich auch in den meisten ausgewachsenen Gartenpflanzen, wo sie aber meist unbemerkt bleiben, da robuste große Pflanzen oft nicht erkranken.

VORBEUGUNG UND BEHANDLUNG VON KRANKHEITEN

Kontaktfungizide bilden einen Schutzfilm, der verhindert, dass Sporen in eine Pflanze gelangen, aber eine Infektion heilen sie nicht. Deshalb sollte die ganze Pflanze gespritzt werden, ehe sich die Krankheit ausbreiten kann. Da rasches Handeln vor allem bei Jungpflanzen wichtig ist, sollten Sie Ihre Pflänzchen regelmäßig in Augenschein nehmen. Wartet man zu lange, gehen sie oft ein oder ihr Wachstum wird so stark verlangsamt, das sie sich niemals zu schönen Pflanzen entwickeln. Da Viren von Insekten verbreitet werden können, kann man durch Insektenbekämpfung auch die Ausbreitung von Viren einschränken.

SICHERE VERWENDUNG

Befolgen Sie stets genau die Gebrauchsanweisung, wenn Sie nicht auf die Verwendung von chemischen Mitteln verzichten wollen. Berechnen Sie zunächst die benötigte Menge. Rühren Sie im Zweifelsfall etwas weniger an, denn Sie können stets mehr zubereiten. Sind nur wenige Pflanzen befallen, ist Spray empfehlenswerter. Vermeiden Sie Spritzer und sorgen Sie dafür, dass diese Mittel niemals in die Kanalisation, Teiche, Bäche oder Abzugsgräben gelangen. Bringen Sie die Mittel fein zerstäubt gleichmäßig auf die befallenen Pflanzen auf. Blattspritzmittel sollten Blätter gleichmäßig benetzen, aber keine Tröpfchen auf ihnen bilden.

(oben) **Blätter** oberseits und unterseits spritzen. Denken Sie daran, Kinder und Haustiere von gespritzten Pflanzen fernzuhalten, bis das Spritzmittel auf den Blättern getrocknet ist.

(unten) **Pestizide** in einem verschlossenen Schrank lagern und eindeutig beschriften. Nie in Lebensmittelbehälter oder Getränkeflaschen umfüllen. Nur bei speziellen Annahmestellen entsorgen.

KRANKHEITEN ERKENNEN

Krebs, Hallimasch, Rotpustelkrankheit und Bakterienkrebs sind sehr ernst zu nehmen. Es gibt zwar einige Spritzmittel gegen Krebs, meist kann man aber nichts anderes tun, als betroffene Teile oder die ganze Pflanze zu entfernen. Sämlinge erholen sich von der Umfallkrankheit nicht und können nur weggeworfen werden. Auch von Viren befallene Pflanzen muss man mitunter wegwerfen, aber sie haben oft gesunde Samen. Andere Krankheiten können vielleicht behandelt werden. Bringen Sie aber niemals erkranktes Pflanzenmaterial auf den Komposthaufen.

1 Krebs bei Apfel- und Birnbäumen zeigt sich in Form von rissigen Ringen aus abgestorbener Rinde. Er wird von einem Pilz verursacht. Betroffenes Holz sofort entfernen.

2 Hallimasch ist ein zerstörerischer Pilz, der sich durch dunkle Fäden (hier unter der Rinde) von Pflanze zu Pflanze verbreitet. Befallene Pflanzen entfernen.

3 Rost entstellt Pflanzen, bringt sie aber nicht um. Resistente Sorten wählen und die Pflanzen durch gute Pflege widerstandsfähig halten.

4 Bakterienkrebs ist eine Bakterienkrankheit und kann möglicherweise mit Kupferspritzmittel bekämpft werden. Können Sie das infizierte Holz nicht völlig heraussägen, den Baum entfernen.

5 Rotpustelkrankheit verursacht rosa bis rote Flecken auf der Rinde von totem Holz, kann aber auch gesunde Triebe vieler Bäume und Sträucher befallen. Herausschneiden.

6 Rosenmosaikvirus verursacht an verschiedenen Pflanzen oft unterschiedliche Symptome. Stark befallene Pflanzen müssen ersetzt werden.

7 Rosenrostflecken (hier im Frühjahr) werden im Sommer Pilzsporen freisetzen, anschließend fallen die Blätter ab. Rost bildet eine Krankheitsgruppe, für die orangefarbene Pusteln typisch sind.

8a

8b

9

10

11

12

13a

13b

8 Grauschimmel – auch Botrytis genannt – befällt oft geschädigte Pflanzen. Behutsame Handhabung und Schneckenbekämpfung mindern das Risiko. Betroffen können sowohl Blüten als auch Blätter sein (**8a**). Sehr gefährdet sind Pflanzen, die im Haus in stickiger Luft zu dicht stehen (**8b**).

9 Bleiglanz zeigt sich als silbriger Glanz auf den Blättern von Obstbäumen wie Pflaumen und Kirschen. Der Pilzerreger dringt über offene Wunden und Schnitte in den Baum ein, vor allem im Winter, wenn Verletzungen langsamer heilen. Um das Infektionsrisiko zu senken, schneidet man die Gehölze entweder im zeitigen Frühjahr oder gleich nach der Ernte. Bleiglanz breitet sich astweise aus. Ist der ganze Baum auf einmal befallen, handelt es sich um »falschen« Bleiglanz, eine physiologische, vermutlich durch einen beeinträchtigten Wasser- oder Nährstoffhaushalt ausgelöste Störung.

10 Sternrußtau ist eine Pilzerkrankung, die vor allem bei Nässe auftritt und bei Wind durch Wasserspritzer verbreitet wird. Spritzen Sie ggf. ein Fungizid, aber das Entfernen erkrankter Blätter und Triebe ist auch hilfreich. Es gibt Rosensorten, die gegen diese Krankheit resistenter sind als andere, aber keine Rose ist vollkommen immun.

11 Kranke Früchte, die über Winter am Baum hängen oder auf dem Boden liegen bleiben, geben im Frühjahr Sporen frei. Deshalb sollte man sie in den Müll werfen, verbrennen oder tief vergraben.

12 Umfallkrankheit befällt Sämlinge in Bodenhöhe und lässt sie umbrechen. Ausreichende Hygiene senkt das Befallsrisiko.

13 Echter Mehltau (**13a**) ist von Pflanze zu Pflanze unterschiedlich. Leichter Befall kann ggf. mit Fungiziden bekämpft werden. Echter Mehltau entwickelt sich auf Pflanzen, die in trockener Erde dicht bei Mauern wachsen wie Clematis (**13b**). Mulchen und Wässern reduziert die Anfälligkeit.

PFLANZEN GESUND ERHALTEN

Wie Menschen sind auch Pflanzen seltener krank, wenn sie nicht unter Stress oder Mangelernährung leiden, sondern unter gesunden Bedingungen leben. Am häufigsten entstehen Probleme, wenn Pflanzen vernachlässigt werden oder nicht das bekommen, was sie brauchen. Die beste Maßnahme beim Gärtnern ist daher, den Bedürfnissen der Pflanzen gerecht zu werden, d. h., sie an einen geeigneten Platz zu setzen, ihnen die richtigen Mengen Licht, Wärme, Wasser und Nährstoffe zu geben, für eine gute Dränage zu sorgen und vielleicht auch nützliche Tiere in den Garten zu locken, die Schädlinge fressen.

Feuchte waldige Gärten wirken üppig, wenn in ihnen großblättrige tiefgrüne Pflanzen wachsen, die Feuchtigkeit mögen. Sonnenliebhaber, deren Wurzeln Nässe nicht vertragen, würden hier kümmern und unter Schädlingen und Krankheiten leiden.

FALLEN UND SCHUTZVORRICHTUNGEN

Obwohl das Aufstellen von Fallen und Schutzvorrichtungen etwas Mühe macht, bietet es in vielen Fällen Schutz vor Tieren.

- **Große Säugetiere** können mit Zäunen ferngehalten werden. Für Rehe brauchen Zäune mindestens 1,8 m Höhe, für Kaninchen müssen sie 1 m hoch sein und 30 cm tief in den Boden eingelassen werden, damit die Kaninchen sich nicht unter ihnen durchgraben können.
- **Vögel** können Ihre Obstbäume und Beerensträucher nicht plündern, wenn Sie Gehäuse aus Drahtgeflecht aufstellen.
- **Kleine Säugetiere** in Fallen zu fangen überlässt man oft am besten Fachleuten.
- **Schnecken** sind viel zu gut an ihre Lebensräume angepasst, um sich von Hindernissen abschrecken zu lassen. Wie RHS-Forschungsprojekte ergaben, sind sie ein unzureichender Schutz. Gewisse Erfolge versprechen Kupferbänder, die man um den Topfrand klebt oder um Beete und Rabatten legt, aber auch raues Material, das um gefährdete Pflanzen gestreut wird. Kies, zerstoßene Eierschalen, spezielle, im Handel erhältliche Granulate, Sägemehl und Kokosschalenmulch bieten ebenfalls Schutz.
- **Ameisen** und andere Schädlinge können mit nach außen gebogenen Kragen aus Alufolie daran gehindert werden, wertvolle Pflanzen zu erklimmen. Aber während die Pflanzen wachsen, müssen die Kragen erneuert werden. Streifen aus speziellem Fett können ungeflügelte Schädlinge wie die Weibchen des Kleinen Frostspinners hindern, an Baumstämmen emporzuklettern. Hat der Baum eine Stütze, muss auch diese eingefettet werden, um Schädlingen den Weg in die Krone zu versperren.

ALTERNATIVEN ZU FALLEN

Sollte Ihnen der Gedanke nicht gefallen, Lebewesen in Ihrem Garten zu fangen, sind Mischkulturen bzw. Begleitpflanzen, die helfen, Tiere abzuschrecken, zu verwirren oder abzulenken, eine Alternative. So sollen Tagetes nicht nur fliegende Schadinsekten von Pflanzen wie Rosen fernhalten, sondern auch Substanzen über ihre Wurzeln abgeben, die vor Krankheiten und Schädlingen im Boden wie etwa Nematoden schützen.

(oben) **Schneckenfallen** reichen von ausgehöhlten Kartoffelschalen oder auf die Erde gesetzten Grapefruitschalenhälften bis zu dieser Hightechversion der Bierfalle.

(unten) **Mischkulturen und Begleitpflanzen** sind eine alte Methode des Pflanzenschutzes, deren Wirksamkeit aber kaum nachgewiesen ist. Zu den traditionell verwendeten Pflanzen gehören Tagetes, die fliegende Schädlinge wie Weiße Fliegen fernhalten sollen und zudem Substanzen aus ihren Wurzeln absondern, die angeblich bodenbürtige Schädlinge und Unkräuter unterdrücken.

GÄRTNERN FÜR GESUNDE PFLANZEN

Hier einige einfache Regeln, um Schädlinge und Krankheiten aus dem Garten fernzuhalten:

- **Schutz vor Kälte,** Wind und Trockenheit gewährleisten. Besonders empfindlich sind junge oder neu gesetzte Pflanzen. Beim Pflanzen die Erde gut vorbereiten, die Wurzeln ausbreiten, nicht zu tief pflanzen und die Erde gut andrücken.
- **Fruchtwechsel** hilft Schädlings- und Krankheitsbefall vorzubeugen. Setzen Sie Pflanzen nicht in zwei aufeinanderfolgenden Jahren an den gleichen Platz.
- **Regelmäßiges Jäten** verringert Probleme mit Schädlingen und Krankheiten. Entfernen Sie auch Falllaub, Fallobst und totes Holz. Infiziertes Material darf nicht auf den Kompost, sondern kommt in die Mülltonne oder muss verbrannt werden.
- **Schäden an Pflanzen,** die durch Rasenmäher oder Schnitt verursacht werden, vermeidet man durch Baumschützer und Raseneinfassungen. Verletzungen können Krankheiten Tür und Tor öffnen.
- **Dichte Pflanzungen** vermeiden, um die Luftzirkulation zu verbessern. Zu dichte Pflanzungen auslichten. Die geringere Luftfeuchte sollte helfen, Schimmel und Fäule vorzubeugen. Im Haus ist zu geringe Luftfeuchte wahrscheinlicher, was einem Befall durch Spinnmilben und Weiße Fliegen Vorschub leistet. Deshalb Pflanzen regelmäßig besprühen, in Schalen mit nassem Kies setzen oder in Töpfe mit feuchtem Moos stellen.
- **Übergießen** vermeiden, da ständige Nässe um die Wurzeln zu Wurzelfäule und zum Welken der Pflanzen führen kann. Dann können selbst recht harmlose Pilzerkrankungen wie die Rotpustelkrankheit großen Schaden anrichten.
- **Zu wenig wässern** und unregelmäßiges Wässern schwächt Pflanzen und fördert Echten Mehltau.

Ein Gartenteich lockt viele Nützlinge an. Das eine Ende sollte 60 cm tief sein, damit Wassertiere dort überwintern können. Ein »Strand« erlaubt Vögeln und anderen kleinen Tieren einen gefahrlosen Zugang zum Wasser.

HARMLOSE KRABBELTIERE

Die meisten Insekten sind keine Schädlinge und einige, die man um geschädigte Pflanzen herum sieht, sind nur Nutznießer des Schadens, den Witterung oder Schädlinge angerichtet haben. Manche Tiere verursachen nur in bestimmten Situationen Probleme:

- **Ameisen** sind im Rasen ein Ärgernis und können Pflanzenwurzeln lockern. Als Gegenmaßnahme kann man wässern, rechen und die Erde andrücken. Ameisen werden auch dann zum Problem, wenn sie beginnen, Blattläuse zu »melken«, und diese vehement gegen Räuber verteidigen, wodurch an gefährdeten Pflanzen große Blattlauskolonien entstehen können.
- **Asseln, Hundertfüßer und Tausendfüßer** »recyceln« zwar Pflanzenreste, nagen mitunter aber auch an zarten Sämlingen und an Löchern, die Schnecken und andere Schädlinge verursacht haben. Entfernt man Pflanzenreste, wandern sie meist ab.
- **Bienen** sind für die Bestäubung wichtig und gehören deshalb zu den Tieren, die stets geschont werden sollten - selbst Blattschneiderbienen, die mitunter Pflanzen annagen.
- **Wespen** sind im Spätsommer oft Plagegeister, aber vorher machen sie entgegenkommenderweise Jagd auf andere Insekten. Ihre Nester sollten deshalb nur im Notfall zerstört werden, etwa in einem Familiengarten.

BIOLOGISCHE BEKÄMPFUNG

Gegen bestimmte Schädlinge können anstelle von Chemikalien Nematoden, Insekten oder Raubmilben eingesetzt werden. Am effektivsten sind sie in Gewächshäusern und Wintergärten, da sie sich im Freien aus dem Staub machen können. Bei ihrem Einsatz dürfen Sie nicht gleichzeitig systemische Insektizide benutzen und sollten im Idealfall nur Mittel auf der Basis von Fettsäuren oder Öl verwenden, die keine Rückstände hinterlassen.

Biologische Mittel gegen Dickmaulrüssler und Schnecken werden in die Erde eingewässert, Schneckenmittel vom Frühjahr bis zum Frühherbst, Mittel gegen Dickmaulrüssler am besten im Spätsommer, ehe die Larven zu großen Schaden anrichten. Beide wirken am besten in Böden mit offener Struktur. Mittel gegen Spinnmilben und Weiße Fliegen im Gewächshaus sind dann wirksam, wenn man sie frühzeitig anwendet.

Nützlinge bestellt man am besten per Post. Gartencenter führen sie nur selten, da ihre Haltung dort schwierig ist.

RÄUBER ANLOCKEN

Nützlinge lockt man in den Garten, indem man ihnen Nahrung und Schutz bietet. Dinge, die Tiere anziehen, sind meist preiswert und oft hübsch oder zumindest nicht besonders auffällig. Zudem können Gärtner einen naturnahen Bereich im Garten schaffen, wo Gräser und andere Pflanzen ungehindert wachsen können und im Winter stehen bleiben dürfen. Ferner sollte man auch heimische Arten pflanzen und Pestizide nur im absoluten Notfall und so gezielt einsetzen, dass Nützlinge nicht zu Schaden kommen.

Nistkästen locken viel eher Bewohner an, wenn in der Nähe auch ein Futterplatz vorhanden ist, wo die Vögel in Mangelzeiten Nahrung finden.

Nektarreiche Pflanzen wie Fetthennen und Sommerflieder und leicht zugängliche blühende Korbblüten ziehen Schmetterlinge und Bienen an.

Kästen für Florfliegen, deren Larven eine Vielzahl von Gartenschädlingen einschließlich Blattläusen jagen, sind im Fachhandel erhältlich.

Alte Holzstapel an einem kühlen, ungestörten Platz im Garten sind wunderbare Verstecke für viele nützliche Kreaturen wie Kröten und Käfer.

DAS GARTEN-JAHR PLANEN

Die nachfolgende Übersicht zeigt Ihnen auf einen Blick, welche Arbeiten wann getan werden müssen. Sehen Sie einfach unter der jeweiligen Jahreszeit nach und befolgen Sie die dortigen Ratschläge. Weitere Informationen finden Sie in den entsprechenden Kapiteln im Buch. So ist z. B. das zeitige Frühjahr eine gute Zeit für die Bodenvorbereitung. Weitere Details dazu können Sie in dem Kapitel »Bestandsaufnahme« ab Seite 8 nachlesen. Der Winter ist vielleicht die beste Zeit, den Garten kritisch zu betrachten – wenn er in dieser Jahreszeit eine gute Struktur hat, sollte er auch das übrige Jahr mit Blumen und Laub schön aussehen.

Hier mischen sich Sterndolden und tiefpurpurfarbene Rosen mit blassrosa Knöterichblüten und Purpurglöckchenblättern zu einem wunderhübschen Sommerarrangement. Durch sorgfältige Planung kann man Pflanzen zusammensetzen, die zur gleichen Zeit blühen.

FRÜHJAHRSBEGINN FEBRUAR–MÄRZ

Dies ist eine arbeitsreiche Zeit, Übereifer ist jedoch nicht angebracht. Bleiben Sie von gefrorenen oder nassen Beeten und Rasenflächen fern, da die Erde durch das Begehen verdichtet werden könnte. Warten Sie mit dem Umgraben von Beeten, bis das Wetter besser geworden ist.

Sommerflieder schneiden.

VORBEREITUNGEN

• Mit dem Jäten beginnen. Sämlinge von Hand herausziehen, Wurzeln von ausdauernden Unkräutern wie Löwenzahn ausgraben.

• Boden durch Lockern und Einarbeiten von organischem Material zum Pflanzen vorbereiten.

AUSSAAT

• Bedingt und nicht winterharte Beetpflanzen im Haus an einem frostfreien Platz aussäen.

PFLANZEN

• Sommerblühende Zwiebel- und Knollengewächse, winterharte Stauden und Ziergräser pflanzen.

• Wurzelnackte Sträucher und Bäume pflanzen.

SCHNITT

• Buschrosen schneiden.

• Sommergrüne Sträucher und Kletterpflanzen schneiden, die im späteren Sommer blühen. Dazu gehören Schmetterlingsstrauch, Jasmin, Buschmalve und bestimmte *Clematis*-Arten.

• Immergrüne Gehölze stark zurückschneiden.

WEITERE ARBEITEN

• Wurzelballen zu großer Stauden herausheben und teilen. Dabei abgestorbene oder unproduktive Teile aus der Ballenmitte entfernen.

• Bei schönem Wetter den Boden zum Pflanzen vorbereiten.

• Laub und andere Pflanzenreste auf dem Rasen zusammenrechen. Rasen nötigenfalls mähen.

• Sträucher, Kletterpflanzen und alpine Pflanzen in Pflanzgefäßen umtopfen oder kopfdüngen.

FRÜHJAHRSMITTE BIS -ENDE
APRIL–MAI

Der Garten verändert sich nun täglich. Viele Frühlingszwiebelblumen blühen, Bäume stehen in Blüte und überall sieht man frisches Laub. Für viele ist dies die schönste Jahreszeit. Doch das Wetter kann noch launenhaft sein. Im April treten oft Fröste auf und selbst im Mai sind sie nicht unbekannt. Daher sollte man im Freien nicht zu früh säen.

VORBEREITUNGEN

- Gut eingewachsene Sträucher und Rosen düngen.
- Nach Regen oder Wässern den Boden mulchen.
- Stauden stützen, sobald Triebe erscheinen.

AUSSAAT

- Bedingt winterharte und nicht winterharte Einjährige im Haus aussäen. Setzlinge an einem frostfreien Platz halten.
- Bereits früh angesäte Pflanzen abhärten.
- Winterharte Einjährige direkt ins Freiland säen.
- Im Freien ausgesäte winterharte Einjährige im Spätfrühjahr ausdünnen.

PFLANZEN

- Immergrüne Pflanzen einpflanzen oder nötigenfalls versetzen.
- Empfindliche Pflanzen schützen, indem man sie abdeckt oder nachts nach drinnen bringt.

SCHNITT

- Früh blühende Sträucher und Kletterpflanzen nach der Blüte schneiden.
- Ziergräser bei Wachstumsbeginn zurückschneiden.

WEITERE ARBEITEN

- Sträucher und Kletterpflanzen durch Absenken vermehren.
- Erste Stecklinge von jungen Trieben nehmen.
- Neuen Rasen verlegen oder aussäen, beschädigten Rasen reparieren.
- Auf Rasenflächen Frühjahrsdünger ausbringen.
- Den Rasen mähen, aber nicht zu kurz.
- Weiterhin Unkraut jäten.

Hohe Stauden von Anfang an stützen.

FRÜHSOMMER
JUNI

Steigende Temperaturen lassen Sommerblumen erblühen – Rosen und Pfingstrosen stehen in voller Pracht und Staudenrabatten werden sich bald von ihrer besten Seite zeigen. Aussaat, Pikieren und Umtopfen sollten weitgehend abgeschlossen sein. Und da es nun warm ist und keine Nachtfröste mehr auftreten, können frostempfindliche Pflanzen nach draußen gebracht werden.

Ampeln bepflanzen.

VORBEREITUNGEN

- Blütensträuchern und Rosen zur Förderung der Blüte Rosendünger geben.
- Um Pflanzen herum vorsichtig jäten.
- Beetpflanzen kaufen und auspflanzen.

PFLANZEN

- Ampeln und andere Gefäße bepflanzen.
- Bedingt und nicht winterharte Pflanzen auspflanzen.

SCHNITT

- Im Spätfrühjahr blühende Sträucher und Kletterpflanzen, die verblüht sind, schneiden.
- Wuchskräftige Heckenpflanzen wie Liguster schneiden.

WEITERE ARBEITEN

- Wildtriebe an Rosen entfernen.
- Kletterpflanzen regelmäßig an ihren Stützen aufbinden.
- Primeln und Iris nach der Blüte nötigenfalls teilen.
- Weiterhin grüne Stecklinge nehmen.
- Rasen regelmäßig mähen, dabei die Messer tiefer stellen.
- Neue Pflanzen in Trockenperioden wässern.

HOCH- BIS SPÄTSOMMER
JULI–AUGUST

Mit Fortschreiten des Sommers wird die Arbeit weniger und Sie können den Garten genießen. Die meiste Zeit werden Sie vermutlich damit verbringen, während Trockenperioden zu gießen, bei bereits verblühten Pflanzen welke Blüten zu entfernen, alle Beete unkrautfrei zu halten und die wild wuchernden Triebe Ihrer besonders wuchsfreudigen Pflanzen zurückzuschneiden. Wenn Sie eine Ecke Ihres Gartens Gemüsen, Kräutern und Obst gewidmet haben, ist nun die Zeit gekommen, um sie zu ernten und zu genießen.

VORBEREITUNGEN

- Den Boden für neuen Rasen und Beete vorbereiten.
- Im Spätsommer Frühjahrsblumenzwiebeln wie Schneeglöckchen, Krokusse und Narzissen pflanzen.
- Von Sträuchern halbreife Stecklinge nehmen.

SCHNITT

- Welken Flor abzwicken, um die Blüte zu fördern.
- Stauden nach der Blüte zurückschneiden, damit sie neue Blätter und Blüten bilden.
- Ramblerrosen nach der Blüte schneiden.
- Etablierte Kletterpflanzen und sommergrüne Sträucher, die an vorjährigen Trieben blühen, schneiden.
- Immergrüne Hecken und Koniferenhecken im Spätsommer leicht stutzen.

WEITERE ARBEITEN

- In Trockenperioden neue Pflanzen weiterhin wässern, ebenso neue Rasenflächen und Pflanzen, die sich noch nicht etabliert haben. Morgens und abends wässern, nicht in der größten Tageshitze.
- Ampeln und andere Pflanzgefäße regelmäßig wässern und düngen.
- Rosen düngen und mulchen.
- Weiterhin regelmäßig jäten.
- Rasen regelmäßig mähen – evtl. mindestens wöchentlich. Bei Hitze aber Messer höher stellen.

(oben) **Rasen** mähen.

(unten) **Topfpflanzen** regelmäßig gießen.

HERBST
SEPTEMBER–NOVEMBER

Mit einsetzendem Regen und sinkenden Temperaturen steht Ihnen eine arbeitsreiche Zeit bevor. Es gilt winterharte Stauden, Sträucher und Zwiebelblumen für das nächste Frühjahr zu pflanzen, etablierte Pflanzen zu teilen, abgestorbene Sommerpflanzen zu entfernen und empfindliche Gewächse zu schützen.

Frühjahrszwiebelblumen pflanzen.

VORBEREITUNGEN

• Abgestorbene oder absterbende Triebe und Blätter von Stauden entfernen – einige können jedoch zum Schutz der Wurzeln im Winter stehen bleiben.

PFLANZEN

• Im Frühherbst winterharte Stauden und winterharte immergrüne Sträucher pflanzen.
• Sommergrüne Sträucher und Bäume im Spätherbst nach dem Laubfall pflanzen.
• Einjährige Sommerblumen kompostieren.
• Zweijährige Frühjahrsblüher setzen.
• Frühjahrsblühende Zwiebelblumen pflanzen, bei Tulpen aber bis November warten.

WEITERE ARBEITEN

• Im Spätherbst sommergrüne Sträucher umpflanzen.
• Winterharte Stauden herausheben und teilen.
• Empfindliche Stauden und Sträucher vor dem ersten Frost aufnehmen und nach drinnen bringen.
• Dahlien nach dem ersten Frost herausheben.
• Steckhölzer von sommergrünen Sträuchern nehmen.
• Pflanzenbinder an Bäumen prüfen und nötigenfalls lockern.
• Teiche mit Netzen vor Falllaub schützen, das das Wasser beim Verrotten kontaminiert.
• Auf Rasen Herbstdünger ausbringen.
• Neuen Rasen verlegen oder einsäen.
• Rasen seltener mähen, da er langsamer wächst.
• Laub und Pflanzenreste auf dem Rasen aufsammeln.
• Rasen mit einer Gabel belüften und Topdressing geben, um die Wurzelentwicklung anzuregen und Mooswuchs zu verhindern.

WINTER
DEZEMBER–JANUAR

Während der kalten Wintermonate ruhen die meisten Pflanzen. Sie verlangsamen ihre Lebensfunktionen und begeben sich in eine Art »Winterschlaf«, ehe sie im folgenden Frühjahr zu neuem Leben erwachen. Aber es gibt noch genug im Garten zu tun und die frische Luft im Freien tut wirklich gut.

VORBEREITUNGEN

• In Tonboden organisches Material wie gut verrotteten Mist oder Kompost einarbeiten.
• Empfindliche Stauden mit Stroh schützen.
• Dicken Schnee von Bäumen, Hecken und Sträuchern kehren, damit die Zweige nicht abbrechen.

PFLANZEN

• Sofern die Erde nicht zu nass ist, an trockenen frostfreien Tagen sommergrüne Gehölze pflanzen.

SCHNITT

• Bäume (außer Pflaumen und Kirschen) und Glyzinen schneiden. Wuchernde oder alte sommergrüne Sträucher verjüngen.
• Bis Ende Februar geeignete Sträucher auf den Stock setzen, damit sie z. B. besonders farbenfrohe Triebe oder schöne Blätter entwickeln.
• In windigen Gärten Triebe hoher Rosen und anderer Sträucher kürzen, um Windschäden zu vermeiden.

WEITERE ARBEITEN

• Eingelagerte Dahlien, Cannas und Gladiolen auf Fäule überprüfen und gegebenenfalls wegwerfen.
• Bei Frostvorhersage Pflanzgefäße in Luftpolsterfolie hüllen; empfindliche Pflanzen mit Vlies abdecken.
• Von sommergrünen Sträuchern weiter Steckhölzer nehmen.
• Wurzelstecklinge von Stauden nehmen.
• Auf Rasen weiterhin Blätter zusammenrechen.
• Von nassem oder gefrorenem Boden fernbleiben.
• Gartengeräte überprüfen und reparieren.
• Die Gartenplanung für das nächste Jahr beginnen.

Sommergrüne Sträucher verjüngen.

GLOSSAR

Abhärten Langsame Gewöhnung von im Haus angezogenen Pflanzen an Freilandbedingungen.

Absenken Vermehrungsmethode, bei der ein noch mit der Mutterpflanze verbundener Trieb auf dem Boden befestigt wird, damit er Wurzeln treibt. Nützlich für Kletterpflanzen.

Alkalischer Boden Boden mit einem pH-Wert über 7. Der pH-Wert bestimmt, welche Pflanzen in einem Boden wachsen können.

Allzweckdünger *Siehe* Dünger.

Alpine Pflanze Steht wie der Begriff »Steingartenpflanze« oft für eine breite Palette kleiner Pflanzen, im engeren Sinn jedoch für Pflanzen, die in Gebirgsgegenden heimisch sind.

Annuelle Pflanze *Siehe* Einjährige Pflanze.

Anzuchtbeet Kleiner Bereich im Garten, der für die Aussaat, Vermehrung oder Anzucht junger Pflanzen reserviert ist.

Architektonische Pflanze Pflanze mit prägnanter Silhouette oder markanter Blattform.

Auf den Stock setzen Einen Baum oder Strauch fast bis auf Bodenhöhe zurückschneiden, um die Entwicklung neuer Triebe anzuregen.

Ausdauernd (mehrjährig) Bezeichnung für eine Pflanze, die mindestens drei Wachstumsperioden lebt.

Ausknispen Entfernen von Triebspitzen mit Daumen und Zeigefinger, um einen buschigen Wuchs anzuregen.

Ausläufer Triebe, die auf der Erde liegen und sich an den Spitzen bewurzeln, wie etwa bei Erdbeeren.

Bedingt winterharte Pflanze Bezeichnung für eine Pflanze, die tiefe Minusgrade nicht verträgt.

Beetpflanze Pflanze, die nur für befristete Zeit in ein Beet gepflanzt wird.

Befruchtung Erfolgreiche Bestäubung, die zur Entwicklung von Samen führt.

Belüften Lockerung des Bodens oder Rasens, damit mehr Luft in ihn gelangen kann.

Bestäuber Tiere, die Blüten bestäuben, wie etwa Bienen.

Bestäubung Übertragung von Blütenstaub von einer Blüte auf eine andere.

Biennale Pflanze *Siehe* Zweijährige Pflanze.

Blind Bezeichnung für einen Trieb oder eine Zwiebelblume, der/die keine Blüten entwickelt.

Bluten Ausdruck, wenn aus einer Wunde sehr viel Saft austritt.

Bodentrieb Trieb, der aus den Wurzeln einer Pflanze oder aus einem unterirdischen Spross wächst.

Braktee Modifiziertes Blatt an der Basis einer Blüte oder eines Blütenbüschels.

Breitwürfig Ausdruck dafür, dass Samen oder Dünger nicht in Reihen oder Rillen, sondern gleichmäßig auf der Erde ausgebracht werden.

Brutzwiebel/Brutknolle Winzige Zwiebel oder Knolle an einer Zwiebel, einer Zwiebelknolle oder einem Stängel.

Coir Außenfasern der Kokosnussschale, aus denen Pflanzsubstrat hergestellt wird.

Cultivar Pflanzensorte, die aufgrund wünschenswerter Eigenschaften wie Blüten- oder Laubfarbe selektiert wurde. Ihr Name wird in einfachen Anführungszeichen geschrieben und dem botanischen Namen angehängt.

Dünger Lieferant für Pflanzennährstoffe. Zu den organischen Düngern gehören Produkte auf Algenbasis. Anorganische Dünger, die es auch als Allzweckdünger oder Grunddünger gibt, eignen sich für die meisten Zwecke. Sie sind als Granulat, Pulver,

Säureliebender Rhododendron

Einjährige (annuelle) Pflanze

Bunte Brakteen über Blüten

Kohl

Bautechnische Elemente

Bedingt winterhart (Rosmarin)

Gründünger

Staude

Pellets und in flüssiger Form erhältlich. Langzeitdünger setzen ihre Nährstoffe über mehrere Monate hinweg frei.

Einbürgern Gewächse so pflanzen, dass sie aussehen, als hätten sie sich auf natürliche Weise an ihrem Platz angesiedelt.

Einjährige Pflanze Pflanze, die in einer Wachstumsperiode keimt, blüht und Samen ausbildet. Winterharte einjährige Pflanzen können im vorangehenden Herbst gesät werden, bedingt winterharte Pflanzen werden im Frühjahr gesät.

Einschlagen Vorübergehendes Einbetten von Gehölzen oder Stauden in Erdfurchen, ehe sie an ihren endgültigen Standort gesetzt werden.

F1-Hybride Gezüchtete Pflanze mit identischen Eigenschaften wie besonders schönen Blüten oder anderen wünschenswerten Merkmalen. F1-Hybriden lassen sich nicht sortenecht vermehren.

Fotosynthese Komplexer Stoffwechselprozess, bei dem Grünpflanzen mithilfe von Sonnenlicht selbstständig Nährstoffe in Form von Kohlenhydraten aus Wasser und Kohlendioxid produzieren.

Fremdbestäubung Bestäubung einer Blüte durch den Blütenstaub einer anderen Pflanze.

Gartenvlies Leichtes lichtdurchlässiges Material, das Pflanzen vor Kälte und Schädlingen schützt.

Gemischte Rabatte Rabatte mit Sträuchern und Stauden.

Geotextil Wasserdurchlässiges Gewebe, mit dem Unkraut unterdrückt werden kann.

Grunddünger *Siehe* Dünger.

Gründüngung Untergraben der Grünmasse schnell wachsender Pflanzen wie z. B. Klee in den Boden, um seine Fruchtbarkeit zu erhöhen.

Grus Gewaschenes feines Gesteinsmaterial, das Pflanzerde oder schwerem Boden zur Verbesserung der Durchlässigkeit hinzugefügt wird. Kann auch als Mulch verwendet werden. In Gartencentern erhältlich.

Heimisch Bezeichnung für Pflanzen, die aus dem Land oder der Gegend, in der man lebt, stammen.

Herbizid Unkrautvernichtungsmittel.

Humus Abgestorbene pflanzliche oder tierische Substanz im Boden, die seine Qualität verbessert.

Kalk Dient dazu, den pH-Wert des Bodens zu erhöhen.

Kalkboden Alkalischer Boden mit einem pH-Wert über 7.

Kalter Kasten Kastenartiger Rahmen mit transparenter Abdeckung, der zum Schutz von Pflanzen benutzt wird. Auch Frühbeetkasten genannt.

Kältesenke Tief liegender Bereich, an dem sich kalte Luft sammelt.

Keimblätter Erste Blätter eines Sämlings.

Keimung Der Zeitpunkt, zu dem ein Same auszutreiben beginnt und den Entwicklungsprozess hin zu einer Pflanze startet.

Kompost Aus Pflanzenresten und anderen organischen Substanzen entstandenes organisches Material, das zur Bodenverbesserung und zum Mulchen verwendet wird.

Kompostierte Rinde Nebenprodukt der Holzindustrie, das ein guter Bodenverbesserer ist. Nicht zu verwechseln mit Rindenschnitzeln, die als Mulchmaterial dienen, aber untergegraben dem Boden Stickstoff entziehen und vielleicht Jahre brauchen, um zu verrotten.

Kopfbaumschnitt (Köpfen) Regelmäßiger Rückschnitt von Trieben auf einen kurzen Stamm, damit ein kleiner Baum mit runder Krone entsteht.

Krautige Pflanze Unverholzte Pflanze, deren oberirdische Teile im Winter meist absterben.

Krume Schicht aus feiner krümeliger Erde. Ideal für die Aussaat geeignet.

Lauberde Besteht aus verrottetem Falllaub und ist ein guter Bodenverbesserer.

Leguminose Zur Familie der Hülsenfrüchtler gehörende Pflanze wie z. B. die Wicke.

Lehm Boden aus gleichen Teilen Sand, Ton und Schluff mit gutem Wasserhaltevermögen, der leicht zu bearbeiten und durchlässig ist.

Leichter Boden Durchlässiger Boden mit hohem Sandanteil.

Leittrieb Haupttrieb eines Asts oder jungen Baums.

Mauerstrauch An einer Mauer erzogener Strauch.

Mikroklima Bezeichnet etwas abweichende Klimabedingungen in einem bestimmten Gartenbereich, wie sie etwa an einer geschützt liegenden sonnigen Mauer herrschen.

Moorbeeterde Saures Substrat, das für kalkfliehende Pflanzen wie Glockenheide (Erica) verwendet wird.

Mulch Material, das auf der Erde verteilt wird, um Unkraut zu unterdrücken und die Bodenfeuchtigkeit zu bewahren.

Mulchfolie Folie, die auf den Boden gelegt wird, um die Erde zu erwärmen oder um durch Lichtausschluss ausdauernde Unkräuter abzutöten.

Nährstoffe Für gesundes Pflanzenwachstum notwendige Substanzen.

Leguminose (Zuckerschote)

Uferpflanze (Iris)

Pergola

Pikieren

Naturnah Bezeichnung für eine naturähnliche Gartengestaltung.

Neutraler Boden Boden mit einem pH-Wert von 7, der weder sauer noch alkalisch ist.

Nicht winterharte Pflanze Pflanze, die Temperaturen unter 5 °C nicht überlebt.

NPK Abkürzung für die Hauptpflanzennährstoffe Stickstoff (N), Phosphor (P) und Kalium (K).

Nützlinge Tiere, die bestimmte Schädlinge fressen. Mitunter werden sie ausgesetzt.

Oberboden Obere Erdschicht, die dunkler und fruchtbarer ist als der Unterboden.

Organisches Material Pflanzliche oder tierische Substanz, die in den Boden eingegraben oder auf ihm verteilt wird, um ihn zu verbessern. Es kann sich z. B. um Kompost, Lauberde, Mist oder Rindenschnitzel handeln.

Panaschiert Ausdruck für Laub, das Flecken oder Ränder in einer anderen Farbe, oft Cremefarben oder Weiß, hat.

Pergola Miteinander verbundene Bögen, die einen Weg oder eine Terrasse überspannen. Kann nach oben offen sein oder ein Dach haben. Wird oft mit Kletterpflanzen begrünt.

Pestizid Mittel zur Vernichtung von Schädlingen.

Pfahlwurzel Nach unten wachsende dicke Wurzel. Ein Beispiel ist die Möhre.

pH-Wert Maßzahl für Säuregehalt und Alkalinität des Bodens mit einer Skala von 1–14. 7 ist neutral, unter 7 sauer, über 7 alkalisch. Testsets zur Messung des pH-Werts sind in Gartencentern erhältlich.

Pikieren Umsetzen und Vereinzeln von Sämlingen, die zu dicht zusammenstehen, in Gefäße, in denen sie mehr Platz haben.

Pilzerde Altes Substrat von Pilzfarmen. Nützlich als Bodenverbesserer und Mulch, enthält aber Kalk.

Ranke Modifiziertes Blatt oder modifizierter Trieb, mit dem sich eine Pflanze an einer Stütze festhalten kann.

Rasenfilz Schicht aus abgestorbenen Pflanzenresten, die sich auf Rasen bildet.

Regenschatten Trockener Boden neben einer Mauer oder einem Zaun, auf den kein Regen gelangt.

Reif/ausgereift Bezeichnung, wenn ein Trieb eines Strauchs oder Baums im Lauf des Sommers verholzt, d. h. hart geworden ist.

Reisig Dünne verästelte Zweige, die sich ideal für Kletterpflanzen mit Ranken eignen wie etwa Erbsen.

Rhizom Verdickter Spross mit Knospen und Wurzeln, der nahe der Erdoberfläche wächst und mitunter fleischig ist wie bei der Bart-Iris.

Sämling 1. Bezeichnung für eine kürzlich gekeimte kleine Pflanze. 2. Kleiner ein- bis zweijähriger Baum mit einem Trieb.

Sand Feiner gewaschener Sand wird als Topdressing für Rasen verwendet, grober gewaschener Sand dem Gartenboden oder der Pflanzerde hinzugefügt, um die Durchlässigkeit zu verbessern. Bausand kann für Pflanzen und Böden schädliche Substanzen enthalten.

Saurer Boden Boden mit einem pH-Wert unter 7. Der pH-Wert bestimmt, welche Pflanzen in einem Boden wachsen können.

Schutzgürtel Dichte Pflanzung aus Bäumen oder Sträuchern, die den Garten vor Wind schützt und größer als eine Hecke ist.

Schwerer Boden Boden mit hohem Tonanteil, der schwer zu bearbeiten ist.

Selbstaussaat Das natürliche Ausstreuen von Samen, durch das um die Mutterpflanze Sämlinge wachsen.

Solitärpflanze Pflanze mit besonders markanter Form, die einzeln stehend gepflanzt wird, wie etwa ein Baum in einem Rasen.

Sommergrün Bezeichnung für Bäume und Sträucher, die im Herbst ihre Blätter abwerfen.

Sorte Deutsches Wort für Cultivar.

Sortenecht Von sortenechter Vermehrung spricht man, wenn eine Pflanze ihrer Mutterpflanze gleicht. Aus Samen können Pflanzen nicht immer sortenecht vermehrt werden.

Spore Winzige Geschlechtszelle bei blütenlosen Pflanzen wie etwa Farnen, Pilzen und Moosen.

Steckling Teil einer Pflanze, etwa ein Triebstück oder eine Wurzel, aus dem eine neue Pflanze gezogen werden kann.

Stress Pflanzen, die unter Stress leiden, wachsen nicht richtig und sind anfällig für Schädlinge und Krankheiten. Ursache ist meist Wassermangel (infolge trockenen oder gefrorenen Bodens), aber auch Staunässe oder eine Verletzung. Wird die Ursache nicht beseitigt, kann die Pflanze eingehen.

Sukkulente Pflanze wie z. B. die Fetthenne mit dicken fleischigen Blättern und/oder Trieben, die Wasser speichern.

Teilung Vermehrungsmethode für Stauden, bei der diese in mehrere Stücke mit eigenen Wurzeln und Trieben geteilt werden.

Topdressing Mischung aus Kompost, Oberboden und/oder Dünger, die um Pflanzen herum oder auf Rasen ausgebracht wird, um Nährstoffe zu ergänzen.

Topfplatte Besteht aus zusammenhängenden Töpfen und dient der Anzucht von Pflanzen.

Torfersatz Pflanzsubstrat wie kompostierte Rinde mit ähnlichen Eigenschaften wie Torf. Mit seiner Benutzung schützt man gefährdete Torfmoore.

Tunnel Niedrige Schutzvorrichtung für Pflanzen im Garten aus transparenter Folie oder Kunststoff. Wird auch zum Erwärmen des Bodens benutzt.

Überwintern Haltung nicht winterharter Pflanzen an einem geschützten frostfreien Platz, etwa in einem Gewächshaus oder Wintergarten, wo sie überleben können, bis draußen keine Frostgefahr mehr besteht.

Uferpflanze Pflanze, die in flachem Wasser oder feuchtem Boden neben einem Bach oder Teich wächst.

Umfallkrankheit Verbreitete Krankheit, die Sämlinge umknicken und eingehen lässt.

Umtopfen Pflanzen in einen größeren Topf setzen.

Unterboden Unter dem Oberboden liegende Erdschicht. Oft heller und weniger fruchtbar als der Oberboden.

Verdichtete Erde Entsteht, wenn die Lufteinschlüsse aus dem Boden herausgedrückt werden, etwa durch zu starke Beanspruchung eines Rasens.

Veredelungsstelle Stelle, an der eine Knospe oder ein Trieb mit einer Unterlage, d. h. dem Trieb und den Wurzeln einer anderen Pflanze, verbunden wurde.

Vermehrung Anzucht neuer Pflanzen durch Aussaat, Stecklingsschnitt, Veredelung oder andere Methoden.

Vermehrungskasten Besteht aus einer Schale mit einer durchsichtigen Haube, in der Samen, Sämlinge und Stecklinge mehr Wärme und eine höhere Luftfeuchtigkeit haben.

Vermiculit Leichtes Mineral, das Wasser gut hält und unter Pflanzerde gemischt deren Struktur verbessert.

Wachstumsperiode Zeit von Frühjahr bis Herbst, in der die Temperaturen über 6 °C liegen.

Wildtrieb Trieb, der sich bei einer veredelten Pflanze unterhalb der Veredelungsstelle entwickelt. Er sollte entfernt werden.

Winterharte Pflanze Pflanze, die Kälte verträgt und ohne Schutz Frost überlebt.

Wurzelballen Ausdruck für Wurzeln mitsamt der Erde, die sie im Topf oder Boden umgibt.

Wurzelhals Verbindungsstelle von Trieben und Wurzeln, aus der bei Stauden und Sträuchern neue Triebe wachsen.

Wurzelnackt Bezeichnung, wenn ein in der Baumschule gezogener Baum oder Strauch ohne Topf und Erde an den Wurzeln verkauft wird.

Zurückschlagen Ausdruck, wenn panaschierte Pflanzen grüne Triebe entwickeln.

Zweijährige Pflanze Pflanze, die im ersten Jahr Triebe und Blätter ausbildet und im zweiten Jahr blüht und ihren Lebenszyklus abschließt.

Zwiebelknolle Unterirdisches zwiebelartiges Speicherorgan bestimmter Pflanzen wie etwa Gladiolen.

Wurzelfilz

Wildtrieb

Sukkulente

Panaschierter Efeu

SYSTEMATIK DER PFLANZEN

Die Pflanzenwelt ist unendlich vielfältig. Winzige Moose gehören zu ihr ebenso wie riesige Bäume, bunte Blumen oder duftige Gräser. Zur Ordnung dieses Formenreichtums werden Pflanzen auf der Basis gemeinsamer Merkmale wie dem Aufbau ihrer Blüten oder der Anordnung ihrer Blätter in Gruppen eingeteilt. Bei der Klassifizierung sind botanische Pflanzennamen unerlässlich, denn nur sie erlauben international eine genaue Bestimmung, die aufgrund von Volksnamen nicht möglich ist. Letztere sind selbst in verschiedenen Regionen eines Lands oft unterschiedlich. Eine Pflanze kann mehrere Namen haben oder ein Name kann für verschiedene Pflanzen stehen. So bezeichnet man die Gattungen *Lobelia* und *Eryngium* im Deutschen beide als Männertreu.

Familien (im Uhrzeigersinn von oben links) Rose (Rosaceae), Sonnenblume (Asteraceae), Lilie (Liliaceae)

Gattungen (im Uhrzeigersinn von oben links) *Tagetes, Achillea, Aster*

Art *Helianthus annuus*

Sorte *Helianthus annuus 'Teddy Bear'*

Hybride *Helianthus × multiflorus*

Familie
Pflanzen mit den gleichen Merkmalen fasst man in Familien zusammen, margeritenartige Pflanzen z. B. in der Familie der Korbblütler (Asteraceae). Diese teilt man dann in kleinere Gruppen, um Unterschiede zu berücksichtigen.

Gattung
Der Gattungsname ist wie ein Nachname. Gattungen der Familie Korbblütler sind z. B. Aster, *Achillea, Tagetes* und *Helianthus*. In jeder Gattung gibt es wiederum jedoch Pflanzen mit unterschiedlichen Merkmalen.

Art
Dies ist der »Vorname«, der hinter dem Gattungsnamen steht, wie hier bei *Helianthus annuus (siehe oben)*, der Sonnenblume. Auch innerhalb einer Art kann es – in der Natur oder durch Züchtung entstandene – Abweichungen geben.

Cultivar (Sorte)
Sortennamen erhalten Pflanzen, die wegen bestimmter Eigenschaften gezüchtet oder selektiert wurden. So hat etwa *Helianthus annuus* 'Teddy Bear' *(siehe Mitte oben)*, eine Züchtung aus der Gewöhnlichen Sonnenblume, besonders große gefüllte Blüten.

Hybride
Enthält ein Name ein »×«, bedeutet dies, dass es sich bei der Pflanze um eine Hybride handelt, d. h., sie ist durch natürliche oder künstliche Kreuzung zwischen zwei Arten entstanden. Im Fall von *Helianthus × multiflorus (siehe oben rechts)* waren dies die Arten *H. annuus* und *H. decapetalus*.

BEDEUTUNG BOTANISCHER NAMEN
Der Name einer Pflanze (oder ein Teil ihres Namens) kann mehr über sie verraten als ihre Zugehörigkeit. Botanische Namen können aus dem Lateinischen, aus dem Griechischen oder von geografischen Namen abgeleitet sein und für die Pflanze typische Eigenschaften beschreiben. Hier eine Auswahl verbreiteter Bezeichnungen.

- **Pflanzenteile:** *baccatus* mit Beeren; *florus* -blütig; *folius* oder *phyllus* -blättrig.
- **Wuchsform:** *arboreus* baumartig; *elatus* hoch; *fruticosus* strauchig; *pendulus* hängend; *scandens* kletternd.
- **Farbe:** *albus* weiß; *aureus* golden; *caeruleus* blau; *niger* schwarz; *purpureus* purpurrot.
- **Blattform:** *angustifolius* schmalblättrig; *latifolius* breitblättrig; *macrophyllus* großblättrig.
- **Allgemein:** *armatus* bewaffnet (mit Dornen); *campanulatus* glockenförmig; *cordatus* herzförmig; *fulgens* leuchtend; *mollis* weich; *officinalis* Arznei-; *variegatus* bunt; *zebrinus* gestreift.

REGISTER

Seitenzahlen mit einem »g« dahinter verweisen auf einen Eintrag im Glossar *(s. S. 336–339)*.

A

B

C

D

H

I

N

O

P

T

U

V

W

Y

Z

DANK, BILDNACHWEIS

Die Royal Horticultural Society (RHS) ist eine der bedeutendsten Gartenbaugesellschaften der Welt. Die Ziele des britischen Vereins sind u. a. die Förderung der Gartenkunst und eine Verbesserung der Lebensqualität durch Pflanzen.

Der Verlag dankt folgenden Personen und Institutionen für die freundliche Genehmigung der Bildabdruckrechte:

(Abkürzungen: o = oben, u = unten, m = Mitte, l = links, r = rechts, g = ganz)

6 Clive Nichols: Hampton Court 98 (ul). **Andrew Lawson:** Morville, Shropshire. Designer: Kathy Swift (ur). **7 John Glover** (ol). **20 Dorling Kindersley:** RHS Wisley (mru). **22 The Garden Collection:** Derek Harris (l). **22–23 The Garden Collection:** Nicola Stocken Tomkins (m). **23 The Garden Collection:** Jonathan Buckley; Design: Anthony Goff (gor); Nicola Stocken Tomkins (ur). **24 The Garden Collection:** Gary Rodgers; Designer: Christopher Bradley-Hole – Chelsea 2005 (gol); **Jonathan Buckley:** Design: Christopher Lloyd, Great Dixter (r). **Liz Eddison:** Designers: Beth Houlden and Louise Elliott – Chelsea 2005 (u). **25 The Garden Collection:** Nicola Stocken Tomkins (gol). **The Garden Collection:** Andrew Lawson; Sticky Wicket, Dorset (u). **28 Clive Nichols. 36 Harpur Garden Library:** Jerry Harpur/Bingerden, Netherlands (gor). **37 Clive Nichols:** Designer: Elisabeth Woodhouse (ul). **39 Clive Nichols:** Chiff Chaffs, Dorset (gol); Pettifers, Oxfordshire (gor). **Jo Whitworth:** Rob Whitworth, RHS Garden, Wisley (ul). **40 Jo Whitworth:** Sheila Chapman, Chelmsford, Essex. **51 FLPA:** Holt Studios International (mru). **Wildlife Matters:** (mr). **58 Garden Picture Library. 80 Garden Picture Library:** John Glover. **100 Clive Nichols:** Beth Chatto Garden, Essex. **121 Andrew Lawson:** (gol). **Clive Nichols:** Little Coopers, Hampshire (gor). **122 Andrew Lawson:** (ur). **123 John Glover:** (ul). **150 Clive Nichols:** Lady Farm, Somerset (u). **151 Clive Nichols:** The Old Vicarage, Norfolk. **156 Andrew Lawson. 157 John Glover:** Lois Brown, Pasadena, California (gor). **Clive Nichols:** Joe Swift (gol). **168 Dorling Kindersley:** Peter Anderson (gor). **Garden Picture Library:** Howard Rice (gor). **Photos Horticultural:** (gol). **176 FLPA:** Holt Studios International (um). **Photos Horticultural:** (ul) (ur). **177 Garden World Images:** (gom). **178 FLPA:** Holt Studios International (gor) (mlu). **Photos Horticultural:** (mlo). **179 Garden World Images:** (mlo). **Science Photo Library:** Pam Collins (ul); Maurice Nimmo (m). **186 Andrew Lawson. 194 Clive Nichols:** Lakemount, Cork, Eire. **195 Clive Nichols:** The Anchorage, Kent (u); White Windows, Hampshire (go). **210–211 Dreamstime.com:** Wiertn. **212 Andrew Lawson. 224 Marie O'Hara:** Planting Design: Paul Williams. **233 The Garden Collection:** Liz Eddison (gom). **250 Dorling Kindersley:** RHS Hampton Court Flower Show (gor). **255 Dorling Kindersley:** Alan Buckingham (m); RHS Hampton Court Flower Show (um). **262 Dorling Kindersley:** RHS Chelsea Flower Show 2012 (gom). **263 Dorling Kindersley:** Peter Anderson (mu). **265 123RF.com:** xalanx (gor). **267 Dorling Kindersley:** Alan Buckingham (gol, ur). **268 123RF.com:** Tatyana Aleksieva-Sabeva (ul). **271 Getty Images:** Stefano Stefani/Photodisc (gol). **272 Dorling Kindersley:** Alan Buckingham (ul). **285 Photos Horticultural. 302 Brian North:** (ul) (mr). **314 Garden World Images:** (ul); Jacqui Dracup (um); G. Kidd (ur). **315 Garden World Images:** (gol); Jacqui Dracup (gom) (gor). **316 Garden World Images:** (um). **Photos Horticultural:** (ul). **Premaphotos Wildlife:** Ken Preston-Mafham (ur). **317 FLPA:** Holt Studios International (ur). **Garden World Images:** Jacqui Dracup (ul) (um). **318 FLPA:** Holt Studios International (u). **Garden World Images:** (mro) (mru); Jacqui Dracup (go); G. Kidd (m). **319 Garden World Images:** I. Anderson (gol); G. Kidd (gom) (um) (ul) (mu) (mlu). **322 FLPA:** Holt Studios International (mo). **Garden World Images:** (gom) (gor) (mro) (mu) (ur); G. Kidd (um). **323 Dorling Kindersley:** Alan Buckingham (mlo). **FLPA:** Holt Studios International (gol) (mlu) (gom) (um). **Garden World Images:** G. Kidd (mo) (ul); Jacqui Dracup (mu). **325 Photos Horticultural:** (gor).

DK dankt Andrew Halstead und Beatrice Henricot von der RHS Wisley für ihre Mitwirkung am Kapitel »Gartendoktor«, Alan Buckingham, Philip Clayton, Andi Clevely, Isabelle Van Groeningen, Lia Leendertz, Alan Toogood, Daphne Vince Prue und Matthew Wilson für ihre Beiträge zur Ausgabe von 2008, Guy Barter für seine Überprüfung der Bearbeitungen 2021 und nicht zuletzt der Belegschaft der Royal Horticultural Society, insbesondere Rae Spencer-Jones. Für ihre Mitwirkung an der Ausgabe 2008 dankt DK ferner Katie Dock, Fiona Wild, Andrew Milne, Alison Gardner, Alison Shackleton, Anna Kruger, Alison Donovan, Louise Waller, Lucy Claxton, Jenny Baskaya, Mandy Inness, Sharon McGoldrick und Peter Anderson.

Gestaltung und Redaktionsassistenz: Zia Allaway, Murdo Culver, Elaine Hewson, Rachael Smith, Joy Evatt

Bildretusche: Steve Crozier

Register: Michèle Clarke, Vanessa Bird

DK | Penguin Random House

Neuausgabe
DK London / Delhi
Lektorat Katie Cowan, Amy Slack, Ruth O'Rourke, Soma B. Chowdhury, Janashree Singha, Ankita Gupta

Gestaltung und Bildredaktion Maxine Pedliham, Glenda Fisher, Christine Keilty, Pushpak Tyagi, Anurag Trivedi, Satish Gaur

Umschlaggestaltung Nicola Powling, Lucy Philpott

Herstellung David Almond, Rebecca Parton, Sunil Sharma

Mit Beiträgen von: Guy Barter, Alan Buckingham, Philip Clayton, Andi Clevely, Isabelle Van Groeningen, Lia Leendertz, Ian Spence, Alan Toogood, Daphne Vince Prue, Matthew Wilson

Für die deutsche Ausgabe:
Programmleitung Monika Schlitzer
Redaktionsleitung Dr. Kerstin Schlieker
Projektbetreuung Manuela Stern
Herstellungsleitung Dorothee Whittaker
Herstellungskoordination Claudia Rode
Herstellung Jenny Kolbe

Titel der englischen Originalausgabe: RHS How to garden

Erstausgabe
Übersetzung Angelika Feilhauer
Lektorat Christine Ritter

Neuausgabe
Übersetzung Reinhard Ferstl
Lektorat Petra Sparrer
Satz Roman, Bold & Black, Köln

ISBN 978-3-8310-4390-3

Druck und Bindung C&C Offset Printing Co., Ltd., China

FSC
www.fsc.org
MIX
Papier aus verantwortungsvollen Quellen
FSC® C018179

www.dk-verlag.de

NOCH MEHR SPASS UND LESEFREUDE

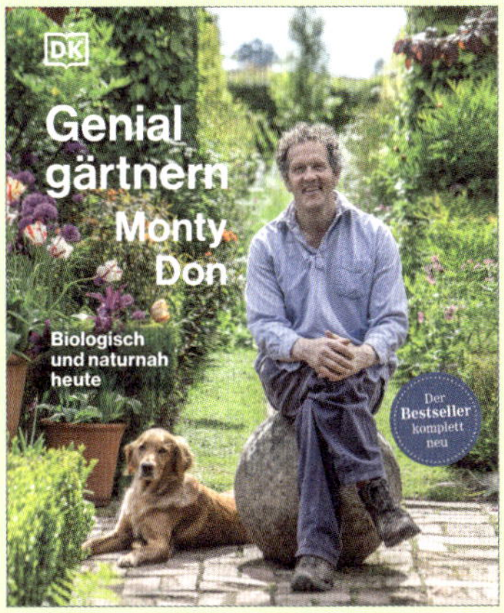

ISBN 978-3-8310-4311-8
29,95 € (D) / 30,80 € (A)

ISBN 978-3-8310-3901-2
16,95 € (D) / 17,50 € (A)

ISBN 978-3-8310-3900-5
16,95 € (D) / 17,50 € (A)

ISBN 978-3-8310-3724-7
19,95 € (D) / 20,60 € (A)

DK

www.dk-verlag.de